U0901766

◎ 中南林业科技大学学术著作出版基金资助

◎ 中南林业科技大学青年科学研究基金资助（2017QY007）

◎ 湖南省教育厅科学研究优秀青年项目（18B183）阶段性研究成果

◎ 湖南省社会科学成果评审委员会课题（XSP20YBC392）阶段性研究成果

金融创新视角下金融稳定性研究

Financial Stability Research Based on Financial Creativity Perspective

◎童　晶／著

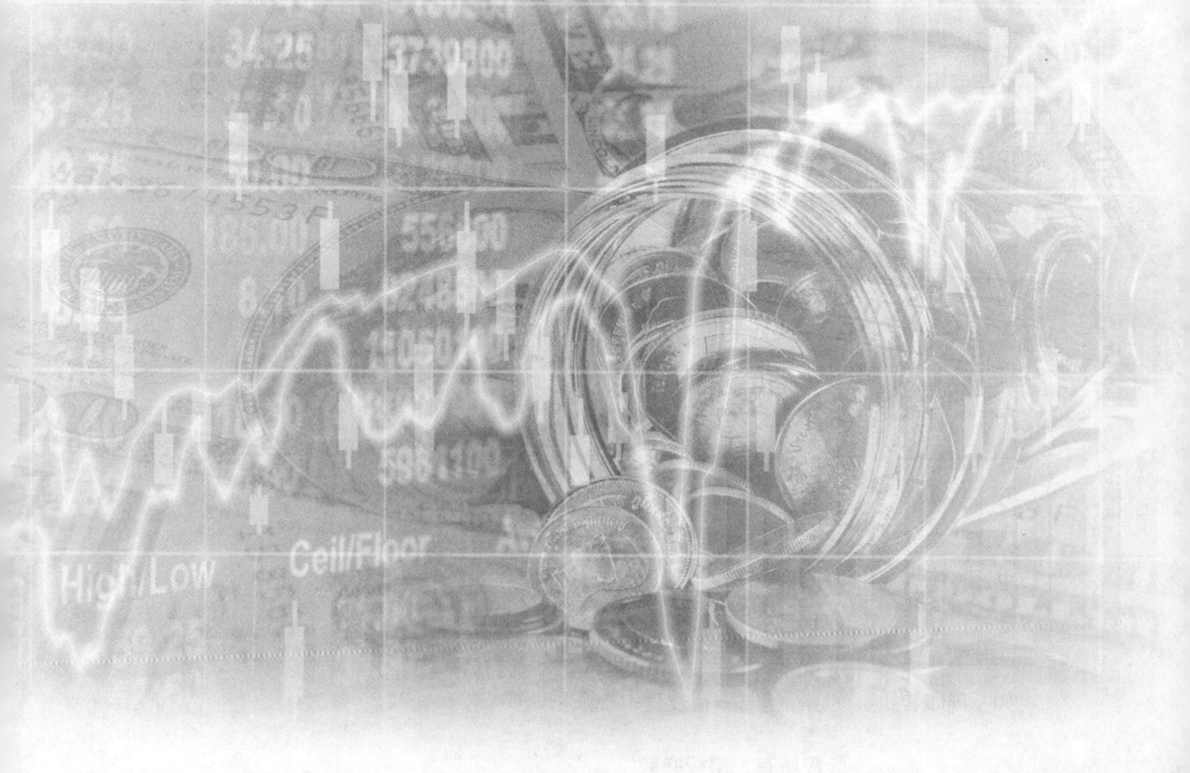

图书在版编目（CIP）数据

金融创新视角下金融稳定性研究 / 童晶著 . —西安：西安交通大学出版社，2020.3

ISBN 978-7-5693-1604-9

Ⅰ. ①金… Ⅱ. ①童… Ⅲ. ①金融市场－研究－中国 Ⅳ. ①F832.5

中国版本图书馆 CIP 数据核字（2020）第 043394 号

书　　名　金融创新视角下金融稳定性研究
著　　者　童　晶
责任编辑　于睿哲
文字编辑　魏　杰

出版发行　西安交通大学出版社
　　　　　（西安市兴庆南路 1 号　邮政编码 710048）
网　　址　http://www.xjtupress.com
电　　话　（029）82668357　82667874（发行中心）
　　　　　（029）82668315（总编办）
传　　真　（029）82668280
印　　刷　湖南省众鑫印务有限公司

开　　本　710mm×1000mm　1/16　印张　18.5　字数　272 千字
版次印次　2020 年 6 月第 1 版　2020 年 6 月第 1 次印刷
书　　号　ISBN 978-7-5693-1604-9
定　　价　98.00 元

如发现印装质量问题，请与本社发行中心联系调换。

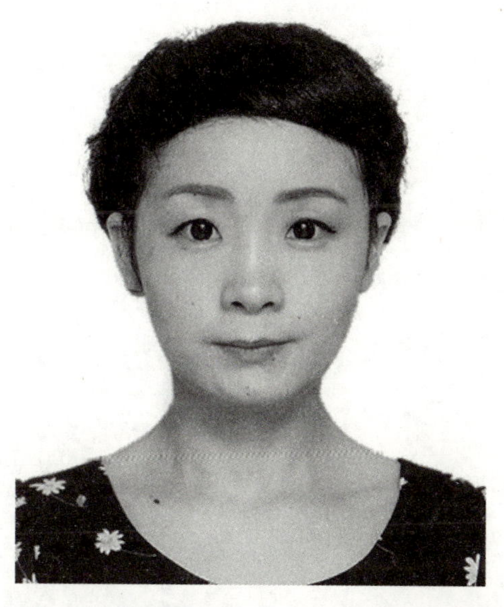

童　晶　中南林业科技大学国际学院国际经济系主任，讲师，硕士生导师，英国班戈大学访问学者，湖南省青年骨干教师培养对象。香港城市大学和湖南大学硕士，武汉大学博士。担任湖南大学湖南发展研究院研究员，湖南省商务厅“湖南省跨境电商发展专家师资库”专家级成员以及菲律宾湖南商会副会长。主要研究方向为金融稳定和绿色金融。主持省级、校级科研教改项目7项，主持省级精品在线开放课程1项，主持省级一流本科课程1项。作为子课题负责人承担教育部哲学社会科学研究重大课题项目、教育部人文社会科学规划基金项目和国家社会科学基金一般项目3项。参与国家自科基金国际合作项目和省社科项目2项。近5年共发表科研论文7篇，教研教改论文6篇。

前言

从历史观的角度来看，一部金融发展史就是一部金融创新的历史，推动着金融结构的演进及金融深化的进程。自20世纪70年代起，特别是近二十年以来，经济全球化、信息网络技术的广泛应用和金融自由化使得世界各国的金融系统发生了翻天覆地的变化，西方发达国家的金融创新进入一个大规模、全方位、高速发展时期：新技术、新产品不断涌现；金融活动日趋市场化、全球化；新的金融市场不断形成。这种创新浪潮冲击着金融领域的每一个角落，改变了金融系统的生存环境和制度体系，也为经济增长带来了新的动力源泉。但任何事物都有两面性，金融创新也不例外。在金融创新视角下，金融交易日益虚拟化，金融衍生品的杠杆效应不断被放大，金融创新的复杂性对金融稳定造成了巨大的冲击，为金融危机的爆发埋下了伏笔。起源于美国次贷危机的全球性金融危机更是使人们意识到过度的金融创新不仅不会降低市场风险，反而可能导致经济出现非理性繁荣，甚至引发金融危机。

面对金融创新可能带来巨大风险，甚至是金融危机的担忧，我们不应盲目地阻碍金融创新发展，相反，应将注意力放在如何有效降低金融创新对金融稳定的负面影响上。特别是对于中国这样一个新兴市场国家，金融市场尚不完善，金融产品过于单一，现有金融体制无法适应经济发展需求，我们所面临的是金融创新不足导致的金融结构性失衡。因此，当前所需要做的不是抑制金融创新，而是应当继续实施金融深化改革，强化金融制度创新，提高金融效率，降低金融风险，以维护金融系统的稳定运行，实现促进实体经济健康发展的目标。本书正是在这种背景下，试图通过对金融创新视角下中国金融稳定性的研究，探寻实现金融创新与金融稳定的动态均衡的途径和方法。

纵观金融创新发展的进程，不难发现，全方位、多层次的金融创新已经成为一种常态。而金融创新对金融稳定的影响是全面的，不仅有直接效应也有间接效应。这种复杂关系不仅体现为两者之间的多重互动关系，还体现为普遍的时滞性和动态非线性关系。因此，运用复杂系统论的观点，结合制度经济学、金融学相关理论，对金融创新视角下的金融稳定内涵、稳定机制进行系统的研究，厘清金融创新对金融稳定的直接、间接影响机理，具有较强的理论研究价值和意义。在此基础上构建金融创新视角下的金融稳定性综合评估指标体系，将有助于及时发现金融风险，维持金融创新视角下的金融稳定，对于实现中国金融健康、稳定发展具有重要的现实指导意义。

目 录

第一篇　金融创新视角下金融稳定性理论分析

第二篇　金融创新视角下影响金融稳定的机理和因素分析

第一篇

金融创新视角下金融稳定性理论分析

第一章 绪 论

第一节 国内外研究现状

一、金融稳定性影响因素的研究现状

影响金融稳定性的因素众多，相关研究主要围绕中央银行在维护金融稳定中扮演的角色、货币政策效应以及金融监管对金融稳定的影响等方面展开。

(一) 中央银行和金融稳定

中央银行作为发行货币的银行、国家的银行和银行的银行，负有防范和化解金融风险、维护金融稳定的职责。它不仅是支付工具和紧急流动性的唯一提供者，也是确保支付清算体系平稳运行，维护货币稳定和金融稳定的重要监管者(Garry J. Schinasi，2003)。Wymeersch (2005)则指出，金融监管部门、中央银行和财政部在维护金融稳定的过程中扮演着不同的角色，其中中央银行主要是从整体上对金融系统实施监督，并在出现金融崩溃时及时恢复市场信心。

国内也有许多学者对中央银行在维持金融稳定中的职责和作用做出了肯定。其中吴晓灵在2004年金融稳定与中国的对策研讨会上指出：“对金融稳定关注度的不断提高，可以被看成是中央银行向传统基本使命的回归。”张健华和王鹏(2011)从中央银行的职责出发，认为只有中央银行才有可能阻止金融不稳定的发生或降低金融不稳定的破坏性，因此中央银行注定要关注金融稳定。

黄海洲、王水林和蒲宇飞(2003)等人也认为维护金融稳定是中央银行的天然职能，其在维护金融稳定方面发挥着最关键的作用。

在实践中，各国学者则将重点放在如何发挥中央银行稳定金融系统的作用上。Oosterloo 和 De Haan (2003)将中央银行维护金融稳定的政策工具分为预防性政策工具和应对性政策工具两类。Frydl 和 Quinty (2000)则认为，由于中央银行的最后贷款人救助机制往往蕴含着高风险，因此原则上只应该支持那些虽有流动性风险但仍有一定清偿力的银行。

(二)货币政策与金融稳定

货币政策与金融稳定关联性的讨论一直是理论界所关注的热门话题。综观国内外学者的研究，相关观点大致分为两类：一是传统观点。Schwartz 和 Moskowitz (1988)以及 Schwartz 和 Scagliotti (1995)的观点是其中的代表性观点。他们认为，由于借贷双方不能完全对冲所有因为通货膨胀变动带来的不确定性，故金融稳定和货币稳定两者之间存在一致性，即一个有效的货币政策不仅能够维护货币稳定，还可以降低金融风险发生的概率和危机爆发的程度。相反，如果中央银行对货币供给量或准备金的控制不稳定，或没能执行一个稳定的、可预测的货币政策，就有可能导致货币供给过度紧缩或扩张，进而威胁到银行的生存，甚至可能使一些小规模局部的金融困难发展成为剧烈的、全面的金融动荡。Kent 和 Lowe (1997)以及 Brousseau 和 Detken (2001)在传统观点的基础上放松了货币稳定是金融稳定的充分条件的假设，他们均认为虽然两者在长期内存在一致性，但在短期内两者存在冲突的可能性。二是新经济假设观点。该观点认为，在新经济环境下，以抑制通货膨胀为目标的货币政策会加剧市场波动，造成金融动荡。其中 Mishkin (1996)指出，新经济环境下的企业和金融机构往往会出现过度投资和信贷扩张，而此时为抑制通货膨胀而采取的高利率政策会导致这些微观经济体的资产负债质量恶化，出现信用风险。Borio、English 和 Filardo (2002)也持有相类似的观点，指出中央银行的货币政策在实现降低通货膨胀、维持物价稳定的同时，也可能促使金融风险在金融系统内积聚。

在国内，刘贵生和高士成(2013)、邹平座(2005)分别分析了货币政策与金融稳定的关联性和区别。他们指出，虽然两者在管理目标、传导机制、分析、预测技术等方面存在较大差异，但从总体上讲两者的终极目标是一致的，即实现货币稳定和经济稳定，两者在政策的操作上存在相互依赖的关系。在货币稳定与金融稳定的关系方面，王自力(2005)的观点与Kent等的观点类似，他指出，因救助问题，金融稳定和货币稳定可能在短期内存在冲突，而从长期来看两者是一致的；只有保持货币稳定才能创造良好的经济金融环境，加强金融机构的安全性。

(三)金融监管与金融稳定

关于金融监管与金融稳定以及金融体系发展的研究早在二十世纪三四十年代就开始了，但分歧较大。早在1938年Pigou就提出了帮手(Helping-hand)理论，指出没有管制的市场时常会出现失败，金融监管是维持金融稳定的必要手段。1998年，Barberis、Shleifer和Vishny提出金融监管权衡理论。该理论认为金融监管中市场失灵和政府失败同时存在，这要求人们在两者之间进行权衡，实现社会福利的最大化。Barth、Caprio和Levine (2001)检验了全球107个国家的银行监管数据，验证结果更多地支持了Barberis、Shleifer和Vishny的观点。他们指出，通过赋予私人机构较多的权限并对因广泛实施存款保险制度而出现的逆向激励行为进行必要的监管，将有利于提高银行的绩效，实现金融稳定。

然而进入20世纪90年代，由于地区性金融危机频发，绝大多数国家的中央银行和经济学家认为金融监管是金融稳定的基础保障之一。健全、有效的金融监管框架及其执行能够降低存款人和银行之间的信息不对称，并促进金融稳定。反之，重复监管或是出现监管真空都会对给金融稳定带来较为严重的负面冲击（Mishkin，1996）。美国在次贷危机后，更是于2010年出台了号称史上最严的金融改革法案——《多德－弗兰克华尔街改革与消费者保护法案》，将金融监管视为金融稳定之本，也使得次贷危机以来，美国朝野上下的金融监管改革之争告一段落。

综上，现有的关于金融稳定影响因素的研究较为集中和深入。但随着金融创新的不断深入和发展，金融系统日趋复杂，影响金融稳定的因素也越来越多，不仅包括来自于金融系统自身的影响因素，还包括实体经济在宏观经济运行中的相关因素，如宏观经济环境、宏观经济结构以及宏观经济政策等影响因素。因此，在金融创新的背景下，对金融稳定的影响因素进行深入分析，无疑将有助于人们探寻金融创新视角下相关因素影响金融稳定的作用机理以及金融稳定机制。

二、金融创新影响金融稳定的研究现状

（一）金融创新与金融稳定的关系

通过分析现有国内外相关文献资料发现，虽然论述金融创新或金融稳定的文献较多，但直接论及金融创新与金融稳定关系的文献较少。其中Eduardo、Hardy和Johnston（2002）结合区域货币联盟发展问题指出，金融创新与金融稳定保持着一个动态的平衡。Gai、Kapadia和Millard（2010），Gai、Kapadia和Milland等（2008），通过建立一个一般均衡分析模型，分析了金融发展对潜在系统性金融危机的影响程度，发现在发达国家，在稳定的宏观经济背景下，金融创新有助于降低爆发系统性金融危机的可能性，但潜在风险将加大，一旦发生危机，其破坏性将比未进行金融创新时大。因此构建一个金融稳定的实施框架将面临极大挑战。而国内研究主要从金融创新对金融系统的冲击出发，研究金融创新与金融稳定的关联性问题。黄宜辉（2005）认为金融创新与金融稳定是一对矛盾，金融创新方式决定着金融稳定的模式，金融稳定反作用于金融创新。王仁祥、安子铮（2008）指出，金融创新对金融稳定的影响效应包括熨平效

应、稳定效应和冲击效应，认为只有实现金融工具创新和过程创新的良性互动，才能促进金融结构优化，实现金融稳定。周好文、倪志林(2008)结合美国次贷危机分析了金融创新影响金融稳定的微观机理，指出金融创新对金融稳定的影响是动态变化的，而其对金融系统微观主体行为动机的负面影响是金融监管没有相应的及时变革演进造成的。宣昌能、王信(2009)基于欧美资产证券化模式的比较分析指出，金融创新既可能培育和促进金融市场的发展，也有可能带来很大的风险，关键在于任何金融创新产品不能偏离风险承担和收益的相对平衡。

可以看出，虽然这些学者对金融创新与金融稳定的关联性进行了一定的分析，但大多限于理论研究和定性描述，缺乏数量模型分析。而其他关于金融创新对金融稳定影响的研究则散见于金融创新与货币稳定、金融机构稳定和金融监管的关系论述中，较少有人从系统论的角度深入研究金融创新对金融稳定性影响的多重互动性和复杂性。

(二)金融创新对货币稳定的影响

关于金融创新对货币稳定影响的研究主要集中于金融创新对货币供给、货币需求以及货币传导机制等几个方面的作用机制。其中，Ireland (1995)将研究重点放在金融创新对消费者货币需求的影响上，将“棘轮效应”和金融创新投资的初始固定成本引入卢卡斯的现金先行模型，结果证明金融创新与货币需求之间存在着一定的关联性。Savona、Maccario和Oldani (2000)研究金融创新对货币政策传导机制的作用，指出金融衍生产品的产生和广泛使用会削弱中央银行存款准备金机制和再贴现政策的效用，而强化公开市场业务在货币政策传导中的作用。Kato、Honma和Matsuyama等(2008)认为透明度是中央银行金融稳定政策、现代货币政策的必备核心，而金融创新产品在现货市场环境下难以定价，将降低这种透明度。

国内学者关于金融创新对货币稳定影响的研究也主要包括两个方面。一方面集中于分析金融创新与货币供求的关系。其中戴国强(1993)研究了金融创新对货币需求函数的影响，认为金融创新不仅使货币需求的目标函数从M1转变为M2，同时也改变了货币需求动机，使函数中各类变量的作用发生了变化。李健(1996)、李子江(1999)、陈柳钦(2001)、尹继志(2007)和崔晓蕾(2008)等人研究了金融创新与货币供求的关系，得出了比较一致的结论，即金融创新不仅会通过金融工具的多样化和金融电子化来削弱货币需求，降低货币需求的稳定性，还会通过扩大货币供给主体、加大货币乘数来增强货币供给的内生性，从而严重削弱中央银行货币政策的独立性。另一方面，陈军、陈金贤(1999)，蒋放鸣(2002)，钱小安(2007)，杨星和彭先展(2000)，高晓红、王静(2002)，陈申(2009)则专注于研究金融创新对货币政策及其有效性的影响。他们深入分析了金融创新对货币中介指标、货币供求等的影响，一致认为金融创新全方位地影响了货币政策，总体上降低了货币政策的有效性。王兰芳、何国钦(2008)则运用非对称信息理论对商业银行的金融创新与货币政策传导效应之间的关系进行研究，指出金融机构创新行为对货币政策的传导效应起着不可忽视的作用。值得注意的是，有的学者特别是国内一部分学者将货币稳定等同于金融稳定，这一说法似乎有失偏颇。

(三)金融创新对金融机构稳定的影响

金融机构是金融系统中最为重要的微观金融主体。国内外大多数学者认为金融创新改变了金融机构的运营环境、产权制度以及经营方式，并对其稳健运营产生了影响。相较而言，国内关于金融创新对金融机构稳定性影响的研究则更多地从中国金融机构，特别是银行的发展水平出发。一般认为，由于中国正处于金融体制改革的关键时期，金融创新将有效促进中国的金融机构完善产权结构、提高盈利能力，较少关注负面的冲击。刘明康在中国银监会主席任上时(2006)在《求是》杂志上发表署名文章，指出金融创新是中国银行业改革发展的客观要求，是实现持续稳定发展的必由之路。而对于其他非银行金融机构而言，由于其尚处起步阶段，规模不大，因此较少有人进行专门的深入研究。

(四)金融创新对金融监管的影响

国际上关于金融创新对金融监管影响的论述基本上分为两个阶段。在20世纪90年代末期以前，人们普遍认为金融创新的动因主要是规避监管，即金融监管是金融创新的主要动因，两者是矛盾斗争的两个方面。Kane（1978，1981）对金融创新与金融监管的关系进行了分析。他通过建立一个斗争模型（struggle model）来描述监管者与被监管者之间的关系，并将金融创新视为这种斗争的自然结果，从而指出金融监管是金融创新的一个动因，金融创新又促使金融监管体制进一步完善，两者是一种正向博弈的关系。此后，监管—创新—再监管—再创新已经成为20世纪80年代以来大多数学者认识金融创新与金融监管关系的一个基本假定。根据这一假定，金融监管的影子价格会在金融创新工具被创新之前逐步上升，而在创新之后急剧下降。

但20世纪90年代金融监管放松之后，金融创新并没有进入一个"舒缓期"，而是进入一个更加快速发展的时期。尤其20世纪90年代末期以来频发的金融危机，更是引起了各国金融监管当局和国际货币基金组织（International Montery Fund，IMF）的高度关注。多数国家的中央银行认为健全、有效的金融监管框架及其执行能减少存款人与银行之间的信息不对称，促进金融稳定。为此，许多国家政府以及IMF都建立了自己的金融稳定分析模型，每年定期公布金融稳定报告。2010年8月美国政府更是通过了号称自20世纪30年代大萧条以来最严厉的金融监管改革法案，旨在遏制过度膨胀的金融创新，提高信息透明度，降低金融风险。在理论研究方面，一些学者也开始对金融创新与金融监管的关联性重新进行梳理。Goldman（2004）通过分析信用衍生产品的发展历史发现，一系列的金融监管政策规范并简化了信用衍生产品交易活动，大大降低了市场交易费用，从而极大地促进了信用衍生产品的成倍发展；金融监管与金融创新之间呈现一种互补的关系。Ben S. Bernanke在参加2007年亚特兰大储备银行金融市场协会的会议时则从另一方面指出，金融创新为我们的经济带来了巨大的收益，但其复杂性也会导致系统性风险，因此他要求金融监管政策能适应新的变化，维护包括金融稳定在内的公共政策目标的实现。

国内关于金融创新对金融监管影响的研究起步较晚但发展较快，特别是在美国次贷危机爆发以后，金融创新对金融监管的影响更是引起了学者的普遍关注。周松柏、吴祖鸿(2000)以及毛红燕(2000)指出金融创新是一把“双刃剑”，金融创新在优化金融资源配置的同时也创造了新的风险，加剧了国际金融系统的不稳定性，因此金融创新对金融监管提出了新的挑战。麻东昱(2009)认为，金融创新与金融监管之间的关系最终体现为金融效率与金融安全的关系，两者既有互补性又有替代性。尹龙(2005)通过分析金融创新理论的发展与金融监管体制演进的过程后指出，进入20世纪90年代末期以后，信息革命使金融组织进化的结果是使其承担了风险资源配置主体的职能，即将风险视为一种资源；而在风险配置市场中，金融创新也成为提高金融监管效率的重要手段；金融创新与金融监管存在互补关系，规范并鼓励金融创新有助于金融监管的发展。沈联涛(2010)通过分析金融创新与金融监管在次贷危机中的作用指出，金融创新的根本问题在于怎样对其进行监管。

三、金融稳定性评估方法的研究现状

1997年亚洲金融危机之后，众多国际机构和相关经济学家围绕金融稳定性评估问题展开了深入研究，并且在金融稳定性评估体系的建立与评估方法的选择上取得了很多重要的研究成果。

(一)金融稳定性评估指标体系的发展

在所有的研究机构中，IMF是较早开始从事金融稳定性评估指标体系构建的国际组织。2001年IMF提出了金融稳定性指标体系（Financial Soundness Indicators，FSI）的初步方案和框架，并于2003年年底完成了相关的编制工作。该指标集由核心指标集和鼓励指标集构成，通过对资本充足性、资产质量、盈

利能力、流动性、市场风险敏感度5个方面的综合评价来考察银行体系运作的稳健性(虞伟荣，胡海鸥，2007)。此后，许多发达国家的金融监管当局也开始大力推进相关研究。

2000年年初，欧洲央行专门成立了一个金融风险工作组，并构建了一个包括银行体系稳健系统指标、宏观经济指标以及传染性指标在内的金融宏观审慎分析指标体系，旨在评估欧盟银行体系的稳健状况。英国英格兰银行构建了以资本充足率为核心的金融稳定性评估体系。法国银行业协会的“银行业分析支持系统”（Support System for Banking Analysis）将观测重点放在银行未来的支付能力上，以此来判断银行体系的健康情况。美国则将公司财务预警中的骆驼评级体系（CAMELS Rating System）运用于对金融机构稳健运行的评价中，形成了目前世界上最复杂的金融稳定性评估体系之一。

相较而言，中国学者开展金融稳定性评估体系研究的时间比较短，其中仲彬、陈浩(2004)结合宏观经济金融发展的实际情况，参照FSI指标体系，构建了适合中国国情的金融稳定监测体系，重点跟踪和分析金融系统性风险。2005年中国人民银行首次颁布了《中国金融稳定报告(2005)》，报告对2004年中国金融体系整体运行情况进行了评价和分析，并初步构建了能反映宏观经济金融环境，金融市场，金融机构，政府、企业和住户财务状况，以及金融基础设施及其变动情况的指标体系。

(二)金融稳定性评估方法论的进展

传统的金融稳定性评估以定性分析为主。进入20世纪90年代，越来越多的学者开始运用一些数学模型和计量经济学分析方法来构建金融稳定性评估模型，并取得了较为丰富的研究成果。研究成果主要包括三个。

一是Kaminsky、Lizondo和Reinhart (1999)创立的信号分析法（KLR signal analysis）。信号分析法的指标体系由一些可以及时反映货币危机的先导指标构成，当指标值超出给定的安全阈值时，即认为该指标发出了危险信号。在实证中，该分析法多与德尔菲法或层次分析法结合在一起使用。从实证效果来看，虽然KLR信号分析法在金融稳定性评估模型的构建上做出了一些开创性的研究，但其指标的选取带有明显的倾向性，重点关注外汇储备、信贷增长与实际汇率等方面，而忽视了金融衍生工具大量使用后可能带来的潜在金融风险，无法适应金融系统不断创新、不断变化的动态过程，影响了该模型在实际运用中的准确性。

二是FR概率法。Frankel和Rose（1996）创立了FR概率法。与KLR信号分析法不同，FR概率法研究的重点是金融风险发生的概率而非金融风险的大小。值得注意的是，尽管FR模型构建相对简单，数据获取容易，但由于其对于样本外的预测无能为力，且多次的估计也会导致信息的过度使用而降低评估的准确性，故使FR概率法的应用范围受到了一定的限制。

三是STV截面回归模型。它是由Sachs、Tornell和Velasco（1996）建立的，目的在于运用横截面回归分析方法分析哪些国家最容易发生金融危机，从而克服了FR概率法没有考虑国别差异的不足，使研究更具现实意义，在金融风险预警评估实证方面得到了广泛应用。然而由于STV截面回归模型的估计方程为线性回归模型，虽然简单便于操作，但与实际生活中金融系统的非线性特征不符，在很大程度上降低了预测的准确性。Sachs等人运用该模型对马来西亚、泰国、印度和韩国等亚洲国家1997年爆发金融危机的可能性进行了预警分析，其预测结果显示马来西亚和泰国的预测结果与实际情况吻合，而印度和韩国的测算偏差较大也恰好证明了这一点。

上述3种金融稳定性评估和金融风险预警模型的建模思想基本相同，都是先考察引发金融危机的决定因素，并试图通过运用一些计量经济学模型和方法找出这些因素与危机之间存在的规律和联系，以判断金融危机爆发的可能性或大小。但由于这些金融稳定性评估模型大多建立在线性模型的基础上，与现实存在一定差距，很难发挥出它们应有的作用。随着金融发展进一步复杂化，关于金融稳定性评估模型的研究也开始向非线性系统和关注人们的行为心理分析发展。其中 Arias 和 Erlandsson (2004) 在对传统马尔可夫模型进行修正的基础上构建了新的金融风险预警模型。Marco Fioramanti (2008) 利用人工神经网络方法构建了一个早期预警模型，并对发展中国家1980—2004年发生的债务危机进行了分析。

相对于国外的研究，国内相关学者主要在实证方面取得了一定的研究成果。如刘莉亚和任若恩(2002)运用 KLR 信号分析法，结合中国国情提出了货币危机预警系统的理论框架。陈守东、赵大坤和迟宪良(2006)在传统二元选择(Logit)模型的基础上引入差分自回归移动平均模型(Autoregressive Integrated Moving Average Model，ARIMA 模型)以解决样本外预测问题，并利用该预警模型对中国2005年的金融体系运行状况进行了监控与预测。王仁祥、安子铮(2008)以沪深300指数为例，运用德尔菲分析法分析金融创新与金融稳定的关联性问题。陈强、乔郁(2011)则在对宏观压力测试进行了理论探讨的基础上，结合中国大型银行的相关数据，运用宏观压力测试方法对中国整体金融稳定性进行了实证检验。

第二节　现有研究存在的问题和发展方向

从目前来看，国内外关于金融创新以及相关因素对金融稳定的影响和金融稳定性评估方法的研究虽然取得了一定的进展，但仍然存在着以下问题：

第一，对金融创新影响金融稳定的机理研究缺乏系统性。现有研究成果主要限于货币稳定、机构稳定或是金融监管等某一方面，较少运用系统论的观点，全面把握金融创新对金融稳定性影响的多重互动性；对金融全球化进程中金融创新背景的本质以及复杂性缺乏深刻的认识；忽视了金融创新视角下宏观经济金融环境变化对金融稳定性的间接影响。

第二，虽然从总体上讲，现有的金融稳定性评价指标体系本质上为一个综合评价指标体系，但由于各个学派往往强调各自不同的侧面，比较注重个别因素，没有考虑各指标数据之间的钩稽关系和反映金融创新对金融稳定影响的指标，所构建的指标体系缺乏综合性和系统性，其成果往往只能用于解释危机的部分形成机制。

第三，不论是KLR信号分析法还是STV截面回归模型、FR概率法，都是在寻找引发金融危机的决定因素，并试图通过运用一些计量经济学模型和方法找出这些因素与危机之间存在的规律和联系，以判断金融危机爆发的可能性或大小。但从现有的研究成果来看，其理论模型与现实相符程度并不是很高，研究成果很难发挥出它应有的作用。其研究思路和方法论仍旧以线性、均衡以及回归思想为主，忽视了金融创新视角下的金融稳定是一个动态、非线性的运动过程，也忽视了金融创新对金融稳定的全面影响。

第四，缺乏对金融创新视角下中国金融稳定性的实证分析。当前中国强调经济增长方式的转变和自主创新特别是原始创新在今后经济发展中的重要作用。要完善经济增长的激励机制，必须加快中国金融领域的创新步伐，并维持金融稳定。而国内关于金融稳定的研究成果并没有将金融创新视为一种常态，一些优化机制和政策的前瞻性和可操作性较差。因此，需要以金融创新为背景，对中国的金融稳定性进行实证分析，探讨在大力推进金融创新的同时，推进金融现代化建设、维护金融稳定性的对策。

这些研究欠缺和空白给本书指明了主攻方向，同时赋予了本书重要的理论价值和现实意义。

第二章　金融稳定的理论分析

从20世纪末期开始，在全球范围内不断爆发的金融危机对世界金融体系造成了极大的破坏。为了缓解这些破坏对全球经济平稳发展的影响，诸多全球性金融组织以及各国货币当局纷纷成立专门机构开展对金融稳定问题的研究，为金融监管部门对金融危机的风险预警、危机管理和政策制定提供了关键的理论基础和实践经验。其中，IMF通过周期性地公布“全球金融稳定报告”，根据世界金融市场的动态变化过程，评估和识别世界金融体系中存在的潜在风险，为各成员国经济的持续发展和金融稳定提供了重要参考；国际清算银行则从金融监管层面优化和改善全球金融体系，通过金融稳定论坛（Financial Stability Forum）和金融稳定研究所（Financial Stability Institute）进一步加强全球金融监管的深层次合作与沟通，维护世界金融体系的平稳运行。通过几十年的探索，全球性金融组织和各国货币当局依据金融稳定的相关理论和实际操作中积累的经验，给出了金融稳定的定义，并初步构建了金融稳定的研究体系和框架，为维护世界金融稳定提供了坚实的理论基础（何德旭，2013）。

第一节　金融稳定的基本内涵

虽然对金融稳定的研究已经取得了大量的成果，但是由于各个研究主体所处的研究环境和分析出发点不同，金融稳定性研究尚处于百家争鸣的过程之中，基于全球范围内金融稳定研究体系和框架的构建刚刚起步，远未成熟。特别是对于金融稳定的定义，各国的金融机构和学者并没有达成一个较为一致的结果。因此，目前只能基于金融稳定的正反两个方面来对金融稳定这一概念进行解释：第一，通过介绍和描述金融稳定的具体特征，从正面角度来界定其内涵，其中代表性的研究包括 Padoa-Schioppa(2003a)和 Houben 等(2004)的研究；第二，从对金融稳定的对立面——金融不稳定出发，以金融脆弱性、金融不稳定理论为基础，阐述这些理论对金融体系的消极影响，并将其反面定义为金融稳定，其中代表性的研究包括 Crookett (1996)、Mishkin (1999)和 Chant (2003)等的研究。

具体而言，本节首先将列举国内外具有代表性的研究；其次，介绍 IMF 和世界银行对金融稳定的定义；再次，在充分参考国外研究的前提下，介绍中国对金融稳定的定义；最后，给出金融稳定的4个特征。

一、基于金融稳定特征的定义

瑞典货币当局于1998年率先发布金融稳定报告，迈出了金融稳定研究的第一步。在这份报告中，金融稳定被定义为整个支付体系可以安全有效地运行。报告进一步指出，货币当局需要通过如下措施来维持金融稳定：第一，出台相应的法律法规，完善金融市场监管环境，对各类金融机构进行风险评估，并且对商业银行等机构的违规操作进行查处；第二，中央银行对金融系统内部可能存在的风险进行及时有效的监管；第三，出台相关的危机管理方案并制定相应措施。

欧盟第一任央行行长 Duisenberg（2001）指出，金融稳定是指整个金融系统之中最关键的组成成分能够平稳运行。

荷兰银行行长兼巴塞尔银行监管委员会主席 Wellink（2002）对金融稳定做出如下定义：金融市场具有稳定性即指整个金融体系能够充分地吸收储蓄，正确执行存贷转换机制，有效合理地对资源进行分配以分散风险，并能够防止体系外在冲击造成金融系统发生大规模波动，减少对经济发展造成的负面影响；金融稳定是一种金融体系内在的稳定状态，冲击的来源是外生的。

德意志联邦银行认为，金融稳定可以定义为：无论在正常情况下，还是在遭受冲击或金融结构发生重大变化时，都能够行使金融体系中关键组件功能的一种稳定状态。

挪威中央银行指出了金融体系在经济波动中的作用和职能，认为金融稳定是指金融体系的运行能够有效抵御各种类型的波动，并且能够充分发挥金融机构在经济发展中的作用，正确履行其交易、融资和结算等职能。

欧洲中央银行的 Padoa-Schioppa（2003b）认为，金融稳定是指金融部门、金融市场及其监管部门处于一种有效运行的状态，能够有效抵御来自实体经济部门的冲击。当面临外部冲击或者实体经济部门发生大规模结构调整时，金融系统能够有效应对，并且帮助实体经济部门平稳过渡，存贷转化机制以及支付体系等金融部门的主要功能不会偏离正常运作的轨道。

英国金融服务机构的执行董事 Foot（2003）认为应该从如下几个方面来判断金融系统是否具有稳定性：第一，货币稳定，即市场中价格具有稳定性，不存在通货膨胀或者通货紧缩；第二，经济中的劳动力得到充分就业；第三，公众对金融体系中的金融机构持有正确的预期，不会因预期变化产生投机泡沫或者市场恐慌；第四，经济体中金融资产价格的急剧波动不会对社会就业水平产生影响，同时不会造成通货膨胀或者通货紧缩。

Houben 等（2004）认为当经济系统处于金融稳定状态时，金融体系应当表现出如下特点：第一，在各种经济活动以及资源的跨期配置中，资源配置是有效的；第二，金融体系能够及时发现风险并对其进行管理；第三，冲击对金融体系的消极影响不显著。

Allen 和 Gale（2004）认为，广义上，金融稳定性体现为金融体系对冲击的吸收性以及对经济波动的稳定能力；金融稳定性的概念不仅与真实金融危机的消失相关，而且与金融体系减少、遏制和处理突发的不平衡事件的能力相关。他认为，若金融体系对外生冲击不敏感，并且可以在引导实体经济发展、摆脱经济的异常波动过程中起到有效的作用，那么金融体系就具有稳定性。

欧洲中央银行指出，金融稳定性是指包括金融市场、金融机构和基础设施等在内的金融体系能够吸收冲击和应对失衡，具有提高储蓄—投资转化效率、降低损失的能力。

通过上述央行和金融机构对金融稳定性定义的总结回顾可以看出，虽然业界未对金融稳定性达成一致的共识，但是对其的界定中具有共同性，即在金融体系平稳运行的状况下，体系内各个组件能自如地履行其经济职能。

二、基于金融不稳定的定义

上文指出，部分学者从金融稳定性的对立面出发，从金融不稳定或者金融脆弱性的角度对金融稳定进行说明。Issing（2003）和 Padoa-Schioppa（2003a）曾指出，一些研究者发现对金融不稳定很容易定义，而从正面角度——金融稳定来定义则很困难，所以很多人选择从金融稳定的对立面，也就是金融不稳定或者金融脆弱性的角度进行定义。

Crockett（1997）在对金融稳定性进行研究时指出，当金融体系因为波动而引起金融资产价格剧烈震荡时，负向冲击会波及实体经济系统，那么金融体系存在不稳定性；反之，金融体系是相对稳定的。Crockett 同时指出，对金融不稳定性的分析应当注意以下重点：第一，要了解金融不稳定性对实体经济造成的消极冲击程度；第二，要及时预防存在于金融机构内部的潜在不确定性因素；第三，防范金融体系的某个环节出现波动时对整个体系以及实体经济造成的负面冲击。

Mishkin（1996）在分析金融不稳定时强调了预期的变化对稳定性造成的影响，指出信息不对称以及市场参与者预期的改变将会导致投机活动大规模出现，使金融资产价格在短时间内剧烈波动；此时的金融体系不能有效履行合理配置社会资源的职能，对社会福利造成影响。

Ferguson 和 Crockett（2003）指出，金融不稳定性应当定义为能够对实体经济活动造成影响的外部性、市场失灵等一系列风险因素。这些风险因素具体表现为：第一,一部分在市场上起到决定作用的资产价格大幅度地偏离经济实际情况；第二，无论在国内还是在国外，信用贷款的运作与金融市场的运转出现了严重扭曲；第三，总支出与自然生产力严重不匹配。

Large（2003）认为，金融不稳定是由各种冲击引起的系统性传染而导致的流动性与违约问题，所引发的价格突然性变化和剧烈变化；为了金融系统的平稳运行，需要维持对整个金融体系的信心。

Chant（2003）对金融不稳定性的定义与 Crockett 的相似，均指出了金融体系波动对实体经济发展造成了影响。Chant 进一步指出，金融不稳定通过两种方式对实体经济部门产生冲击：第一，金融体系的剧烈波动会使家庭部门、生产部门和政府部门的财务状况恶化，从而使得银行以及其他金融机构的融资能力下降；第二，金融体系的不稳定性对自身产生了影响，使银行以及其他金融机构丧失了对家庭部门、生产部门以及政府部门的放款能力。引发金融不稳定的冲击有许多，因时间、地点、冲击起源的部门及影响金融体系的部分的不同，冲击的结果也不同。

Haldane 等人（2004）认为，金融不稳定是指金融机构自身经营或者管理等因素导致最优储蓄—投资方案发生了偏差。

Allen 和 Wood（2006）认为，当家庭、企业和政府所经历的金融危机与过往它们自身的经济行为无关时，金融体系具有不稳定性，并具有强烈的反向

“宏观经济效应”；换句话说，金融不稳定就是指无辜的事件不相干者的利益受到了损害。

三、IMF 和世界银行的定义

在1999年5月,IMF和世界银行联合推出了“金融部门评估规划”（Financial Sector Assessment Program，FSAP），从以下几个方面定义了金融稳定的概念：第一，货币当局宏观经济政策的透明性与稳健性；第二，金融机构受到货币当局实施审慎监管的影响保持平稳运行的能力；第三，金融体系之中，包含外部环境、公司治理能力以及财会准则等在内的金融基础设施的有效性。它们将这一系列概念用指标量化的手段来具体表现，也就是说构造了数量形式的金融稳定性指标。FSAP 所构造的一系列指标可以反映金融体系在经历冲击时自身的稳定程度，以及这些冲击对实体经济部门造成的影响。

四、金融稳定定义的归纳

从上文的总结中可以看出，众多机构和学者对金融稳定性做出了大量的说明，无论是通过对其特征描述的直接定义法还是通过其对立面——金融不稳定来间接描述金融稳定的方法，可以看出这些定义角度各异，有的从全球或区域的角度来定义金融稳定，有些观点更看重金融不稳定的影响和结果，有些观点更强调金融体系的功能，有些观点既注重功能又强调结构，既看重过程又看重结果。这不仅体现了金融稳定的多维性、不确定性、动态性和连续性，也体现了金融稳定定义的多样性和复杂性。

对于金融稳定的定义，中国人民银行2005年发布的《中国金融稳定报告(2005)》有如下的阐述：金融稳定指的是一种市场状态，在此状态下，金融系统可以有效率地进行工作。当市场处于金融稳定状态时，宏观经济能够平稳、有效率地运行；财政政策与货币政策能够切合实际，快速有效地达到发布报告的目的；金融市场能够越来越完善，资源配置、风险管理、支付结算等重要功能在金融市场的各个机构中能够有效进行，并且对外部冲击具有一定程度的抵抗力。这里能够看出，中国人民银行更希望金融系统在行使其职能的时候能够保持连续性与稳定性。

结合上文中权威机构对金融稳定的理解，本书对金融稳定定义如下：金融稳定指的是一个国家或地区的金融体系，包括金融市场以及金融机构，达到一种平稳的状态；在此状态下，金融系统的关键功能能有效地执行，金融市场与实体经济相匹配，协调发展，资源配置、风险管理、支付结算等重要功能在金融市场及其各个机构中能够有效进行，具有应对冲击的能力，使这种状态在外部冲击的干扰下不受影响。

五、金融稳定的特征

上面的定义已经直观地体现出金融稳定的状态具有如下特点：

⑴金融稳定是一个宏观的概念。中央银行在整个国家的金融体系中扮演着最终贷款人的角色，并且建立以及维护该国支付清算体系。这些特点决定了中央银行对维护整个宏观金融体系的稳定性负有不可推卸的责任，而不能将目光仅仅锁定在某一个或者某一类金融机构上。中央银行在维护银行业等关键性金融机构及金融市场的金融稳定的同时，也应该密切关注其他相关行业的稳定性，如保险业与证券业。同时，中央银行也关注金融风险的跨界传递，包括跨市场、跨机构、跨国界等常见的跨界形式，及时发现问题并采取强有力的应对措施以防止金融机构对经济全局造成系统性的破坏，维护金融体系作为一个整体的稳定状态。

⑵金融稳定是一个综合性的概念。金融稳定的状态不是简简单单就可以达到的，良好的金融稳定环境需要各方面综合性的努力。当金融体系的运行不稳定的时候，中央银行及其他金融监管部门需要采取多种手段，制定多种政策来直接或间接地影响金融机构、金融市场以及实体经济，以保证达到金融稳定的状态。只有采取综合手段，多管齐下，才能达到金融稳定的状态。

(3) 金融稳定是一个动态的概念。金融稳定是一个时刻处于动态的概念，外部的经济、金融环境不是一成不变的，而是随时间发展而变动。金融业是一个高风险行业，金融机构对于利益的不懈追求使其永远处于风险之中。从长期的角度看，为了应对瞬息万变的金融环境，需要一个能够系统性地预防、识别、规避金融风险的金融体系来维护金融稳定。这要求中央银行对金融机构、金融市场的监管充分有效，并且建立高效的支付体系以形成整体的金融风险应对布局。

(4) 金融稳定是一个有效益的概念。稳定的金融体系会使一国的储蓄—投资转化的效率加快，使资源在全社会范围内达到更为优化的配置，并且对金融风险的抵御能力也有所加强，最终使获得经济效益的机会大大提升。稳定的金融环境将有助于建设具有持续性、竞争性以及经济效益良好的金融体系。

第二节　金融稳定的理论体系

在经济理论发展的进程中，金融体系的稳定问题一直都是国内外学者关注的焦点之一。对于金融稳定的理论研究，可以分为两个方向：一类是西方经济学家对金融稳定问题的研究；另一类是马克思主义对货币经济不稳定的分析。第一类研究在早期主要从宏观经济学角度展开。Marshall 和 Heffes (2005), Fischer 和 Jeffrey (2002) 等，主要从经济周期的角度入手，分析了经济周期波动对金融体系稳定的影响机理；Minsky 等 (1961) 以及 Kindleberger 和 Chailes (1974) 等则深入研究了在经济周期性变化的前提下金融机构的表现，提出了金融体系不稳定性的周期性理论；而货币主义学派则指出，造成金融体系不稳定的原因在于货币供给和货币政策，认为过量的货币供给和失误的货币政策造成了金融体系的内生不稳定；随着“新共识”宏观经济学理论的破产，Arestis (1986) 等人构建了“新经济学”的理论框架，认为在制定经济政策时，不仅要维持物价稳定，而且要考虑到实际产出的稳定性，强调应当将金融稳定作为经济政策制定的首要目标。金融稳定的微观层面研究始于20世纪80年代后期，Diamond、Mishkin、Karpinski 等(2002)对宏观经济现象中的金融危机产生的微观经济基础进行了研究，运用信息经济学、博弈论等经济理论和方法，将关于金融稳定的研究拓展到微观领域。对于第二类研究，马克思以劳动价值论以及商品与货币的关系为基础，以经济存在内生不稳定性为前提，对金融危机产生的原因以及金融危机的内在属性进行了讨论，认识到资本主义经济体系对金融稳定造成破坏的作用机制和特征。

下面，本书从金融稳定的宏观理论分析、金融稳定的微观理论分析以及马克思的金融体系不稳定性分析三个层面介绍金融稳定的理论体系。

一、金融稳定的宏观理论分析

作为金融稳定问题的早期研究，金融稳定的宏观理论分析的主要研究领域包含经济周期与金融体系稳定之间的关系，金融体系不稳定性的周期性理论、货币学派理论以及“新经济学”理论。下面对金融稳定的宏观理论予以详细介绍，主要包括：金融稳定在经济周期理论中的观点、Minsky 的金融不稳定假说、Kindleberger 的金融经济周期理论、金融稳定的货币主义观点以及“新经济学”理论。

(一)金融稳定在经济周期理论中的观点

进入20世纪后，金融稳定逐渐成为经济研究的热点问题，而经济周期理论同样在西方经济学发展过程中有着十分突出的地位。经济学家为了分析金融稳定在经济周期中的作用，做了大量研究，逐步形成了金融稳定在传统经济周期理论中的观点，主要包括 Marshall 的金融市场信用与工商业波动关系研究，Fischer 的“债务—通货紧缩”理论以及 Keynes 对预期和不确定性的研究。

Marshall 在《货币、商业与信用》一书中阐述了金融市场信用体系对工业以及贸易的影响作用过程，突出了信用这一概念在金融市场的作用，同时对危机发生的过程及其周期性特征做出了相应分析。他指出，在金融体系的信用扩张阶段，银行部门提高信贷发放额度，市场流动性增加，投资需求也相应上升，因此，新企业不断进入市场中，社会总产出增加，商品价格、劳动力价格提高。这一过程在经济的扩张阶段持续进行。而企业对利润的追求往往使企业自身对生产资金的投入先于利润资金，引起了一定的信贷偿还风险。在金融市场上，当银行部门发觉到信用风险时，开始逐步放缓放贷进程，对放款额度进行限制。但此时正处于经济周期中的扩张阶段，社会总需求的上升使市场对信贷的需求持续处于高位，供需缺口的出现导致贷款利率大幅度上涨。虽然放款收益上升，但是对信贷风险的警觉使得放款人或者银行部门更加坚持贷款于期内回笼。一些企业为了偿还贷款，停止了囤货的行为，大量出售货物，物价停止上涨，其他投机商也竞相抛售囤积的货物。这种信用危机引发的经济波动影响极大，将导致市场中破产厂商不断增多。Marshall 指出，导致经济波动的真正原因不是市场中企业破产数量的增加，而是在经济扩张时期，企业获取信贷缺乏可靠的信用基础。

Fischer 在 1932 年推出的《繁荣与萧条》一书中，利用美国“大萧条”时期的数据进行分析验证，将债务和经济周期理论相结合，提出了“债务—通货紧缩”理论，通过债务在经济周期中的动态影响说明了金融危机产生的原因，并给出了抑制经济周期过度波动的政策建议。Fischer 在书中指出，金融危机的成因主要有两个方面：一是债务水平的上升；二是价格水平的冲击。因此，解释经济周期最主要的两个变量是超过平均水平的负债额以及由此产生的通货紧缩，而产能过剩、消费不足、超额资本、过度信心等变量则显著受到这两个主要变量的影响。一般情况下，当经济出现技术进步时，社会生产力水平普遍上升，生产的边际成本大幅度下降，经济总供给和总需求增加，经济出现扩张趋势。而为了追求更多的利润，固定资本投资需求将上升，银行部门放出贷款，而企业则发行债券以获取资金支持来满足不断上升的资金需求，进而促使整个社会的货币供给和物价水平上升。当企业承受过多债务时，常常面临着债务偿还困难的问题。当市场金融监管薄弱时，这种债务危机将对经济系统造成冲击。当债务到期时，部分债务人由于缺乏充足的流动性资金偿还债务，为了避免更多债务引起的损失，这些债务人唯一的解决方法是大量出售资产以对债务进行清偿。市场囤货行为减少，供给增加，将拉低市场商品价格水平。而在银行部门方面，由于贷款资金回流，市场流动性降低，将进一步促使市场价格下降。于是 Fischer 得出相应的结论，即企业对过度负债的偿还将导致通货紧缩现象。当通货紧缩发生时，物价水平下降，货币的实际购买能力得到了相应的提高，但是未偿债务的真实规模上升，这样债务人的实际债务反而在增加；换言之，如果物价水平上升的速度超过了名义债务偿还的速度，也就意味着债务并没有得到完全的偿还，反而使整体债务的真实规模扩大。在这种情况下，债务和通货紧缩会出现循环作用，经济周期的萧条程度将不断加深。在过度负债—通货紧缩的逻辑分析基础上，Fischer 提出了两个相应的解决危机的办法：第一，减轻市场中垄断企业的垄断程度，促进市场自由竞争，在自由竞争环境下，过度负债企业往往无法在市场上保持其竞争能力而逐步退出市场，这有助于负债停止扩张、趋于收缩；第二，政府部门制定并实施有效的通货膨胀干预政策，使市场价格在合理的位置保持稳定。

Keynes 在研究金融稳定性对经济周期的影响时考虑了预期和不确定性等因素，指出资本边际效率是引发经济周期阶段性变化的原因。Keynes 分析指出，经济危机产生的原因有两个：第一，投资过度将引发经济危机；第二，每一周期经济环境以及市场参与者心理的变化使得初始条件下做出的投资预期无法实现，致使投资条件发生波动。为了说明资本边际效率在经济周期中的作用，Keynes 具体说明了在经济复苏时期，大多数市场参与者对资本投资的预期收益充满信心，对资本品需求的上升使得供给也相应地提高。假如经济持续繁荣，那么资本投资的收益将保持在高位。但当金融市场中出现波动时，市场参与者对于投资预期利润的预期会发生波动，市场中会产生很多的不信任，恐慌迅速传播，投资需求迅速走低，资本边际效率大幅下降，经济将陷入萧条。

（二）Minsky 的金融不稳定假说

基于凯恩斯主义理论，Minsky(1982，1986，1992)将“金融脆弱性”(Financial Fragility)这一概念引入经济周期扩张过程中产生的过度负债情形中，进而提出了“金融不稳定假说”。这一理论也逐渐成为金融研究领域的热点问题。Minsky 在 Keynes 流动性偏好的一般理论基础上做了相应的拓展，以金融机构作为研究的出发点，对金融不稳定性和经济危机做出了解释。金融不稳定假说在对经济周期影响因素做出解释时，不仅考虑了不确定性和预期因素，也考虑了投资因素在金融不稳定形成过程中的重要作用，并对资本主义经济固有的不稳定性和经济周期内在波动进行了系统性的分析。

Minsky (1975) 认为，金融不稳定性假说描述了债务对经济周期的影响。在整个经济体系中，存在三种融资行为：对冲型融资、投机型融资和庞氏型融资。相应地，经济中的主体可以分为对冲型主体、投机型主体和庞氏型主体。具体而言，对冲型融资是指融资者资产的现金流入量大于偿还债务的现金流出量；换言之，债务人根据融资合同所获取的资金包含本金和利息。进行这一类型融资的企业往往有能力应对自身企业未来可能出现的资金流波动并进行融资，因而属于最谨慎的借款人。投机型融资是指融资者需要进行延期支付或者对债务重新进行融资，但是预期的长期现金收入预计将超过未偿还的现金支付合约。进行这一类型融资活动的融资者属于有风险的借款人。庞氏型融资是指从应收款中所能得到的净收入既少于短期利息支付也少于长期的利息支付，这意味着为了满足现有现金债务的支出，企业需要增加直接借款数量，而且他们多将所借款项用于投资回报期很长的项目，不仅在很长一段时间内无法用投资收益还本付息，而且在这个过程中，一旦利率升高导致资产贬值，企业很可能陷入资不抵债的境地。由于不具备对现金流冲击的应对能力，庞氏型经济主体属于高风险的融资者。

Minsky (1975) 进一步指出，经济周期的阶段性变化并不是由外生冲击造成的，而是由于市场参与者对经济形势预期的转变，由借贷行为的内在不稳定性滋生出金融体系的脆弱性。一般地，在经济以及金融的扩张阶段，生产部门和银行部门对自身的未来发展预期提高，致使其预期收益上升，对利润最大化的追求使得对冲型融资逐渐变换为投机型融资，市场中的对冲型融资比重不断下降，而对经济形势过于乐观的心态使投机型融资进一步变换为庞氏型融资，最终市场中充斥着大量的庞氏型经济主体。在这个过程中，融资行为的变换导致了市场利率的上升，进而引起资本投资的收益逐渐下降。此时若企业的资金流动出现问题，例如持续扩大成本投入或者偿还到期债务，利率的上升以及资本投资收益下降将导致这些企业大量抛售资产。但是若这种抛售在市场中大范围出现，资产定价体系将不再有效，并对宏观经济以及金融体制造成冲击，金融脆弱性程度不断加强。当脆弱性突破金融市场所能承担的临界值时，金融危机爆发，造成社会福利的严重损失。

由于市场中存在自身内在的不稳定性，市场中“看不见的手”并不能保证经济平稳增长。为了防止上述风险所引发的金融危机，熨平经济周期中的波动，降低社会福利损失，Minsky 提出了若干政策性建议：第一，政府部门引导市场参与者的合理预期，加强金融部门的监管，避免融资方式向庞氏型融资转变，抵御金融市场内部不稳定性，避免大规模的资产抛售行为，维持一般资产的市场定价；同时，鼓励股权融资而不是发行债券，降低企业内部的不稳定性。第二，中央银行减少逆周期货币政策的实施，要更多地利用贴现工具代替公开市场操作来控制银行部门的准备金数量，以此抑制金融的不稳定性。

（三）Kindleberger 的金融经济周期理论

作为 Minsky “金融不稳定假说”的追随者，Kindleberger（1987）从金融历史的角度出发提供了金融危机的研究框架，认为金融危机源于投资者的非理性预期和非均衡行为。具体而言，理性预期的假设是指在有效利用现有信息的前提下，对有关经济变量做出的在长期中准确的预期。如果假设金融市场是理性的，那么，经济系统中其他市场应该也是理性的，市场参与者不会受到投机泡沫或者恐慌等因素影响，并将做出相同的、准确的投资决策。具体而言，投机泡沫能够使得资产价格在一段时间内出现快速上涨，导致资产预期收益上升，促使市场参与者更加倾向于选择投机活动。市场恐慌可能源于理性行为中偶然的非理性。例如当资产价格下降时，部分经济主体出售所持有资产，而其他投资者受到示范效应的影响使预期收益率降低，在恐慌心理影响下进行大规模的盲目抛售行动，引发金融不稳定，导致市场恶化。

显然，从理论的角度出发，金融市场中的经济主体具有理性预期的假设将简化对经济问题的分析，具有一定的有效性。但是，理性预期假设并不具有现实性。所以，Kindleberger 认为，金融市场在很大程度上具有非理性，在经济周期理论的基础上，当经济处于复苏和扩张时期时，非理性的投资者对未来收益率的预期过于乐观，认为经济在随后的一段时间内会持续增长，从而盲目地扩大投资；同时，在高收益的诱使下，金融体系中的放贷款行为过于盲目，原来在理性阶段不能容忍的高负债和低流动性在此时被广泛接受，投机泡沫随之产生；在经济衰退阶段，非理性致使预期过于悲观，大规模的抛售行动出现，为金融危机埋下了隐患，因此投资者的投资决定与收益预期往往会受到市场恐慌或者投机泡沫的影响。

Kindleberger 指出，在经济中，不同投资者持有不连续的预期。他根据预期是否具有理性将投机者分为两类：一类是业内人士，另一类是业外人士。业内人士往往具有理性预期，可以根据市场形势做出合理的判断，并做出正确的经济决策，可以在价格最低时买进资产，然后在价格最高时卖出。为数众多的业外人士恰好相反，他们在高额利益的驱使下进行资本交易，其购买行为往往具有盲从性，容易受到其他参与者的影响，且购买时的价格已被业内人士抬高，而出售时的价格已被业内人士压低，彻底成为市场投机活动的牺牲者。Kindleberger 指出，投机泡沫充斥于市场将导致整体市场非理性，无论市场中的个体是否理性。

作为凯恩斯主义以及“金融不稳定假说”的支持者，Kindleberger 也通过将金融危机和经济周期相结合这一思路来描述泡沫经济形成及其自我膨胀到金融危机的过程。他认为贷款人对利益的追求以及私人借贷者的大幅举债经营造成了经济周期性成分的阶段性转变，但是其与“金融不稳定假说”的研究重点有所不同：第一，Kindleberger 的分析将金融危机和经济周期结合在一起，更加偏向于从金融主体的非理性行为出发，以投机泡沫的产生到破碎的过程对金融危机产生的原因进行说明，而不以分析经济周期为目标。他更加注重投机行为在经济中的影响，认为金融不稳定性来源于经济中的投机泡沫和市场恐慌，当经济中的不稳定性达到一定程度时将导致金融危机爆发。第二，“金融不稳定性”假说是从单一国家的角度出发，而 Kindleberger 的周期理论则是以国际市场为背景，在其研究中考虑了金融市场所实行的开放性政策。比如，他认为投机行为具有传染性，当一国经济处于泡沫不断膨胀的阶段时，投机活动的高额利润会吸引国际热钱的涌入；然而，当金融市场不完善或者出现波动时，投机者会在短期内撤离资金，造成市场大规模的抛售，导致金融系统的崩溃。

通过对 Fischer、Minsky 和 Kindleberger 的理论进行回顾可以发现，他们的研究主要针对金融机构在经济周期中的作用，并且重点分析了经济主体的预期波动和非理性预期等心理行为，并没有构建具体的行为方程，缺乏相应的微观理论基础。

(四)金融稳定的货币主义观点

Friedman（1960）认为货币供应量与名义需求和通货膨胀之间存在着稳定的关系，货币因素是整个经济系统中的重要因素，而货币数量决定了物价和产出量，即货币因素是导致经济波动和通货膨胀的根本原因。他以此关系为基础提出了货币数量方程，依据货币数量理论建立自己的货币主义学说。以他为创始人的货币主义学派认为，中央银行实施货币政策对货币供应量增速所进行的调控操作，是引起国民收入变动的主要原因。在短期内，市场中存在着价格刚性，市场中的经济主体对市场信息以及经济形势的了解存在时滞，在经济主体对通货膨胀的预期不能及时调整的情况下，会产生“货币幻觉”，在短期内对货币供应量增速进行调整，影响市场流动性，使得生产的实际边际成本发生变化。因而货币主义学派认为，在短期内货币供给量的变动对实际产出造成冲击并形成经济周期；然而在长期中，经济中的产量水平由劳动、资本、技术等因素决定，而经济主体的通货膨胀预期会逐渐向实际通货膨胀水平靠近，并与之相一致。在长期中，货币供给量的变化水平只能够影响如商品价格在内的名义变量，故在长期中，货币供给呈中性。货币主义学派主张使用货币供应量作为货币政策的工具变量，原因是在短期中，货币供应量增速的加快会增强市场流动性，引起利率的下降；同时，产出将受到由投资需求增加带来的正向冲击，这将导致经济出现扩张，从而在激发社会信贷需求的同时，也促使利率水平上升。市场机制中的利率不稳定性使货币主义学派不主张使用利率作为货币政策调控的工具变量。

Friedman（1963）强调货币供应量会对金融市场产生影响，认为货币供应量的变化在经济周期的阶段性变化中的作用至关重要。Schwartz、Friedman和Lindsay（1982）对美国1867—1960年的相关金融数据进行分析，发现在这期间有4次经济周期中的经济衰退和金融市场波动是由银行部门货币政策操控不当直接或者间接造成的。货币主义学派认为，货币供应量增速变化孕育了金融危机发生的可能，这同时也说明了在货币框架下监管当局所执行的货币政策的重要性，监管当局对货币供给量这一调控手段的不恰当使用能够导致金融体系内部不稳定性的产生。当中央银行实施紧缩性货币政策、放缓货币供应量增速时，市场中流动性降低会使银行为了获得准备金而被迫出售资产。根据市场中的供求关系，当大规模的抛售行动发生时，资产的价格出现下滑，利率相应上升。而当人们看到银行部门大规模抛售其资产时，会对银行的盈利能力和稳定性产生怀疑，银行出现信用危机，存款大规模流失，甚至发生挤兑，进而导致银行面临破产。因此，货币主义学派认为，虽然外生性冲击会对银行产生不可避免的影响，但是银行危机的产生同样与银行体系的内部组成息息相关，而货币供给量增速的减缓将使得银行危机进一步深化。货币主义学派甚至认为，如果危机不是由货币因素所主导的，那么这场危机不算是真正的金融危机。

货币主义学派理论的缺点是在解释金融危机形成原因时过分强调货币存量的影响效果。在实体经济中，非货币因素对银行部门乃至整个金融系统的冲击种类众多，造成的冲击效果也十分复杂。因而在分析金融稳定时，不能忽略非货币因素的影响作用。

(五)"新经济学" 理论

随着 "新共识" 宏观经济学(New Consensus Macroeconomics)理论体系在金融危机检验下的失败，Arestis 和 Sawyer (2012)提出了 "新经济学" 的理论框架，他们认为以保证物价稳定作为货币政策终极目标的货币政策不能保证整个经济系统的稳定发展，并提出，在制定经济政策时，不仅要维持物价稳定，而且要考虑到实际产出的稳定性，还需要保持整个金融体系的稳定性，强调应当将 "金融稳定" 作为经济政策制定的首要目标，提出了一个制定宏观经济政策的新思路。

"新经济学" 理论将货币和信用放到了突出的位置，并且实施了总需求和总供给的双重管理模式。"新经济学" 理论提出了4个基本假设：

(1) 总需求对经济活动具有重要的 "短边" 约束，实际均衡可能向总需求靠拢；

(2) 经济系统中存在 "收入分配" 效应，不仅中央银行和财政部之间在货币和债券上实现协调和对冲，而且加强了财政政策的转移支付功能；

(3) 经济系统的货币供给是内生的，并且货币供给量可以根据信用状态和经济波动进行相机抉择；

(4) 适当的政府财政赤字不会带来显著的金融风险，财政政策的期限结构不能被利用于金融投机攻击和金融风险转移，财政政策与货币政策具有同等的重要性。

在这些假设下，“新经济学”的理论框架主要包括以下6个要素（Arestis and Sawyer，2011）：

(1)总需求。在“新经济学”理论框架中，总需求仍然包括消费需求、投资需求、政府购买以及净出口，投资仍然是导致经济波动的主要来源，也是经济增长的一个主要促进力量。

(2)总供给。在总供给函数的假设方面，“新经济学”理论采用了传统的“劳动—资本”产出型的生产技术，但是总供给函数是以劳动力需求形式给出的，这种以总量形式给出的总供给函数有别于传统经济学的菲利普斯曲线方程，意味着在长期过程中，资本规模和结构以及劳动力供给和技术水平决定经济系统的潜在供给，而与通货膨胀过程没有长期关联。

(3)收入分配与通货膨胀。“新经济学”理论的分配机制由价格与工资的相互作用产生。

(4)货币、信用和金融部门。货币、信用和金融部门是“新经济学”理论中的重要组成部分。其中，货币是内生的，并且由信用规模促动。这种货币产生方式将影响到投资规模，进而影响到潜在产出。

(5)开放经济部门。开放经济是“新经济学”理论的另一个重要特色，主要体现为汇率变化对需求、就业和产出的影响。

(6)经济周期波动。在“新经济学”理论的框架中，投资的杠杆作用以及金融业发展规模的扩张与收缩是导致经济发生周期性波动的关键因素。伴随着经济周期性波动，经济系统中的价格与工资将相应地发生漂移，这种漂移将使得收入分配发生变化。而在政策传导机制的作用下，收入分配的变化将最终导致总需求水平、投资和储蓄发生改变，并进一步对经济系统的信贷规模以及政府财政政策的实施产生影响。

作为经济政策的新思维，“新经济学”理论更侧重于研究金融机构的行为、预期和不确定性，与传统经济学中强调均衡、数学模型体系和“确定性解决方案”的研究方式截然不同（Arestis and Sawyer，2012）。个人和企业对自身利益的无限制追求违背了传统经济学的发展规律，进而导致了金融危机，而金融危机的爆发为我们提供了一个打破传统经济学理念，基于全新的经济学理论建立经济学新思维的有利时机；与此同时，也为针对宏观经济与全球治理、失业问题以及社会养老保险等诸多问题的经济政策的实施提供了新方法。

Arestis 和 Sawyer（2011）指出，宏观经济政策的制定要以经济政策目标作为导向，通过实施宏观经济政策，最终要实现经济的稳定和可持续发展。"新经济学"理论框架中的政策目标主要包括（刘金全等，2013）：

(1)财政政策方面。"新经济学"理论指出，需要提出一个用来调控总需求水平的经济政策，使得总需求水平与潜在生产力能够始终保持一致。维持高水平的总需求，对实现可利用劳动力的全部就业这一宏观经济政策的主要目标至关重要。

(2)利率政策与金融稳定。"新经济学"理论认为，货币政策不应当只行使管理通货膨胀这一项职能，而应该更侧重于实现金融稳定。

(3)实施分业经营的必要。货币当局有必要对银行的风险管理体系重新进行梳理，从而进一步促进银行资源在时间、空间上的优化配置，使银行资源获得最大的社会效用，实现在不确定性条件下最大化金融和社会的长期回报。

(4)加强道德风险和逆向选择的管理。货币当局要打破大型银行"大而不倒"的传统观念。这种责任意识淡薄的观念往往会导致道德风险的产生，大型银行会毫不顾忌地从事高风险投资活动。破除"大而不倒"的观念还能够有效降低纳税人的成本和风险，迫使银行扩大服务的范围、改善服务的质量。

(5)适度加大资本留存规模。货币当局应该对整个金融体系实施更为严格的监管。特别是在风险不断增大的经济繁荣时期，货币当局需要充分利用存款准备金政策这一宏观调控手段；与此同时，还需要准确地把握这一政策对实体经济的传导机制和政策的有效性条件，使这一政策发挥最大的效用。

二、金融稳定的微观理论分析

1980年以来，Diamond、Mishkin、Karpinski等学者对宏观经济现象中的金融危机产生的微观经济基础进行了研究，运用信息经济学、博弈论等经济理论和方法，将关于金融稳定的研究拓展到微观领域，丰富了金融稳定理论体系。本节将具体介绍Diamond和Dybvig提出的银行挤兑模型，信息经济学中的逆向选择和道德风险，以及对金融资产价格波动的分析。

(一)银行挤兑模型

基于太阳黑子论，Diamond和Dybvig（1983）提出了银行挤兑模型。他们认为，银行体系不稳定的主要原因是存款者的资金需求不稳定，以及银行的资产与负债过于固定。这一模型的理论基础是信息不对称理论与博弈论，能够用来阐述银行挤兑现象的形成机理和后果。他们进一步指出，产生挤兑问题的主要因素是信心，由挤兑导致的银行倒闭将严重影响生产性的投资，同时也将打破存款者间的风险分担平衡，进而产生货币体系的崩溃及其他经济问题，存在高昂的挤兑成本；而为了预防挤兑风险，通常将政府的存款保险作为防止挤兑的工具，采取存款保险的手段以消除挤兑的均衡，留下了一个没有挤兑的良性平衡。需要说明的是，在实施政府存款保险制度时，政府所征收的税金应处于最优水平，否则会发生税收扭曲。

随后，Wallace（1988）和Chari等（1996）对银行挤兑模型进行了改进。Gorton（1985，1988）建立了以信息为基础的模型，指出银行倾向于更多地向存款者隐瞒自己的经营信息，导致存款人对其存款的未来收益不能做出准确的估计，对银行清偿债务的能力也无法准确地判断。这也就是说，银行存款人在投资“噪声”指标存在的影响下做出决策往往比拥有完全信息时做出决策更加麻烦。那么，立足于这一点，可以得出一个结论：银行系统的稳定性问题不是内生的，完全可以由银行自身控制。Chari和Jagannathan（1988）等人通过对银行存款人进行分类，进一步进行分析。他们将银行存款人分为了解信息较多的一部分与了解信息较少的一部分，其中后者的决策只能参照他人的行为来做出。因此，银行挤兑就呈现出由个别理性行为导致的整体非理性结果。Jacklin和Bhattacharya（1988）对由生产回报率的未知性带来的银行系统的不确定性进行了研究，提出了潜在的挤兑产生的因素，并认为挤兑是由经济上相关指标改变所导致的系统性问题。Dowd（1992）进行了进一步的分析，认为银行如果拥有充足的资本存量，公众的资本不会因银行的准备不充分而造成损失，那么公众将不会参与对银行的挤兑。但是，银行资本的充足与否，目前还没有得出充分的具有说服力的研究结论。

（二）信息经济学中的逆向选择和道德风险

信息不对称问题是金融市场中根深蒂固的一个问题。如果信息不对称问题无法从根本上解决，那么金融市场就无法充分发挥其有效性。金融市场的信息不对称导致两种结果：发生在签约交易前的信息不对称导致逆向选择；发生在签约交易后的信息不对称则导致道德风险。

在逆向选择与金融稳定关系的理论分析方面，Stiglitz和Weiss（1981）证明了逆向选择和不当激励始终存在于信贷市场上，并指出，对于金融机构来说，在经济繁荣时期可以得到丰厚的超额回报，但是一旦经济形势开始下滑，就会产生有大量违约风险的投资项目（如房地产、股市等），可以轻易使金融市场陷入危险境地。这些项目的所有者在信贷市场上往往愿意支付较高利率。从金融机构这一方来看，由于内控制度方面的原因，机构管理者在经营业绩上获得奖励和受到处罚的不对称性也使其倾向于选择高风险、高回报的投资项目。另外，由于贷款人不能确认借款人是否存在高风险，贷款人往往倾向于减少贷款的金额，这将导致在更高利率的条件下，贷款金额不升反降，而高利率也存在引起信贷市场的缩水的可能。贷款金额的下降在一定程度上削弱了家庭和企业偿还债务的能力，对银行等金融机构的正常运营产生不利的影响。高利率同时会对股票市场和外汇市场产生冲击，对金融稳定性产生影响。总之，逆向选择所导致的金融不稳定因素对金融市场造成不小的冲击，最终可能导致金融不稳定的极端情况——金融危机的发生。

至于道德风险与金融稳定关系的研究方面，Mishkin (1996) 直接将银行危机与道德风险相联系。他指出，金融市场所具有的资金调控功能失效是银行危机发生的直接原因，而产生这个问题的主要原因就是逆向选择和道德风险问题的激化。他指出，在缺乏适当贷款条件的情况下，最终贷款者的行为使银行承担了更大的不稳定风险。刘锡良 (2002) 指出，银行系统脆弱性的根源就在于道德风险，亚洲金融危机就是这一论证的完美体现。还有一些学者认为道德风险也是由中央银行的最后贷款人的职能所引起的：一方面，它会使银行的管理者和股东过度承担风险；另一方面，由于中央银行作为公共部门，会给行将破产的金融机构提供风险资本，而对于那些没有存款保险的存款人，中央银行对他们的行为和表现的监管动机将会弱化（Kaufman，1991；Rochet and Tirole，1996）。

(三) 金融资产价格的波动

一般而言，影响金融资产价格的是该资产的未来收益率和影响未来收益率的各种因素，然而市场主体对各种影响因素却缺乏认知；换句话说，资产定价的合理性被信息的不完全与不对称所破坏，使金融市场不再是完全有效率的，金融资产的价格受其影响上下波动。资产价格的下降将使债权人所持有的抵押品价值和债务人的净资产缩水，信息不对称加剧，进而使金融体系的不稳定性增强，进一步激发金融危机爆发。以往金融危机的例子已经证明，无论国家的经济发展到什么程度，银行产生严重问题的开端都是资产价格的巨大波动（Kaminsky、Graciela and Reinhart，1998；Herring and Wachter，1999）。由此来看，资产价格波动与金融危机之间确实存在很强的相关性。

首先，从汇率稳定的角度来看，为了维护汇率稳定，各国普遍实行固定汇率制度或者浮动汇率制度来稳定汇率或者使其维持在一定水平，否则当市场上的其他成员对汇率的稳定丧失信心时，成员会抛售对应的货币，原有汇率不能保持，货币市场上的危机便这样发生了。在采用固定汇率制度的国家，货币当局承诺将本币汇率维持在一个有利于本国经济发展的水平上。但是当这一固定汇率与宏观经济政策不相符时，市场便会对本币汇率失去信心，紧接着就会发生抛售本币、汇率的固定难以维持等现象，进一步的发展将会导致货币危机的产生。如果一国(或地区)实行浮动汇率制度，外汇市场的不稳定性会表现为汇率的过度波动，并对一国的实体经济产生不利的影响。Dornbush 和 Krugman (1976)指出，浮动汇率制度下，汇率的剧烈波动初始于外部冲击发生后，资产市场和商品市场的调整速度不一致。如当货币的供应量增加或货币利率降低时，由于商品价格存在名义黏性，价格将会维持一段时间，而货币的供应量实际上却增大了。外汇市场会对这一情况迅速做出反应，使本币的汇率下降，短期内外汇的均衡价格要低于长期均衡价格。由于金融资产价格超调存在且无法消除，所以汇率波动也是不能避免的，金融不稳定因素也就无法消除。在国际金融市场上，巨额资金的投机行为常常与相关机构对维护汇率稳定的努力背道而驰，使得汇率稳定的目标难以达到，而市场上的其他参与者在面对汇率波动的货币时，由于对信息的不确定与不对称，其行为往往表现为从众，使得汇市的震荡加剧，加剧了金融体系的不稳定。

股票市场上价格的波动相对于其他金融市场上价格的波动而言，其频率和幅度更大。认同这一理论的经济学家大多认为造成股票市场价格动荡的主要原因是存在过度的投机行为。Bray 和 Kreps (1987)认为投资者的非理性行为将对股票市场产生周期性的毁灭性打击：无论股市与实体经济运行状况是否相匹配，如果投资者对市场的预期是乐观的，那么股市将被推动到不合理的繁荣，最终导致崩盘。如果投资者的预期不乐观，缺少实际理由的股票抛售也会导致平稳健全的股票市场崩溃。20世纪70年代以来，金融领域的创新绵绵不绝，衍生金融也获得了巨大的发展，这使得金融市场上金融风险与不确定性增加，进一步加大了股市的不稳定性。

三、马克思的金融体系不稳定性分析

在古典派学者的作品中，社会秩序的自然与和谐是资本主义经济的精髓，而对持有不同观点的马克思来说，资本主义经济具有内生不稳定性。具体而言，马克思以劳动价值论以及商品与货币的关系为基础，以经济存在内生不稳定性为前提，对金融危机产生的原因以及金融危机的内在属性进行了讨论，认识到资本主义经济体系中对金融稳定造成破坏的作用机制和特征。通过对马克思的货币理论以及经典金融危机理论进行归纳和总结，能够形成一个关于如何认识金融内在的脆弱性与动荡的本质形成原因的政治经济学理论体系（王心如，2010）。马克思指出，债权人和债务人的关系具有货币关系的形式，这种形式深刻反映了为争夺深层次经济生活条件而产生的博弈与对抗，而当这种对立关系通过累积不断深化，则危机就不可避免地会产生。实际上，金融体系本身的存在就是金融不稳定的一个主要因素，金融资本寡头控制了实体经济资本家的产业资本的资本配置能力，金融体系本身也成为引致危机的最有效工具。基于马克思的研究，蔡强和杨惠昶（2008）指出，信用才是金融体系存在及正常运行的基础，金融危机的本质是信用危机。之所以金融危机会发生，就是因为经济活动的参与者受个人利益的驱使，从守信的一方变为失信的一方。

本小节综合考虑国内外学者的研究成果，从两个层面归纳和分析了马克思对金融体系不稳定性的解释，分别为：金融体系内在脆弱性理论以及货币金融不稳定理论。

（一）金融体系内在脆弱性理论

马克思对金融体系内在脆弱性的论述源于其货币理论，而货币理论的基础是科学的劳动价值理论。马克思于1876年在《资本论》中详细论述了金融体系内在的脆弱性。对于货币的起源，马克思认为，货币是在交换发展过程中产生的，是商品内在矛盾发展的结果，并使得商品之间原有的矛盾进一步激化。货币的产生，使商品分化为普通商品和货币两类：前者作为用以交换的劳动产品，具有使用价值，价值是使用价值的转化；另一种是货币，货币拥有交换价值，充当一般等价物。普通商品获得价值必须通过货币实现，如果不能则会影响正常的商品生产，因此使用价值与价值的矛盾转变为了普通商品与货币的矛盾。马克思详细分析了普通商品和货币在经济系统中的运行规律，并指出在这个普通商品由货币资本转化为产业资本，随后转化为商品资本，进而又转化为有所增值的货币资本的循环过程中，受时滞性等一系列不确定性因素的影响，在发生进程延迟、资本断流等情况下，如果经济个体的资本源于借贷，那么就会发生信用危机，进而产生连锁反应，最终导致货币危机的发生。

对于金融危机是如何产生的，马克思指出，在剩余价值学说的理论中，产业资本生产存在对剩余价值和超额利润的过度追求倾向，无论经济情况如何都会不顾一切地扩大生产。生产盲目扩大，需求却处于有限的水平，这将不可避免地产生经济危机。他指出，资本积累速度的加快是金融危机产生的条件，而金融危机发生的条件有两点：首当其冲的是生产远远超出需求，次之的是信用的发展，包括货币信用与商业信用。利用再生产萧条、复苏、繁荣和危机周期的四个阶段，马克思分析了现实资本和借贷资本之间的关系。马克思认为，周期性的金融危机是由资本主义内部矛盾所引起的，是资本主义的固有性质，不可避免，当经济危机发展到一定程度的时候就会演变为金融危机。

基于马克思的上述分析，王玉和陈柳钦(2006)指出，货币的上述3个特点说明，金融体系的脆弱性伴随着货币的产生而产生，是与生俱来的。何林峰(2007)经过归纳与总结，认为在商品经济中，脆弱性具体体现为3点，分别为：商品价格与价值不相符；货币的购买力无法维持稳定；货币支付手段的职能有可能使得债务链条断裂。

(二)货币金融不稳定理论

货币金融不稳定理论主要来源于对劳动价值论和商品与货币之间关系的归纳与总结。这一理论的主要观点是资本主义的本质是获取价值。在市场经济中，获取价值是商品生产的首要目的；也就是说，资本家对金钱的追求是商品生产的目的，而不是获取商品的使用价值。马克思认为，对货币财富的贪婪，会使得生产过程超越资本主义的极限，产生贸易过剩、生产过剩、信用过剩，而且这必然会对金融体系产生反作用。由于货币商品的特性，在贸易过程中，商品与货币之间的转化可以超越时间与空间的一致性束缚，并且产生货币支付错位等情况。马克思指出，一旦支付链条断裂，就可能造成货币金融危机。

马克思将金融危机分为两类：第一类金融危机为伴随经济危机出现的货币金融危机；第二类为金融市场自发性的金融危机，与经济活动情况无关。其中，前一种类型的危机形成的原因在于产能过剩与信用问题。经济危机产生并进一步发展为金融危机的内在原因就是，在信用制度下，产业资本的过度积累在自由市场上进行。其中资本积累和信用制度的发展是两个重要的因素。资本积累的主要手段为资本合并与集中，是资本化剩余价值的过程，体现了价值规律与资本主义的内在核心；而后者的发展使得企业获得超额的资本积累，商业信用和银行的存在使得企业可以用信用作为抵押换取大量的资本，实现资本量的扩张，突破自身的极限，加快企业资本的积累速度，可能使生产水平远超市场规模。第二类金融危机形成的原因是虚拟资本的过度膨胀。马克思认为，这一类金融危机形成的原因在于虚拟资本的过度增长远超实体经济的水平，因此，虚拟资本与实际经济相脱节，进一步激化了货币与信用货币和虚拟资本商品之间的矛盾，使货币的两种表现形式——一般价值形式与虚拟资本价值形式之间的对立更加严重，最终引发货币金融危机。

马克思认为，货币自身的内在矛盾是产生金融不稳定的主要原因。一方面，货币具有价值尺度的职能，货币度量了买家到期支付的多少；另一方面，货币具有支付手段职能，作为一般等价物以及传统意义上财富的度量，拥有货币的多少成为衡量一个人财富水平的标准。货币作为计价货币和实体货币的双重身份的矛盾就是其本身所拥有的内在矛盾。

对于货币金融不稳定的本质，马克思基于他的货币金融理论的信用理论，认为一切货币都是信用货币，货币金融不稳定的本质在于信用危机。Wicksell (1997)也给出了同样的观点，并进一步指出，计价货币与实体货币的矛盾爆发的前提是信用的扩张。理由有两个方面：一方面，随着信用的扩张，尤其是在非实物资本市场上的投机行为使计价货币加倍扩张并脱离了实体经济的限制，加深了计价货币与实体货币的矛盾；另一方面，一旦信用体系崩溃，人们会本能地怀疑货币的价值，将疯狂增长几十倍的数量巨大的计价货币兑换为数量有限的实体货币，使计价货币与实体货币的矛盾达到前所未有的高度，这就使得危机不可避免地产生。

第三章　金融创新视角下金融稳定机制的理论研究

金融创新使得金融系统的构成要素、边界和内涵都发生了巨大的变化。如何理解和重新界定金融创新视角下金融稳定性的内涵，并在此框架内分析金融稳定性的影响因素、稳定机制，是进一步深入研究金融创新视角下相关因素影响金融稳定作用机理的基础，也是构建金融稳定性评估指标体系和预警模型的前提。

第一节　金融稳定的内涵与特征

一、金融稳定的内涵

金融稳定是一个古老的话题，但引起广泛关注的却是在20世纪90年代初期，随着科技以及金融全球化的进展，这一时期的全球经济进入一个高速发展的阶段。但高速发展的背后隐藏着巨大的危机。1997年爆发的东南亚金融危机，不仅使危机发生国的经济发生严重倒退，也对世界经济和国际金融体系稳定造成了严重的负面影响。起源于美国次贷危机的金融危机更是席卷全球，其对全球经济的负面影响经过了很长时间才得以消除，使金融稳定问题再次成为各国关注的热点话题。然而时至今日，虽然越来越多的国家开始定期发布金融稳定报告，但学术界对金融稳定的概念并没有达成一致，众说纷纭。从当前的研究文献看，主要包括两个方面：第一类以 Minsky（1999）为代表，认为金融稳定的研究应更注重金融不稳定对实体经济的影响，因此定义金融不稳定似乎比定义金融稳定更有意义。其中前美联储副主席 Roger Ferguson（2002）认为，一国的金融不稳定表现为金融资产价格严重偏离实际；金融市场无法正常运行以及总支出严重偏离经济生产能力。他认为市场失灵和外部性密切相关。Goodhart 等（2004，2005，2006）和 Tsomocos（2003）则从金融不稳定可能导致的福利损失和再分配来定义金融稳定，认为金融不稳定的特点是违约概率高或者利润低。另一类则试图通过对金融稳定的要素及功能进行直接描述来定义金融稳定。如 Crockett(1997)、Tornmaso Padoa-Schioppa(2003b)以及 Michael Foot(2003)等，他们普遍认为一个稳定的金融系统应该能够同时实现资源优化配置和抵御外部风险。中国人民银行在2005年首次发布的中国金融稳定报告中也明确指出："金融稳定是指金融体系处于能够有效发挥其关键功能的状态。在这种状态下，宏观经济健康运行，货币和财政政策稳健有效，金融生态环境不断改善，金融机构、金融市场和金融基础设施能够发挥资源配置、风险管理、支付结算等关键功能，而且在受到内外部因素冲击时，金融体系整体上仍然能够平稳运行。"

由此可见，国内外大多数研究文献是从金融系统传统的要素、功能以及金融对实体经济的冲击出发去界定金融稳定的内涵。然而层出不穷的金融创新不仅极大地丰富了金融产品，也改变了金融要素的构成及其功能，甚至改变了整个金融系统所面临的宏观经济环境。因此，有必要以金融创新为背景，对金融稳定的内涵重新进行界定和研究。综合前文的分析，本书认为金融创新视角下的金融稳定是指金融的各构成要素无论在质和量上都要保持均衡、匹配，与外部环境进行沟通配合，协调发展，对外能有效发挥分散风险、配置资源、资产定价、信息共享等关键性功能，对内具有自我纠错功能，在面临内外部冲击时，能保持总体平稳运行的状态。

二、金融稳定的特征

由上述分析可见，金融创新视角下的金融稳定反映的是金融整体运行的状态。在这种状态下，金融系统保持稳定、有序的发展，并与经济增长之间保持协调关系。而在金融创新的推动下，金融稳定呈现出更加复杂的、动态性的特征。

(一)金融稳定具有整体性

经历几百年的发展，金融系统从经营单一的商业银行信贷业务的系统发展为银行业、证券业、保险业以及其他非银行类金融市场和业务并存的复杂系统，所涉及的业务从国内扩展到全球市场，从实体经济交易支付手段扩展到纯粹的虚拟经济交易手段。在金融创新视角下，金融系统内部以及金融与实体经济之间的关联更加紧密，也使金融稳定的理论内涵发生了变化，从最初的以维持银行机构稳定为核心，扩展到实现整个金融系统与实体经济协调发展。金融创新视角下的金融稳定并不要求金融系统各构成要素全部处于稳定状态，而是更强调各部分以及它们与实体经济发展之间的均衡匹配和协调发展，即强调金融创新视角下的金融稳定具有整体性特征。它不仅涵盖了所有微观金融主体、金融市场、金融基础设施以及相关的金融监管框架，还包括对金融稳定产生重要影响的国内外宏观经济的金融运行情况等。当然，强调金融稳定的整体性，并不意味着完全忽略各微观金融要素的稳定，虽然金融机构、金融工具和金融市场等微观金融要素的稳定性并不直接等于金融整体的稳定性，但金融创新视角下各微观金融主体之间钩稽关系的复杂性以及金融全球化的发展会加快金融风险的跨机构、跨市场、跨国境传递，尤其当那些“大而不倒”的金融机构出现金融风险时更是如此。因此考察金融稳定不仅要考察金融整体性的稳定，还需要考察金融各要素对金融稳定的作用机制。

(二)金融稳定具有反馈性

金融创新视角下的金融稳定更加复杂，任何一个要素的变化在对其他要素产生影响的同时，也会受到其他要素的反作用，因此，金融创新视角下的金融稳定具有了反馈性特征。以电子货币为例，其创造者的动机是如何在市场全球化的大背景下，有效降低信息成本和交易费用，是信息技术革命和网络经济发展为其提供了技术上的可能。电子货币正是基于金融创新主体对这些市场需求和科技推动信息的反馈而产生的研究成果。在电子货币的研发、采纳和推广过程中，这种创新行为的正反馈效应会随着创新主体与外界不断的信息、能量交换而出现成倍增长。但与此同时，随着环境激励或压力的增强，电子货币的广泛使用会对货币政策的有效性造成冲击，甚至产生金融动荡。而为使金融重新回到稳定状态，相关金融监管部门必须及时推动金融监管手段的改革与创新。因此，金融创新视角下的金融稳定并非源于各组成部分自身的稳定，而是产生于它们的相互作用(反馈)，即金融系统就是一个镶嵌在内外部环境中的开放系统。金融稳定就是通过无数个反馈环，在各个金融要素之间以及金融要素与外部环境之间进行信息、能量以及物质转换，并实现动态平衡的一个过程。

(三)金融稳定具有介稳性

传统的理论认为金融是稳定的，只有当它受到了某种外部冲击且冲击造成金融系统无法正常运转时，金融才会发生不稳定。然而，随着金融创新的发展，金融虚拟化和动态化的特征越来越明显，整个金融系统及其外部环境都是在不断地动态发展、相互适应、相互协调的。相对于稳定是常态的传统理论而言，金融创新视角下的金融稳定更呈现出一种介稳状态。它的稳定性极易被外界的微小扰动所破坏，系统长期在稳定与不稳定之间交替游动，或者说金融稳定性具有相对性。一方面，金融是货币的虚拟化，自从货币与黄金脱钩，转化为信用货币，信用货币再由最开始的纸币形态发展到银行账户、信用卡以及现在的电子货币形态，货币就脱离了其价值实体和价值载体，而逐步转化成为一种纯粹的价值符号。这时，货币的价值就只能用相对购买力来衡量。而在金融经济全球化、一体化的背景下，货币购买力不仅会受到货币发行量、利率、汇率以及人们消费行为等因素的影响，也会受到来自于国际市场和其他国家经济发展的冲击。因此，可以说货币的虚拟化加大了金融的不确定性。另一方面，金融工具、金融市场进一步虚拟化。许多金融市场如资本市场、金融衍生工具市场并不是实体交易市场，仅仅建立在虚拟的网络联系中。而在市场上进行交易的金融工具也并不具有真实的价值。许多金融工具如股票、债券，特别是层出不穷的金融衍生工具，它们的价格仅仅代表获得收入的权利，或者说是由获利心理支撑的价值工具。这些金融工具的价格除了受市场供求的影响外，更主要的还受投资者对未来收益的主观预测的影响。因此，投资者心理因素在资产价格运行过程中起着至关重要的作用。然而，投资者行为具有明显的内生波动性特征。受投资者认识的局限性及信息不对称的影响，投资者非常敏感，在做决策时极容易受到外部因素的影响。一旦市场发生变化，投资者情绪就会随之改变并产生羊群效应。再加上由于各个国家或地区金融发展的程度不同，信息流、资金流和技术等方面都存在差异，往往使得在某一特定时期，金融创新成果的诞生总是以某一类型为主，很难在产品、市场、组织或是制度上取得均衡发展，使得金融创新结构具有了非均衡性。以资本市场为例，自20世纪90年代开始，金融衍生工具的创新层出不穷。而资本市场及有关制度的创新却始终滞后于金融工具创新，且这种不均衡的现象在整个金融系统中是普遍存在的，即在金融创新视角下，金融不稳定成为一种常态。

(四)金融稳定具有复杂的非线性

传统的金融稳定理论将金融市场发生异常波动的原因归咎于外部随机扰动因素的冲击，忽略了金融作为复杂系统的非线性，以及由此产生的金融不稳定。事实上，随着金融创新的发展，特别是金融全球化、经济一体化的背景下，金融稳定的非线性特征更加明显。一方面，不断扩大和发展的金融市场在为普通投资者提供了更多选择空间的同时也加剧了金融系统的复杂性，投资者在面对金融市场及外部环境不可抵抗的复杂性时，基于时间压力和自身有限的认知能力，只能被迫求助于习惯、经验法则或是简单的模型。尽管投资者有时也希望尽自己所能做出最好的选择，但有限理性常常意味着因系统的不足，限制了投资者从经验中学习的能力，进而可能出现反应过度或反应不足的非理性反应，金融市场价格在短期内发生巨幅波动，呈现跳跃性、非连续性等特点。另一方面，在金融系统内部非线性机制的作用下，金融风险可能在短期内呈几何级数放大。即使系统内仅有少数几个金融机构出现了风险，也可能因为其在系统中的重要地位而产生蝴蝶效应，直至威胁到整个金融系统和一国的宏观经济，甚至是全球经济金融的稳定。这次由美国次贷危机引发的全球性金融、经济危机就是一个很好的范例。

因此，当我们考察一国金融的稳定性时，不能简单地将各个金融市场或微观金融主体的稳定性进行叠加，而需要从整体上把握和协调好各个金融市场、微观金融主体之间的实施力度、时机和节奏。如果仅仅关注金融系统内部因素或是仅仅使用线性回归模型，就无法有效地实施对重大金融风险的预警与评估。

(五)金融稳定具有效率性

如前所述，全方位、多层次的金融创新已经成为一种常态，它不仅推动着金融结构演进和金融深化的进程，也成为一国经济发展的支柱和保障。因此，金融创新视角下的金融稳定必须是具有效率的。金融稳定并不意味着社会福利的损失，而是建立在各金融要素能充分发挥资源配置效率，抵御和化解外部冲击，增进社会福利基础上的动态稳定。金融稳定是运用各种金融工具实现储蓄向投资转化，促进企业高速增长、实现产业结构优化的过程。金融稳定的效率性要求我们从历史观、发展观的视角去动态地看待金融整体的运行状态：既要保持金融整体的稳定性，也要确保金融效率的实现。

根据上述对金融创新视角下金融稳定内涵的再界定和分析，我们可以得出一些基本的判断：

(1)金融稳定具有较低的可预见性，需要确立清晰的分析框架。评估一国的金融稳定状况，不仅要综合考虑外部冲击和金融系统自身风险对金融稳定性的影响及传导机制，还要充分考虑在金融创新视角下，金融创新如何作用于金融稳定以及如何通过改变外部宏观经济金融环境和金融要素来间接影响金融稳定。

(2)价格稳定是金融稳定的直接表现，价格大幅度波动将直接影响市场主体的投资信心和预期。在缺乏有效的价格稳定机制的经济环境中，市场的不确定性会使市场主体的非理性行为增多，加大储蓄向投资转换的运行成本，使金融脆弱性增强。

(3)金融风险是引发金融不稳定的最直接因素，但其本身并不是构成金融不稳定的根本原因。如果金融系统具有较高的监管效率，能够对风险实施有效管理、转移和处置，有效规避金融风险的扩散或传导，也不会构成金融失衡。因此，提高整体风险监管效率，促进金融创新与金融监管协调发展，是实现金融稳定的一项重要工作。

第二节 金融稳定的影响因素

影响金融稳定的因素很多，但基本上可以分为三大类：一是宏观经济金融因素，包括一个国家总体经济发展状况以及两大宏观调控手段——货币政策和财政政策的运用状况；二是金融系统内部因素，包括现有金融系统的规模及结构的合理性，各类金融工具的类别、虚拟化程度以及相互之间的关系，交易机制、监管机制等金融系统自身制度性因素的合理性和有效性；三是国际金融环境，包括国际金融机构、金融市场、金融结构发生的变化等。

一、宏观经济金融因素

(一)宏观经济环境

现代货币都是信用货币，一个国家的政局稳定与否直接影响人们的持币意愿和币值的稳定程度。同样，一个国家的宏观经济体制发展状况也会影响人们对未来经济发展的预期，进而影响金融系统的稳定运行。特别是对于处在经济转轨期的国家，经济结构、产业结构的调整会改变对资金的需求模式，原本处于成熟期的行业可能渐渐退出市场，而一些新兴行业逐渐加大对资金的需求。这要求金融机构及时调整经营策略和模式，否则就会产生动荡。而在经济体制改变的过程中，市场的信心也会发生变化，维持货币、金融稳定状态的难度会加大。此外，宏观经济发展状况也将直接影响金融稳定。宏观经济的周期性衰退是导致金融脆弱性的重要因素(Gorton and Winton，1998)。管理失误、过分冒险和资产种类单一都有可能导致金融机构出现大量不良贷款，甚至是破产倒闭，但如果全部或部分金融机构同时出现问题，则很有可能表明金融机构经营活动面临的宏观经济状况恶化。经济景气指数、国民生产总值、国民收入、消费物价指数、生产品物价指数、国际收支差额、失业率以及新房开工率等宏观经济指标，从不同方面反映了一国宏观经济的运行情况。一旦这些指标显示出该国的宏观经济处于紧缩态势，则表明经济发展中存在着的矛盾有进一步激化的可能，人们会对未来的经济产生不好的预期。在这种情况下，社会总需求与总供给产生矛盾，企业的经营环境不断恶化，市场萎缩、盈利水平降低，偿还能力减弱，商品价格波动剧烈。这一切都有可能使金融机构的正常运行变得困难。然而，当一国宏观经济过热，通货膨胀加剧时，受趋利心理的影响，股票等投资性资产价格上升，银行等金融机构更容易将资金贷给企业，形成过度扩张的国内信用，容易激发资产价格的非理性上涨，从而导致金融泡沫的产生。

(二)货币政策

货币政策是中央银行用以实现维持物价稳定、促进经济增长、实现充分就业、维持国际收支均衡以及金融稳定目标的重要手段。货币政策同时肩负着维持货币稳定和金融稳定的职责。然而，从长期来看，虽然货币稳定与金融稳定之间存在着一致性，但短期目标的不同可能造成两者的冲突，致使金融动荡出现。当市场上货币政策过于宽松并导致出现持续性的通货膨胀时，人们往往会基于真实回报率将持续上升的乐观预期而盲目扩大投资和借贷规模。然而一旦物价上涨超出一国宏观经济发展所能承受的范围，出于维护物价稳定的目的，中央银行会实施紧缩性的货币政策，抑制过多的流动性。但如果泡沫破灭，企业的收入可能变得无法偿还依据高增长预期而产生的贷款，出现贷款违约。违约率的上升又会使金融机构的净值下降，进而形成金融动荡。反之，如果市场流动性不足，金融机构为了获得更多的流动性，不得不出售资产或是缩小信贷规模。当社会公众看到金融机构大量出售资产时，会开始怀疑整个金融系统的安全性，并进一步丧失信心，增加货币持有量。而这将加剧货币紧缩，产生恶性循环。值得注意的是，从做出判断到货币政策的制定与实施，再到取得预期的效果有一定的时滞性，如果中央银行对宏观经济发展的趋势做出了错误的判断，或是错过了最佳的调控时机，都将导致金融动荡。因此，一个有效的货币政策是维护货币稳定、金融稳定的重要手段之一。

(三)财政政策

财政政策与货币政策是政府宏观调控的两个重要手段，虽然不像货币政策那样会对金融稳定产生直接的、多方面的影响，但一国的财政政策依然会通过改变税收手段和政府支出直接或间接地影响金融市场的流动性，进而影响金融稳定。当一国经济下行、通货紧缩时，大规模的政府支出和税收宽松政策可以降低企业的投资成本，刺激企业的投融资活动，提高居民收入，促进消费支出，活跃市场交易气氛。通过宽松的财政政策向市场释放的流动性将使金融市场更为活跃，资产价格上升。这时，为获得更高的收益，金融机构更倾向于投资高风险的产品。然而由于税收等财政政策是以法规的形式出台的，有一定的滞后效应，当经济复苏，出现通胀趋势时，财政政策并不能及时做出同样的调整。这时，如果货币政策不能与财政政策进行有效的配合，就有可能引发金融风险。

此外，一国财政赤字的规模也会对金融整体的稳定性产生影响。以此次欧债危机为例，希腊、西班牙、葡萄牙这3个国家2011年的财政赤字占国内生产总值的比例分别为9.1%、8.5%和4.2%，政府信用评级先后被降为垃圾级。由于欧洲许多银行都大量持有这些国家的国债，市场担心一旦希腊等国政府宣布破产，这些银行将面临极大的信用风险和流动性风险，因此，这些银行的股价曾一度大幅下跌。再加上人们对希腊退出欧盟的担心，整个欧洲金融系统面临动荡。

二、金融系统内部因素

如前所述，金融创新视角下的金融稳定具有介稳性，金融系统内部各个要素，包括金融制度、结构、市场等出现非均衡是一种常态，即金融系统存在内在的脆弱性。因此除受外部环境、政策的影响外，金融系统内部因素也是造成其不稳定的主要原因。

(一) 金融结构

所谓金融结构是指金融总体的各个组成部分的构成、相对规模、相互关系与配合的状态。它包括三个层次：一是总体规模，其可说明金融系统在整个经济体系中的重要性；二是金融市场结构，包括金融市场的种类、特征和相对规模；三是金融工具的结构问题。

首先，是金融系统的总体规模问题。毋庸置疑，金融系统已经成为现代经济发展中不可或缺的部分：一方面，它是储蓄向投资转移的重要渠道；另一方面，它也是企业发展和国民经济发展的持续的、重要的推动力量。如果企业能很好地将实体资本与金融资本相结合，经济就能够呈几何级数地增长。但当一国的金融总体规模不足或者说金融资本存量过小时，就有可能导致本应进入虚拟经济的资源流入实体经济，产生金融抑制。相反，当金融发展过度时，过多的资本会追逐数量有限的金融资产，导致金融资产价格失真，产生泡沫。而泡沫的产生又会进一步吸引大量资本从实体经济流向虚拟经济，投机活动盛行，金融资产价格被严重高估。大量真实的资源被消耗在这种纯粹的逐利性投机活动中，造成极大的资源浪费。一旦泡沫破灭，实体经济就可能会产生资金空洞，出现债务链断裂，并引致金融危机。

其次，金融市场是金融活动的舞台，也是金融稳定的参照系。金融整体运行质量的好坏以及功能的发挥在很大程度上取决于其层次结构是否合理、是否完善。当前国际上通行的金融市场结构分为银行主导型和市场主导型两种。至今理论界对这两种市场结构孰好孰坏的争论并没有停止，但无论如何，内部结构不合理、层次单一都会加剧金融不稳定。一方面，在银行主导型的金融系统中，如果企业融资过于依赖商业银行，贷款比例过高，不仅会降低资源的配置效率，金融风险也会因为不能通过市场形成合力的风险投资组合实现分散而过于集中于信贷市场，形成对银行机构的巨大冲击。同时，在银行主导型的金融市场中，企业难以提高自担风险、自主决策的能力，资源配置效率低，过分依赖银行去判断市场风险，企业发展创新的积极性可能受到不合理的抑制，整个金融系统内部处于一种不稳定状态，一旦面临一系列的外部条件冲击，就有可能爆发金融危机。另一方面，在市场主导型的金融系统中，市场可以有效地分散风险且投资组合策略更加灵活，可以获得更高的收益，投资者可以根据自己的风险承受能力来调整资产组合，微观金融主体的收益有所增加。由于金融市场可提供的金融产品多样，更容易吸引国际资金流入，进而能更好地拉动本国经济发展。但同时，市场主导型的金融系统会使投资者的资产更多地暴露在风险之下，市场信息、市场情绪以及短期流动性的变化将导致资产价格产生较大的波动，而市场的过度交易也将导致市场的脆弱性增加。

最后，随着金融发展，金融工具的种类越来越多，复杂的创新型金融工具的作用越来越大，其被大量用于转移风险的同时，也使风险评估更加困难。且因为风险并没有被减小，而是被转移到更加不容易被发现或者说被监管的地方，从而导致不确定因素增加。同时，新的交易模式、新的市场参与者的不断产生和加入，其与原有金融市场结构的区别更加模糊，加大了监管难度，也增加了金融系统的不确定性。

(二)金融投资者结构

理性行为理论根据人的行为类型将人分为理性行为人和非理性行为人。其基本假定是人的行为是理性的，在做出某一行为前会综合各种信息来考虑自身行为的意义和后果，即人是具有自利性和极大化特征的。相对应地，非理性行为则是指由于某些原因导致行为人实施的偏离了利益最大化目标的行为。

传统的经济学理论大多建立在理性行为人的假定基础上，认为市场参与者的行为都是理性的，是以实现个体利益最大化为目标而采取的相应行为，产品价格完全由市场的供需所决定。按照该假定，金融市场上的行为人也应该是理性的，然而在现实中，由于信息不对称，以及人们在获得和处理信息上的局限性，金融市场上绝大多数的行为是非理性的。在信贷市场上，会因为对某个金融机构的支付能力产生怀疑，出现非理性的挤兑行为，甚至扩展到其他运行良好而不存在流动性风险的银行，最终引发整个银行体系的流动性危机。在资本市场，由于信息获取渠道不畅，部分投资者在进行决策时会受到外界各种“杂音”的干扰，出现认知偏差，并做出非理性的决策行为，或是出现从众心理、羊群效应等现象。从1637年的荷兰郁金香泡沫到20世纪30年代的经济大萧条，从1997年的东南亚金融危机到2007年的美国次贷危机以及由此引发的全球性金融危机，历次危机都为我们显示了非理性行为的巨大破坏力，而且这种破坏力正随着金融经济的全球化而愈发强大。

(三)金融监管制度

根据新制度经济学的定义，所谓金融制度就是指有关金融交易的全部制度安排或者规则的集合(张炜，2004)。一个完善、健全的金融制度必须具有一定的经济适应性、高效率性以及完备性特征，必须随着经济和金融发展的变化不断地调整、创新。一旦金融制度滞后于经济或金融发展，就有可能给整个金融系统的总体稳定带来较为严重的负面影响。金融制度不是一个简单的游戏规则，而是一个有机的、开放的系统。它包括所有让人们在金融交易过程所应遵循的规则、秩序和规范，如交易机制、监管制度、组织制度、汇率制度、发行制度等，但其中对金融稳定影响最大的无疑是金融监管制度。

金融监管与金融稳定有着密切的联系。绝大多数国家的中央银行和经济学家认为金融监管是金融稳定的基础保障之一。一般认为健全有效的金融监管体系能降低市场参与者之间的信息不对称，避免形成垄断或是过多的污染，可以有效地促进金融稳定(Mishkin and Savastano，2001)。但是，金融监管中也存在着市场失灵和政府失败，一旦监管失灵，就会给金融系统的总体稳定带来极为严重的负面影响。2007年，起源于美国的次贷危机就是一个很好的例子。因为当时美国政府的金融监管制度的发展没有跟上金融衍生工具的发展，致使监管失灵，最终导致金融危机的爆发。

三、国际金融环境

现代化的信息传输工具和金融全球化改变了资金的流动方式，一国企业不仅可以在本国金融市场上寻求资金支持，还可以通过国际金融市场满足融资需求，极大地提高国际金融资源的配置效率，促进实体经济的发展。但与此同时，国际金融资源在全球范围内的配置也使相应的定价机制和监管机制受到了极大的冲击。一方面，在金融全球化的背景下，影响各类金融交易的供求关系和价格的因素更加复杂和多变，在无法获得准确而全面的信息的条件下，金融市场的价格更容易受到投资者非理性行为的影响。另一方面，由于跨国交易、跨国机构以及跨国市场的不断涌现，一国的金融监管机构不仅要对本国的金融系统进行必要的监管，还要密切关注国际金融环境的变化。尤其是在金融动荡时期，非理性的行为以及规模巨大的国际投机性资本的流动和变化有可能对经济基本面良好的国家的金融市场和宏观经济产生巨大冲击，使之发生金融动荡，甚至是金融危机。以2007年爆发的美国次贷危机为例，在短短的几个月里，危机就已经从次贷蔓延到优质抵押市场，从金融经济蔓延到实体经济，从美国蔓延到欧洲、亚洲市场。对未来严重的不确定性预期使国际投资者纷纷将资金转向新兴国家。而市场对美元疲软的预期又导致人们对美国经济的悲观预期，美国大规模收缩信贷，许多跨国企业为维持流动性不得不从海外撤出，这导致那些新兴国家出现资金外流，又影响了这些国家的资金流量，进而影响了它们的金融稳定性。这一事例说明，发达国家的金融危机会导致大量资金流入新兴市场国家，进而引发这些国家资金供给增多、通货膨胀严峻，而出于自救目的的外资撤回又会引起新兴市场国家出现流动性不足。

第三节　金融创新视角下的金融稳定机制

为了实现金融创新视角下的金融稳定，除了根据影响金融稳定性的因素制定相应的总体战略外，还应进行金融稳定机制研究。实施金融稳定机制是指当金融系统遭受内部或外部的冲击时，它是如何通过内部系统和外部环境的一个动态博弈过程重新恢复到稳定状态的。金融稳定机制主要包括内生稳定机制和外生稳定机制两个方面。

一、内生稳定机制

所谓内生稳定机制通常是指一国的金融监管部门为实现金融稳定目标而设定的各种规则或制度。由于金融创新视角下的金融稳定更具有非线性、反馈性和整体性特点，因此可以从逆周期资本缓冲机制、金融市场定价机制以及完善的金融宏观审慎监管机制这3个方面进行设计。

(一)实施逆周期资本缓冲机制

金融系统具有明显的顺周期性，在经济上升期，随着企业预期收益上升，信贷机构往往会放松限制，将资金更多地投向高风险、高收益的行业或投机型企业，进而反过来刺激市场的投机活动，使经济面临泡沫风险。而随着高风险或投机性的借款人在所有借款人中所占的比重越来越大，金融系统的脆弱性也越来越严重。一旦经济走向衰退，企业的盈利预期下降，金融机构出于安全考虑会收紧银根，提高利率。但这时任何阻断信贷资金进入生产部门的做法都有可能导致借款人违约甚至破产，再加上原有用于抵押质押的资产价格下降，反过来会加大金融机构的不良贷款率，使金融系统同时面临信用风险和流动性风险。而在金融创新视角下，越来越多的金融工具具有高杠杆和跨市场的特性。尤其是金融衍生产品的发展会极大地缩短风险积聚的时间，使金融风险迅速在各个金融市场之间转移，并呈几何级数扩张。2007年美国爆发的次贷危机就是一个很好的例子。从2004年到2007年上半年，由于美国有着良好的经济基本面和房地产市场并持续升温，银行开始放松银根，向市场大量发放住房次级抵押贷款。同时，发达的金融衍生品市场，尤其是资产证券化以及各种信用违约互换产品的出现又为次级贷款公司提供了分散金融风险、获取流动性资金的途径。信贷机构承担高风险的动机增强，但也增加了金融系统内在的脆弱性。而当2007年美国房地产价格突然下降，借款者开始出现违约现象时，金融机构出于安全考虑提高利率，又进一步加大了借款者违约的可能性。而金融衍生品的高杠杆和跨市场的特性使这一流动性风险迅速地从信贷市场蔓延到资本市场、投资市场，甚至是全球金融市场，最终引发金融危机，并对实体经济造成负面影响。整个过程呈现出明显的顺周期性。

因此，在金融创新视角下，必须要建立逆周期资本缓冲机制以应对金融系统内在顺周期带来的风险，以确保金融的整体运行更为稳健。所谓逆周期资本缓冲机制是指运用资本调节等手段，确保在信贷周期发生逆转时，整个银行体系有重铸的资本来维持信贷规模，从而起到金融周期扩张和收缩阶段的稳定器作用：在经济上行，出现信贷过度扩张时，银行机构不仅要维持最低资本和足够的留存资本，还要促使银行储备更多的资本，以抑制信贷过度扩张；在经济下行时，通过释放银行的逆周期资本实现以丰补缺，防止银行系统遭受剧烈冲击。

(二)完善金融市场定价机制

随着金融创新的发展，金融市场逐步放开，尤其是随着信用衍生工具的出现和不断丰富，风险配置市场逐步形成。对于经济活动中的不确定性或盲目性，金融市场能以发现未来价格和提供风险交易的机制予以克服或减少。金融创新视角下金融市场的一个重要功能就是风险定价，即对风险资产未来价格的确定，反映的是金融产品所带来的预期收益与风险。有效的市场定价机制是提高金融运行效率、节约监管资源、维持金融稳定的重要途径，而当该机制存在缺陷时，可能造成价格信息失真，错误引导资金流向，降低金融市场在资源配置方面的效率，扩大市场风险。在现代金融产品、特别是金融衍生品价格的确定中，利率水平往往被作为定价基础，起到关键作用。因此，利率不仅是重要的经济变量和经济杠杆，也是维持金融稳定的重要手段。利率水平的高低在很大程度上反映市场上货币供求的关系，如果一国政府过于干预利率决定，有可能导致价格信息失真，错误引导资金流向，降低金融市场在资源配置方面的效率，加大市场的波动。例如，当一个发展中国家面临国内资金供给不足、国际贸易收支逆差时，政府往往会采取固定汇率制度钉住如美元等发达国家的货币，同时采取提高利率的手段以期吸引更多的外资流入。但这一过程可能给境外短期投机性资本发出错误的信号，导致国内投机气氛加重；同时，过高的利率水平也会加大企业的融资成本，降低企业的盈利能力，甚至导致企业破产，进而引发信用危机。同样，如果利率水平过低，又会过度刺激投资，产生资产泡沫。因此，有必要实施利率尤其是基准利率等指标性利率的市场化改革，完善金融机构定价能力，使利率水平能较好地反映资金成本、市场供求和货币政策预期，并有效地引导资金流动，实现资源的有效配置。

(三)健全金融宏观审慎监管机制

金融监管是维持金融稳定的重要手段。管理者对微观金融主体的金融行为实施统筹监督与管理；规范各类金融市场的交易规则；及时发现系统中存在的潜在风险；采取有效的解决措施以防止爆发系统性风险。传统的金融监管机制往往以银行为核心，监管目标是控制微观金融主体，特别是单个金融机构发生倒闭的风险。而在金融创新视角下，金融结构发生了剧烈变化，新兴金融工具和市场为传统的银行机构提供了更多的投资渠道和风险转移方式。特别是各种金融衍生品的跨市场组合，使得金融风险更易在不同的金融市场之间转移，影响实体经济的健康发展。显然，在这种背景下，仅对微观金融主体实施审慎监管是不够的，需要重点关注金融风险的传染性以及金融要素之间的相互作用对金融整体稳定性产生的影响。

同时，如前所述，金融创新视角下的金融稳定是有效率的，过于严苛的监管会抑制金融系统的发展，甚至会导致金融机构为谋求高收益、逃避监管铤而走险。同样，过于宽松的监管机制也会加大金融风险暴露，危及金融稳定。因此，需要从金融稳定的整体性出发，实施和完善金融宏观审慎监管机制，在保持对市场参与者的适度压力，促进其规范、稳健运行的同时，为金融创新提供一定的发展空间，促进金融与经济长期健康稳定的发展。这也意味着，宏观审慎监管机制的最终目标是控制金融不稳定对实体经济造成的损失。

二、外生稳定机制

外生稳定机制的实施包含两个方面：一是采取一系列措施优化金融系统的外部生存环境；二是指当金融系统已经出现或预期出现不稳定因素时，政府或者监管者运用行政手段建立抑制金融市场异常波动的若干管制措施和规则，以消除不稳定因素，隔离问题机构对整个金融系统的影响，恢复市场信心，恢复金融系统的正常功能。虽然政府对金融系统的干预饱受诟病，但在不完全市场下，适当的外部干预将有利于更好地促进金融系统的正常运行，降低危机爆发后的救助成本。

(一)完善的信息披露机制

如前所述，信息是现代金融最核心的要素，虚假的信息不仅会使投资者无所适从，也会增加非理性行为对金融系统的冲击，增加金融的不确定性。在传统的金融市场中，金融机构往往拥有比市场投资者更多的信息资源，它们可以凭借其在信息不对称中的优势获利。而资产证券化等创新产品的出现在增加了市场透明度的同时，也强化了金融机构隐藏信息的动机。为了获利，新型的金融产品会被设计得更加复杂，信息不对称问题及金融稳定的非线性特征更加突出。因此，建立完善的信息披露制度和信息共享平台将有利于防止金融系统出现剧烈波动。一个完善的信息披露机制应该包括：一是完善的、可操作的征信制度，其目标在于规范系统中各金融主体的市场行为，为市场中所有的参与者及时全面地提供真实信息，使所有的交易都建立在公开、公平、公正的基础上；二是完善的信息共享平台，其目标在于降低行为人获取信息的交易成本，培育理性行为人；三是健全相关的法律体系，其目标在于增加金融机构及相关企业披露虚假信息的违规成本。

(二)严格的市场准入和退出制度

要想使金融整体长期健康稳定地发展，必须保持一个充分的优胜劣汰的市场准入和退出机制。在金融创新的背景下，要维持金融整体高效稳定的运行更是如此。

金融市场准入是指一个国家监管当局对拟设立的金融机构或新增的金融要素(包括新的金融产品、新的金融资本等)采取限制性的措施。新的金融要素进入是金融系统作为一个整体而持续发展、不断扩大的基础。一方面，新的金融机构、新的资本的进入有利于拓宽金融服务领域，打破市场垄断，增强竞争，提高金融效率。另一方面，过低的进入门槛又可能导致过度竞争，增加市场风险。要保持金融市场的活力，必须实行优胜劣汰，不仅要有一个规范的准入机制，市场退出机制也同样重要。让一个严重资不抵债的劣质金融机构退出市场是在市场经济条件下市场自然的新陈代谢过程，也是阻断风险外扩的重要手段。2008年美国雷曼兄弟破产后，各国政府开始表现出不允许任何系统重要性机构倒闭的姿态。这种“大而不倒”的歧视性退出机制，虽然可能在短期内能防止金融风险扩散到整个金融经济系统，但从长远讲，这种做法意味着鼓励这些庞大的金融机构仍然可以按照以前的方式获利，并利用自己规模大、影响面广、对金融系统乃至整个经济体系享有着至关重要的“优势”，倒逼政府出面救助。最终的结果是加重政府财政负担，滋生道德风险。从某种角度上讲，“大而不倒”本身是金融领域的一种破坏行为和逆向的激励。因此，如何在加强对系统重要性金融机构的有效监管的同时，建立健全金融市场退出机制，形成双向开放，不断吸纳优质金融机构和金融产品进入，淘汰劣质金融机构，对于完善金融系统结构、始终保持金融市场的活力来说十分重要。

(三) 风险处置机制

金融创新加强了金融系统的非线性和各要素之间的反馈效应，使金融风险更容易在各个市场之间传播。因此，为避免出现更大的系统性危机，一旦出现风险，就要对其进行有序处置。相关机制和方法包括：

(1) 建立平准基金等风险自救工具，明确指定负责处置的机构，并赋予其相应的权利，建立相应的制度安排，避免动用纳税人的资金。

(2) 重树市场信心，完善舆论稳定机制。当金融市场出现风险时，必须加强信息传导机制，包括救市信息的传播、投资者信心的恢复等，并对市场上流传的错误信息予以及时澄清。

(3) 进行必要的资产重组，提高金融机构的盈利能力，阻止危机蔓延，恢复市场信心。

第二篇

金融创新视角下影响金融稳定的机理和因素分析

第四章　金融创新对金融稳定的影响机理

所谓金融创新是指金融创新主体为适应宏观经济金融发展变化的需要，而对原有金融要素进行重新组合或创造出新的金融要素的过程，大致可以分为金融产品创新、金融市场创新和金融制度创新。任何一个变革或新事物的产生都会对原有的格局产生影响和冲击，金融创新也不例外，因此，研究金融创新视角下的金融稳定，有必要先从金融创新对金融稳定的直接影响机理分析入手。

第一节　金融产品创新对金融稳定的影响机理

金融产品创新是金融创新主体以市场为导向，注重经济利益和社会利益，并借助一定技术工具开发的、以满足广大社会需求为目的的新型金融服务产品。由于金融创新很少能创造出完全新的产品，因此，金融产品创新不仅包括由金融创新主体完全原创的产品，还包括根据自身需要，对现有产品的某一特性进行改变或是从其他领域或地区引入的产品。

从金融产品创新的演进过程看，其大致可以分为三个阶段：一是自货币产生到20世纪30年代，货币逐渐脱离了实物形态，向信用货币转化；二是从20世纪30年代到20世纪60年代，这一时期的创新主要以规避制度性约束为目的，包括欧洲债券、平行贷款、自动转账、短期本票混合账户等等；第三阶段则是20世纪70年代后期至今，这一阶段实体经济进入高速发展期，经济一体化、金融全球化迅速发展，金融家为适应这一变化纷纷推出各种新型金融工具，以投资组合代替货币，并为不同类型的经济活动创造投资工具。期货、期权、互换、浮动利率债券等金融衍生产品是这一时期金融产品创新的代表。特别是进入20世纪90年代末期，随着金融机构综合经营趋势日益明显，金融市场之间的界限越来越不明晰，金融衍生工具的规模不断扩大，交易量也大幅增加，金融产品创新经历了一段爆炸式发展时期。不断涌现的金融创新产品已成为全球金融市场发展的重要驱动力。国际清算银行（Bank for International Settlements，BIS）的统计数据显示，从1998年开始到2007年，全球金融衍生工具市场交易异常活跃，规模迅速增长，截至2007年，全球金融衍生工具的未支付价值已多达600万亿美元。即使经历了美国次贷危机，这一势头也并未减弱，截至2011年上半年，金融衍生工具未支付价值已经达到708万亿美元。

可以看出，金融产品创新是金融创新主体（主要是金融机构）根据实体经济变化和金融环境的不同而进行的创新。不断涌现的金融创新产品虽然在一定程度上提高了金融活跃程度和金融效率，但它同时也改变了金融机构原有的经营模式，加剧了金融风险在不同市场之间传导的可能性，使原有的金融稳定格局被打破，金融脆弱性增强。

一、金融产品创新的稳定效应

维持金融稳定的最终目的是在维持金融稳定、有序发展的基础上，实现对经济的促进作用，即实现金融效率。金融产品具有强大的构造性和无穷的派生能力。在实现风险管理和获取利润的双重驱动下，金融家通过不断创造新的金融产品或是对现有金融产品的重新组合来适应不同阶层、不同投资者的资金需求，这样不仅可以优化金融结构，实现金融效率，也有助于化解金融风险，烫平金融动荡，实现金融发展中的动态稳定。

(一)促进了金融产品多样化，提高了金融效率

金融产品创新活动可以增强金融机构的盈利能力，突破资源配置在时空上的限制，提高金融效率，从而使得原本处于稳定状态的金融系统变得更加稳定。首先，随着计算机技术、电子信息网络技术等在金融产品中的广泛应用，以及大量金融衍生产品不断涌现，金融产品的资金集聚功能日益突出，资金供求双方借助债券、股票以及一系列的金融衍生工具，可以在极短的时间内完成资金集聚，从而在为金融机构提供了大量可供选择的金融工具的同时也降低了金融交易机会成本。其次，金融产品创新所带来的大量不同类型的金融工具能够在更大程度上满足客户多样化的需求，这不仅扩大了金融机构的盈利空间，也带动了新型金融市场的产生，打破了不同金融市场间相互分割的状态，有助于实现金融资源在全球范围内的有效配置，从而提高金融效率。最后，大量新型金融工具的产生有助于经济人的境况得到帕累托改进，尤其是越来越多跨周期、跨空间和跨币种的金融衍生产品被使用，突破了资源配置在时空上的限制，提高了金融效率，促进了经济发展。

(二)改善了金融机构，增强了金融主体抵御风险的能力

一方面，从金融机构内部来看，金融产品创新的不断发展，不仅可以满足客户多样化的需求，也使金融业务不断被细分和同质化。斯密视分工为经济增长的源泉，其专业化的生产可以在极大程度上实现报酬递增。同样，在金融产品创新的推动下，金融机构的种类不断多样化，金融结构不断优化，有助于金融机构超脱营销领域的低层次竞争，实现金融企业的可持续性发展。

另一方面，从不同金融主体的金融创新活动来看，在金融产品创新中有大量的金融工具是出于规避风险的目的而产生的，例如各种远期交易、期货、期权以及互换交易等。当面临汇率风险时，相关金融主体可以通过远期外汇交易锁定价格；当面临利率风险时，金融主体也可以利用利率互换这个金融创新工具，将浮动利率资产转换为固定利率资产以减少利率可能下降的风险；同样，

信用违约互换合约则是将贷款人出现的信用违约风险分摊给了保险公司和其他投资主体。金融产品创新为金融机构以及其他金融主体分散和转移金融风险提供了可能，从而有助于提高金融主体抵御风险、重新实现金融稳定的能力。

二、金融产品创新的冲击效应

(一)增加了金融机构自身的脆弱性

金融衍生产品大量涌现，在为金融机构提供了更多的获利机会和风险管理手段的同时，也增加了它们承担风险的意愿，削弱了金融机构实施内控管理的动机，从而引致金融脆弱性。

在传统的金融业务中，信贷产品占了绝对重要的地位。为了确保资金的流动性和安全性，金融机构有充分的动力进行内控管理，严格地审查借款者的资信，并在贷后实施跟踪监督。而随着金融衍生工具市场日趋完善，大量中间业务和表外业务成为金融机构收入的主要来源。据统计，国际上先进银行的中间业务收入占比普遍在50%左右。花旗银行作为典范，其中间业务更是贡献了70%以上的利润。信贷业务核心地位的改变使贷款质量不再是影响金融机构收益的关键因素。这无疑在一定程度上削弱了金融机构实施内控管理特别是贷款管理的意愿，直接导致发放贷款标准的不断降低以及金融衍生品违约率的上升。而与此同时，随着信息网络技术、计算机技术等新科技被广泛运用于金融领域，越来越多的金融产品被创造出来，也极大地提高了金融机构获取信息的能力，使它们在金融交易中处于优势地位，强化了金融机构承担风险的意愿。

随着金融产品创新的迂回过程越来越长，金融产品的虚拟化程度也越来越高。在金融市场上，交易标的资产不再仅仅是一些传统的基础金融产品，还包括各种金融契约。人们不需要足够的资金就可以从事金融交易。金融衍生产品的这种虚拟化和高杠杆率不仅打破了过去全球金融市场在时空上的分割状态，也极大地增强了资金的流动性，其高收益的特点也会吸引更多的金融机构从事这种高风险、高收益的业务。然而，高度虚拟化和杠杆化的金融产品能够持续发展，依赖于信贷环境的宽松和资产价格的不断上涨。一旦这种条件不具备，资金链就可能发生断裂。正如我们在美国次贷危机中所看到的一样，一旦这些资产泡沫破灭，将会引致剧烈的金融动荡，直至金融危机的爆发。金融产品创新加剧了金融机构自身的脆弱性，使其在面对外部冲击时可能出现金融动荡。

(二)加剧了投资者与金融机构间的信息不对称

一方面，由于大多数金融衍生品所涉及的金融契约的真实交易发生在未来，因此对于它们的定价需要投资者根据市场信息对未来的收益和风险进行预期。另一方面，以市场定价为基础的金融衍生产品增加了金融机构的透明度，也降低了金融机构的获利能力。为了获取更多的利润，金融机构的经营者有了隐藏信息的动机，通过创造更加复杂的产品让投资者无法理性地对风险进行正确的判断；通过将更多的表内资产转移到表外，加大所有者和监管者的监管难度。金融市场在两者的共同作用下，其信息不对称问题更加突出。由于远离真实交易，投资者很难对这些衍生产品的质量做出正确判断。投资者的心理会随着资产价格波动的幅度和频率发生变化。而以小博大的特性又常常使衍生产品成为投机的工具，产品与生俱来的高风险被成倍放大。当幅度和频率达到一定程度时，投资者的心理就变得十分敏感，在市场上表现为群体的一致性，从而加剧了金融市场的波动性和不稳定性。

三、金融产品创新的风险传导效应

金融产品创新在提高了资金流动性和配置效率的同时，也增强了经济主体之间的反馈效应。以某个衍生产品为例，当其所标的的资产价格发生剧烈波动时，相关投资者会根据情况调整投资头寸，且这一调整行为的结果将被反映在公司的资产负债表中。而如果受到流动性约束或市场信息的影响，该调整行为被迫以折价甚至是平仓的形式出现时，投资者将遭受巨大损失，且这种损失有可能通过信用担保、赊账、相互拆借、证券化等金融产品直接或间接影响另一个企业的资产负债情况。在信息不对称的情况下，金融衍生产品将加速这一传导过程，不仅会导致其他具有类似性质的产品价格下降，也会将一些没有任何经济联系的企业、市场或国家联系在一起，从而导致金融动荡。

第二节　金融市场创新对金融稳定的影响机理

金融市场创新是通过对金融交易方法进行技术改进、更新或创设，从而形成新的市场架构的金融创新。一般来说，金融市场创新分为两个层面：

⑴新市场的开拓，如资本市场的建立、金融衍生工具市场的产生等。创新主体根据资金供需主体的要求以及自身技术水平的情况，开拓出新的金融市场。一旦新的金融市场形成，其首创效应极大。

⑵金融市场体系的创新，即通过对金融市场各要素的重新组合和开拓，不断完善市场机制，优化资源配置，促进金融创新的扩散。与金融产品创新相同，金融市场创新对金融稳定的影响机理也具备了鲜明的“双刃剑”特征：一方面，金融市场创新可以极大地提高金融市场整体的运行效率，促进金融稳定；另一方面，加大了风险的传导性和实施金融监管的难度，加剧了金融的不稳定性。

一、提高了金融市场的整体运行效率

随着金融市场创新的发展，新兴市场不断涌现和壮大，经过几十年的发展，金融市场已从单一市场发展到多个市场并存；从国内市场发展到全球金融市场；从在岸市场发展到离岸市场。金融市场结构的不断优化和改善不仅为各类资金需求者提供了更多的选择余地，也为大量的资金供给者提供了更多的投资渠道，从而极大地提高了资源的配置效率，更好地发挥了金融促进经济增长的作用。与此同时，金融市场创新还有利于价格形成机制的合理化，提高金融

市场的整体运行效率，促进全球金融市场的稳定。金融市场的价格取决于交易双方对影响价格相关因素信息的获取能力。信息技术和互联网在金融市场中的广泛使用，使金融市场对价格信息的获取能力更为强大和快捷，进而突破了金融市场原有的时空概念，使国内金融市场与国际金融市场的差别越来越小，金融市场参与者可以实时接收来自世界每一个角落的数据，并及时进行处理、分析，进而做出新的价格判断。而金融市场的国际化也使投资者试图通过在不同市场上进行套利活动而获取价差收益的可能性变小。同一种产品在不同市场的价格日益趋同，金融市场价格的形成机制更加合理化。

二、加大了金融风险的传导效应

金融市场创新在提高金融效率、促进经济发展的同时，其复杂性和多元化也加大了金融风险的传导性，提高了维持金融稳定的难度和复杂程度。金融市场的发展，特别是货币市场、资本市场以及金融衍生工具市场的产生和不断壮大，为微观金融主体提供了更多的选择空间。而由于这些新兴金融市场往往能够使交易主体以更低的交易成本获取更高的利润，出于利益的驱动，不论是传统的商业银行还是大量非银行金融机构都加大了这些衍生交易的规模。在发达的金融市场，“影子银行”的规模甚至已经超过了传统的商业银行。一个金融机构同时在多个国内外金融市场参与交易活动已经成为一种常态。但多样化的金融市场在提高金融交易的活跃程度并对既有的金融市场的竞争格局造成影响，产生“鲶鱼效应”的同时，也使市场与市场之间的差异越来越小，使金融活动具有高灵活性、投机性、高杠杆性。当某个市场发生金融风险时，很容易通过微观金融主体在不同金融市场的活动进行传导，进而加大金融动荡，甚至产生多米诺骨牌效应，引发全球性的金融危机。

三、多元化的金融市场加大了监管难度

控制风险、维持金融稳定是金融监管的首要任务。随着金融市场结构的变化及在开放进程中市场要素的重新组合，金融监管制度也要随之发生变化。

一旦两者不相匹配，就可能降低金融效率，甚至导致失衡。首先，金融市场多样化扩大了金融监管的范围。在早期的银行主导型的金融市场中，参与金融活动的主体是商业银行，其他金融机构如保险业、证券业、信托业等并不发达。而进入20世纪70年代末，随着金融自由化改革的不断推动，这些非银行金融机构逐步成为与银行并重的金融部门，金融监管的对象也从以银行为主逐步扩大到其他金融机构。其次，金融市场结构复杂化要求金融监管模式发生改变，在这个过程中可能加剧金融的不稳定性。传统的金融监管模式以分业经营、分业监管为主，然而随着金融业竞争的日益加剧，越来越多的金融机构开始向综合化、全能化、国际化的金融超市发展，同一家金融机构同时在不同的金融市场从事经营活动已经成为一种普遍现象，业务日益复杂化，信息不对称问题尤为突出。如果仍旧维持分业监管的模式，则有可能出现多重监管与监管真空并存的现象。

第三节　金融制度创新对金融稳定的影响机理

金融制度是一个国家用法律形式所确立的金融系统，以及确保这一金融系统相对独立运行的一系列制度规定(张炜，2004)。按适用范围的大小不同，从广义上看，金融制度可以划分为三个层次：

(1)货币制度、汇率制度以及各种金融法规等。这是金融制度的最上层，也是所有金融活动和金融交易的规则和制度。

(2)中观层次，包括金融机构、监管机构等金融体系的构成。

(3)微观层次，即所有金融活动和金融交易参与者的行为。

本书这里的金融制度重点关注其最上层，即各种金融法规的创新。

作为不断寻求自我完善的过程，金融制度创新的驱动力来自于金融家以及政府部门对金融供求均衡化以及维持金融稳定运行的动机。然而与金融产品创新和金融市场创新不同的是，金融制度创新的过程更为复杂，且金融制度具有鲜明的历史特征，一个有效和相对完善的金融制度必须与当时的经济发展程度和水平相适应。因此，金融制度的创新会对金融稳定产生什么样的影响，取决于其是否符合实体经济发展的需求，并与特定的经济制度相匹配。显然，一个良好的金融制度创新将有利于提高金融效率，实现金融要素的优化配置，维持金融稳定，实现促进宏观经济健康发展的目标。反之，当制度需求与制度供给出现矛盾，新的制度在制度安排和技术上出现漏洞，与原先设定的目标大相径庭时，该金融制度就处于一种无效状态，甚至引发金融动荡。因此，金融制度创新对金融稳定的影响机理可以从以下三个方面进行分析：

一、金融制度创新主体之间的博弈

金融制度创新是对原有制度的重构或是创新，是金融制度供给者与需求者之间动态博弈的过程。在以需求者为主导的系统中，单位创新主体(金融企业)往往是制度创新的决定力量。它以产权界定清晰和自主决策为制度条件，以追求自身利益最大化为目标进行制度创新。例如计算机和网络技术在金融领域的广泛应用，导致大量新的衍生工具涌现，为了确保金融稳定运行，客观上会迫使金融监管当局做出适时、适当的创新反应，制定出相关的交易规则和监管制度。这种由微观金融主体创新形成的倒逼机制，有利于提高金融效率，促进市场竞争，避免金融寡头的出现，并通过健全金融交易规则抑制机会主义倾向。但是如果作为金融制度供给方的政府没有做出及时的反应，就有可能导致金融风险的暴露。相对而言，供给主导型的制度创新则是金融当局以大量的公共产权和集权型决策体制为制度条件，通过直接和间接的手段自上而下组织实施的创新。在这种制度创新下，政府占有着绝对的主导地位。

每一种金融制度和金融运行机制的改变都是与特定的历史背景、经济发展阶段和金融深度相适应的，经济发展会导致金融制度的变革。但当经济发展目标与金融稳定目标发生冲突时，过度的金融制度创新会导致金融风险积聚、金融效率降低和经济发展受阻。因此，当一国政府进行金融制度创新时，往往需要在经济发展和金融稳定之间做出选择，而最后的决定往往取决于决策者利益的偏好。以20世纪90年代的墨西哥为例，为了吸引发达国家的直接投资，墨西哥政府在实施钉住美元的汇率政策的同时，放松了资本管制。这一金融制度改革在短期内极大地促进了墨西哥经济的发展，使其经历了一段辉煌的经济发展时期，但同时也增强了金融系统内在的脆弱性，使大量短期投机性资本涌入墨西哥，造成资产泡沫，并最终导致了危机的爆发。

由此可见，金融制度创新主体之间的博弈以及最终制度决策者的利益偏好直接影响着金融制度创新，并最终对金融稳定产生影响。

二、金融制度创新过程的复杂性

如前所述，一个运行相对良好的金融制度应该与当时的经济发展水平相匹配，过度创新会导致金融过度虚拟化，而创新不足也将产生金融抑制。但同时，金融制度从根本上决定着金融发展的总体效率和空间，它要求相应的创新行为必须符合金融发展的长期目标。这种长期发展战略与短期宏观经济环境变化之间的矛盾增强了金融制度创新过程的复杂性。如果一国政府总是一味地以短期宏观经济发展目标为依据实施金融制度改革，有可能导致一些刚刚被实施的新制度反过来又被否定，成为再次改革的对象，使创新成本增加，相关微观金融主体也会因为制度的多变性而变得无所适从。同时，值得注意的是，金融制度是一国对金融体系结构、运行机制等进行规范的法律法规。一个制度创新行为从决策到实施，再到发挥应该有的作用需要经历一个较长的复杂过程，在制度转换的过程中或多或少会产生某种程度的重叠或制度真空。如果金融制度创新主体不能很好地解决这一问题，必然会产生金融混乱。

三、金融制度创新与金融协调

如前所述，金融稳定是指金融要素，包括金融组织、金融市场、金融工具、金融制度等，保持均衡、匹配，并与外部实体经济协调发展，即金融的安全与效率取决于金融协调。金融制度创新的目的在于通过提高金融运转效率、改善信用环境等促进金融系统发展。如果新的金融制度偏离了特定的经济制度框架或是与其他金融安排和要素发生冲突，即当出现了制度的不协调时，就会起到阻碍作用，加大金融风险，降低金融效率。以新兴市场为例，在潮流的影响下，金融自由化和放松管制曾被认为是新兴市场融入全球金融体系的捷径，但层出不穷的金融危机似乎证明，金融市场的开放总是伴随着资产价格上升，特别是部分发展中国家试图通过制度创新同时实现资本自由化、汇率的稳定性和货币政策独立性，这种“不可能三角”势必将这些国家的金融系统置于更大的风险当中。因此，金融制度创新必须是在特定的经济制度框架下，更谨慎的、循序渐进的过程，是在实现金融协调发展条件下的创新。

综上，可以发现金融创新对金融稳定的直接影响始于宏观经济金融发展对提高金融效率、维持金融稳定的需求和金融家的逐利行为。金融家、政府以及其他金融创新主体根据实体经济和金融环境变化而进行的金融创新虽然在一定程度上提高了金融活跃程度和金融效率，但也改变了金融机构原有的经营模式，打破了原本处于介稳状态的金融结构的稳定，增强了金融风险在金融机构、金融市场间的传导效应，使金融整体失去了平衡。而当出现金融不稳定时，各种自我纠错功能和外部干预力量就会发生作用，政府以及金融家通过实施一些有利于金融稳定的制度创新或是对原有的金融产品创新和市场创新路径进行调整，使金融运行重新回到稳定状态。因此，金融创新视角下的金融稳定是一个从稳定到不稳定，再到稳定的一个动态循环过程，在这个过程中，原本稳定的金融结构受到金融创新的冲击而不断被打破和重建，即金融家、政府以及其他金融创新主体为应对宏观经济发展和金融动荡而进行的不同层次的金融创新是这一动态循环过程的驱动力量。

此外，值得注意的是，一段时间内金融创新的各个环节往往并不同步，而是偏重于某一个方面。如果金融创新主体在开辟新的市场、提高金融自由化程度、拓宽新的投融资渠道的同时，不加强金融监管制度的创新，趋利性可能会使大量金融资本在金融系统内部追求分配机会，而不是进入实体经济领域追求生产性机会。结果不仅无法促进经济健康发展，反而增加了金融的投机性，刺激金融泡沫化，最终可能诱发金融危机。由此可见，在实施金融改革和创新的过程中，各个环节都需要协调，否则就可能导致部分新兴的金融活动被排除在金融监管之外，加大金融系统的潜在风险。

本章主要从金融产品创新、金融市场创新和金融制度创新这3个方面探究金融创新对金融稳定的直接影响机理。

(1) 在实现风险管理和获取利润双重驱动下的金融产品创新可以通过丰富金融产品、优化金融结构、提高金融效率使金融不稳定向金融稳定发展，或是使原本稳定的金融系统变得更加稳定和高效。可以通过强化金融机构承担风险的意愿、弱化其实施内控管理的动机以及加剧各金融主体之间的信息不对称等途径，对金融稳定性产生负面影响，使金融运行由稳定变为不稳定。通过增强金融风险在不同市场中传导的可能性，将一些没有任何联系的企业、市场或国家联系在一起，从而加剧金融动荡，甚至产生金融危机。

(2) 与金融产品创新相同，金融市场创新对金融稳定的影响机理也具备了鲜明的“双刃剑”特征。一方面，金融市场创新可以通过优化资源配置效率，完善市场价格形成机制，极大地提高金融市场整体运行效率，促进金融稳定；另一方面，开放的金融市场以及大量“影子银行”的出现增强了金融风险的传导效应，加大了实施金融监管的难度，加剧了金融的不稳定性。

(3) 金融制度创新是制度供给者与需求者动态博弈的结果，最终的改革政策取决于决策者的利益偏好。一个金融制度创新会对金融稳定产生什么样的影响，取决于其是否符合实体经济发展的需求，并与特定的经济制度相匹配。一个良好的金融制度创新将有利于提高金融效率，维持金融稳定，并实现促进宏观经济健康发展的目标。但由于宏观经济环境以及交易成本总是不断变化的，因而金融制度创新的过程异常复杂。制度创新的滞后效应会导致制度创新过程或多或少产生某种制度重叠或真空。如果制度创新主体无法很好地解决这一问题，必然导致金融混乱。当金融制度创新与金融系统其他组成部分产生不协调时，也会加大金融风险。

(4)金融创新视角下的金融稳定是一个从稳定到不稳定，再到稳定的动态循环过程，在这个过程中，原本稳定的金融结构受到金融创新的冲击而不断被打破和重建，而各个金融创新主体为应对宏观经济金融发展对维持金融稳定和追求利润最大化的需求而进行的不同层次的金融创新是这一动态循环过程的驱动力量。金融创新对金融稳定的影响是多方面的，既有有利的，也有不利的，但相关金融创新主体在实施金融改革和创新的过程中，需要协调各个环节，否则就可能导致部分新兴的金融活动被排除在金融监管之外，加大金融系统的潜在风险。

第五章　金融创新视角下金融稳定的宏观经济因素分析

自20世纪70年代以来，随着信息技术、网络技术的广泛运用和金融自由化的发展，金融创新进入一个大规模、全方位、高速发展的时期。这种创新浪潮冲击着金融领域的每一个角落，成为推动全球经济增长的新动力源泉，加速了产业结构、经济结构的调整，促进了全球经济的一体化。然而，金融创新在提高金融资源配置效率、促进实体经济发展的同时，也改变了金融系统的生存环境。宏观经济环境的变化反过来也会对现有的金融稳定产生冲击。全球经济一体化不仅会增加金融风险在国际上的传导性，全球化进程中经济结构的失衡也会增加金融的脆弱性。而所有这些变化必将加大一国政府为维护本国价格稳定、经济增长而实施有效宏观货币调节政策的难度，从而对金融稳定产生间接影响。因此，本章将从全球经济一体化、经济结构以及货币政策这3个方面来探讨在金融创新视角下，金融创新是如何通过影响宏观经济环境、政策来间接影响金融稳定的。

第一节　全球经济一体化与金融稳定

金融是经济的核心，金融创新可以有效促进经济发展。与此相对应，以金融自由化为核心的金融全球化真正构成了全球经济活动的基础。不断涌现的新技术、新产品和新市场不仅使投资者在全球范围内迅速调动资金并及时掌握有关信息成为可能，也使世界各个国家、地区之间的相互依赖程度越来越高、越来越融合，一国的内部市场向其他外部市场不断延伸。金融创新给世界经济带来的潜在利益显而易见，但其在促进世界经济一体化的同时也加大了金融风险的传导性和不稳定性。

一、金融创新促进了经济全球化的发展

进入20世纪90年代以后，金融创新的一大特点就是金融的国际化和全球化，多样化的金融工具、跨国经营的金融机构以及全球化的金融市场使资金跨国流动成为现实，也为跨国公司实施全球战略提供了平台。

(一)金融创新促进资本跨国流动

首先，金融创新引起了货币深化。货币深化是金融深化理论中的一个概念，即在一国经济中货币化程度的提高。将其推广到世界范围内，金融创新通过金融机构全球化、金融工具多样化以及金融市场全球化，有效地沟通了地处世界不同地区的资金供求双方，使资金供求双方能在全球化的市场中达成交易，并形成了市场利率。在开放经济条件下，由于世界各个国家、地区的经济实力存在明显差异，运用生产要素的能力、聚集财产的本领也有区别。在资源供应有限的前提下，金融中介的跨国活动以及国际性的新型金融工具就是沟通不同类型经济体的有效渠道。金融全球化使储蓄和投资进一步分离，通过跨国金融机构的金融活动为那些没有投资机会的储蓄者带来好处，并推动了整个社

会经济的发展。

其次，金融创新改变了融资格局。从经济主体自身来看，跨国的金融创新活动使经济主体对外部经济的依赖性增强。特别是国际资本市场的发展，完全打破了融资规模和数量在空间和对象上的限制。它可以在全球范围内动员和集聚资金，克服在封闭经济中筹资范围小、数量有限的缺点，从而使经济主体能在全球范围内寻找到最好的投资机会，分散风险，并最大限度地利用所集聚的资金。

最后，金融创新促进了资本的形成。资本形成率是决定经济增长的一个关键因素，也是经济一体化发展的关键因素。从长期来看，企业为了使利润最大化，必须扩大生产，这就需要大量的资金。从两因素经济看，企业对资金的需求取决于资金的边际成本以及劳动力的边际成本。当资本的借入成本上升时，企业对资金的长期需求下降，而当劳动力成本上升时，企业对短期资本的需求上升。根据托宾 Q 投资理论，当一个厂商拥有充裕的内外资本时，其投资决策完全取决于 Q 比率(企业股票市值对股票所代表的资产重置成本的比值)和资本成本。如果一个新金融工具可以改变厂商的资本成本，或是帮助企业弥补应急资金，或是提供更为灵活的资金安排，则该金融工具将通过 Q 比率或是资本成本对投资规模产生影响。以欧洲货币体系的发展及欧元的产生为例，欧元启动极大地推动了欧元区以及世界贸易的发展。欧元流通后，欧元国原有的汇率波动自然消失，大大减少了统一市场内的外汇风险，降低了成员国各经济体之间经济交易的成本，使成员国之间的投融资步伐加快，各种生产要素在整个欧元区的配置更加合理。同时，欧元启动不仅统一了整个欧洲金融市场，还为该区域内的企业提供了大量的新型金融工具。这些金融市场、金融工具的产生不仅节省了经济主体之间的交易时间，加快了资金的流通速度，还为厂商提供了更多的选择，便于在紧急时刻寻找到资金的支持。

（二）金融创新促进跨国公司的全球经营战略发生变化

跨国公司在经济全球化中扮演着不可替代的角色，成为国际贸易、国际投资和世界经济发展的重要推动力。20世纪90年代以来，跨国公司的发展进入黄金时期，总公司和海外分支机构数量不断膨胀。与此同时，跨国公司纷纷采取了新的全球一体化战略以应对激烈的国际市场竞争。经过几十年的发展，跨国公司对全球经济发展的贡献度不断提高。据联合国贸易与发展组织《2011年世界投资报告》发布的数据显示，截至2010年，全球的跨国公司超过6.5万家；2010年跨国公司在全球的销售额和增值分别达到33万亿美元和7万亿美元，出口超过6万亿美元，约占全球出口总额的1/3，创造的国内生产总值（Gross Domestic Product，GDP）增值约为16万亿美元，约占全球GDP总额的1/4。

首先，金融创新有利于跨国公司实施组织和管理制度的调整。国际金融市场、跨国金融机构以及金融合约不仅可以降低经济主体在进行金融交易之前获取信息的成本，便于跨国公司和企业家在全球范围内去选择最有前途的公司和经理人，还降低了事后的监督成本和执行成本。跨国公司股东及“外部”债权人会通过创设金融安排推动经理人制度，使跨国公司所有权与经营权进一步分离，追求股东利益的经营管理目标更加突出。同时，跨国公司在实施对外扩张的过程中往往面临海外分支机构过多、组织架构过于复杂的问题。而随着金融全球化的发展，跨国公司逐步利用金融中介提供的信息服务实施集中化调整经营战略，进一步突出公司总部在实施总体战略方面的作用，减少层次，精减人员，增强应变能力。显然，金融创新有助于强化公司治理功能，并不断提高资本配置效率和促进经济全球化的发展。

其次，金融创新推动跨国公司对外投资战略的调整。跨国并购和对外直接投资成为跨国公司对外投资的主导方式，2007年跨境并购交易规模达到历史最高的2万亿美元。虽然2008年的金融危机导致跨国并购和对外直接投资规模大幅度下降，但2009年开始有所恢复，跨国并购案例逐步增多。据统计，截至2011年，跨国公司并购交易值和绿地投资分别为5 260亿美元和9 040亿美元，全球外国直接投资流量超过了1.5万亿美元。根据俄林—赫克歇尔模型及新贸易理论，金融发展程度高的国家，在资本密集型与技术密集型产品的生产和贸易中具有比较优势；金融发展程度低的国家在对金融依赖性低的劳动密集型产品的生产与贸易中具有比较优势。因此金融市场的发达程度就成为影响跨国公司对外投资战略的关键因素之一。一方面，全球化的金融市场横向分担了风险。根据马克维茨的投资组合理论，理论上，当证券的种类足够多时，资产组合的非系统性风险基本消除。在金融全球化的背景下，企业家在决策是否投资一项高风险的项目或是从事跨国经营活动时，可能由于要面临很大的不确定性而决定放弃投资。而国际化的资本市场创造的风险分担机制恰好可以为其解决这一问题。企业不必通过母国而是可以直接在东道国的资本市场进行融资，这不仅有利于跨国公司规避因汇率波动而产生的汇率风险，还能让企业家通过股票市场将风险分担给众多的投资者。另一方面，在国际资本流动规模迅速扩张，全球金融市场逐步集中(如泛欧证券交易所等)，欧洲美元、货币市场存单等金融衍生工具不断涌现的背景下，传统的存款、储蓄业务与保险、证券和信托投资等金融中介之间相互渗透、相互融合，形成了新的综合性金融创新产品。这些产品在为投资者和存款者提供了更多的投资选择，降低了因市场利率和汇率波动造成的储蓄存款机会损失的同时，也为交易者提供了便利的交易场所和途径，在很大程度上降低了交易成本和交易风险。

最后，金融创新为跨国公司实施业务经营战略调整提供了新的途径。为了在国际竞争中获得优势，跨国公司需要不断地调整全球化战略，实施经营战略的“当地化”(包括研究与开发、高管人员以及公司风格的当地化)、合作竞争战略、业务优化重组等。在这个过程中，金融与核心业务的结合成为一种趋势。以日本索尼公司为例，为适应21世纪网络化的发展，公司从一家以生产家用电器和音像设备硬件为主的企业转变为一个围绕互联网为大众提供娱乐服务的企业。为此，索尼公司创办了网络银行，极大地缩短了消费者与企业之间的距离。而类似的金融中介机构也在汽车工业等多个行业出现，直接为跨国公司全球业务的发展提供了支持。

二、经济一体化放大了金融危机的传染效应

危机传染是系统性风险的核心。所谓危机传染，泛指一国金融危机的跨国传播和扩散，包括贸易金融关系密切的国家间产生的接触性传染，也包括由投资者或金融经纪人行为导致的非接触性传染。虽然一个更为开放、不断创新的金融系统可以有效地消除国际资本流动的屏障，减少政府管制下的价格扭曲和市场失真，改善跨国公司的全球经营战略，提高经济运行效率，但在全球经济一体化的条件下，国际资本投机性、趋利性和大规模快速流动等特点被放大。各国政策的独立性下降，使国际金融市场充满风险和不确定性，金融脆弱性加剧。在一个不完全的市场条件下，经济一体化会放大金融危机的传染效应。这一特点在1997年东南亚金融危机中有所显现。在2007年由美国次贷危机引发的全球性金融危机中，金融危机的跨国传染性暴露得更为明显。金融危机在国际上的传染机制也因此引起了更多人的关注。

(一)国际贸易溢出渠道

在金融全球化、经济一体化的背景下，国际贸易规模不断扩大，各国之间的经济相互渗透、相互依存关系加强。尤其是地处同一个区域的国家，它们不论在人文历史背景、生活习惯还是在经济结构和发展战略上都十分相似。国际贸易的溢出效应在促进了区域经济、金融一体化的发展的同时，也加大了它们之间的关联性。任何一个国家的经济都不可避免地受到本地区内其他经济体金融变动的冲击。当一国发生金融危机时，它会造成危机发生国居民财富大幅缩水；投资者渐渐失去对经济可持续发展的信心；消费需求和消费能力持续下降，而这将必然导致本国居民对外国产品需求的下降，反过来影响其他国家的经济发展。以2007年美国次贷危机为例，美国是中国第二大贸易伙伴国。自从2007年美国爆发次贷危机以来，美国经济持续衰退，人民财富大幅度缩水，失业率在高位徘徊，这使得外贸依存度相对较高的中国经济遭受了重创。而与此

同时，美国金融危机也引起了欧洲等其他经济体的经济衰退，特别是以希腊、西班牙为代表的欧盟国家相继陷入了债务危机，进一步间接影响了中国对这些国家的出口贸易。据中国商务部统计，截至2011年9月，中国对美国和欧盟国家的出口分别下降了16.81%和17.59%。此外，金融危机还有可能导致危机发生国货币疲软，导致贸易伙伴国的货币有效汇率上升、商品出口竞争力下降。这些都将对其经济产生直接或间接的冲击，最终使这个贸易伙伴国主动或被动地陷入经济衰退之中。

(二)国际资本流动渠道

经济一体化的一大特点就是金融的全球化。金融创新和贸易的自由化政策消除了资本自由流动的屏障，使其可以便利地进出各国金融市场。同时，为了满足跨国公司经济交易的需要，各国银行体系之间建立了非常复杂而多变的跨国清算支付体系，形成了相互交织的债权债务关系。当一国发生货币危机时，国际资本将面临更高的投资风险和更低的投资收益。出于逐利的动机，大规模的投机性资金会选择在短时间内离开该市场。而资本的大量外流又会降低危机发生国金融市场的流动性，金融中介机构或跨国企业为求自保不得不会收回其海外投资，进而加剧了金融危机的溢出效应。与此同时，通过金融机构的借贷联结和网络效应的放大机制，一国的货币危机会被传递到其他国家，并对危机发生国所在区域内其他国家产生货币冲击。随着经济全球化、金融全球化的发展，这种冲击由于金融溢出效应的存在而越发明显。

(三)自我实现的净传染渠道

除了由于贸易金融密切关系而引发的金融危机传染效应外，金融恐慌、羊群效应等非接触性传染渠道也是导致金融不稳定的主要因素。金融自由化和国际市场的不断开放使世界各国的经济结构、金融结构趋同明显，而金融衍生工具层出不穷也使经济、金融交易变得日益复杂，信息不对称问题日益严重。当一个国家发生金融危机后，如果投资者对危机发生国比较了解，能够获取较为充分的经济、金融信息，投资者会基于自己所掌握的情况对投资风险重新进行评估，并根据评估结果调整投资组合。而在信息不对称的情况下，投资者的这种行为可能起到示范作用，并最终将金融危机传染到其他具有类似经济金融结构的国家或地区。例如，当希腊政府发生了债务违约情况，出于对西班牙、葡萄牙等国经济状况类似于希腊的判断，大量投资者将资金撤出这些国家，进而导致西班牙、葡萄牙等国家也相继出现了不同程度的债务危机。而由于同处欧元区，经济一体化、金融一体化程度相对较高，经济形势相似的法国和德国，即使它们的实体经济并未真正开始恶化，由于市场预期的作用，国际投资者还是会撤走资金，或者采取观望态度，最终使得该地区经济的整体衰退，甚至有爆发金融危机的可能。

相反，如果投资者对所投资国家并不十分了解，当一国发生金融危机时就有可能出现羊群效应。金融创新视角下的金融产品价格不仅取决于市场供求，同时还与人们对未来收益的预期密切相关。金融衍生工具的复杂化和国际金融市场的复杂化加大了未来情况的不确定性，而在信息不对称的情况下，金融资产的价格更是取决于大多数投资者的判断。当大多数投资者的判断都一致时，出于群体一致性的压力，投资者往往不论其自身判断准确与否都会选择跟随策略，进而产生羊群效应。因此，当一国发生金融危机时，对于投资者而言，他会立即出售其拥有的该国资产，并抛售与危机发生国具有类似特点的其他国家的资产。此时，由于存在羊群效应，一些没有相关信息的投资者也会盲目跟从，撤回资产。这样，使得本不应该爆发金融危机的其他国家也跟着发生了金融危机。

自我实现渠道的危害性在于，即使是实体经济没有出现问题的国家，也会由于“领头羊”的错误以及众多跟风者的投机行为，本没有危机也能被逼着发生危机。

第二节　经济结构与金融稳定

金融在现代经济中处于核心地位。金融创新通过增加资本积累、提高资金使用效率和促进技术进步这3个渠道来推动经济发展。经济结构是经济增长的前提。一个国家或地区的经济发展和经济结构优化升级联系在一起。金融创新在经济结构均衡及层次升级的过程中发挥着至关重要的作用。同样，一个良好的经济结构可以促进金融的发展，然而畸形的经济结构却可能导致金融失衡。

一、产业结构调整频率加快

经济运行的时序结构是以长波的形态展开的。根据尼古拉·康德拉基耶夫的长波周期理论，资本积累才是推动经济发展的关键因素，而并非传统意义上的生产技术变革或是新市场的开发。一般而言，新市场的开发不会引起经济高涨；相反，经济高涨可能会推动新市场的扩张，而基础创新也往往出现在长周期的下降阶段。只有当资本积累到一定阶段，投资者认为其最低收益能够得到保障时，他们才会克服风险厌恶，并抓住新的基础创新所带来的机会，即基础创新只会在下一个大的上升阶段形成时才会大规模地得以应用。金融创新的发展极大地缩短了资本积累的过程，打破了基础创新的瓶颈，大大加快了产业结构调整的速度。但资本的逐利性也带来了高度不对称的社会经济后果，经济空洞化、要素收入分配不均衡等问题又反过来影响金融稳定，甚至引发金融危机。

以20世纪90年代中后期出现的新经济长波为例，股票市场的迅速发展以及期权、风险投资等金融衍生工具和新兴投资主体的不断涌现，极大地弥补了传统银行信贷资金不足的问题，为以信息技术革命为核心的高新科技产业的发展提供了新的融资渠道和激励机制。可以说，新经济时期极度惊人的创造力和高速发展的经济在很大程度上应归功于金融全球化和金融自由化所带来的财富效应。一时间一切“高新技术”企业的股票、特别是那些与互联网有关的企业股票都被炒得红红火火。然而不容忽视的是基础创新往往具有随机性和高风险性，事实上，当时互联网行业还处在成长初期，大部分网络企业是由一些商业经验不足的年轻人创办的，企业规模小，盈利能力差，投资风险极大。但在“技术泡沫”下，许多风险投资公司往往忽视了这些风险，纷纷将资金投入高科技尤其是网络科技企业，帮助它们上市发行股票，以谋取超额利润。在新技术带动的投资浪潮中，许多资本雄厚的企业也陷入了一种前所未有的困境。在激烈的竞争中，技术创新被摆在了核心地位，企业为此投入的开发资金和研究力量前所未有地多和大。但是企业尝试研发一种全新的技术到市场认同这个产品需要一段时间，在开始时是不可能盈利的，这意味着企业需要有外部资金特别是银行贷款给予支持。但是，技术更新周期加快，企业可能还没有收回上次的技术投资，就要开发新的技术，否则就跟不上新技术发展的潮流。正是这种技术更新加快的压力使企业无法摆脱它的债务，甚至其债务总额滚雪球般发展。一旦投资者发现技术泡沫即将破灭，就会纷纷抛售手中持有的股票，公司股价市值急剧下跌，股市崩盘，商业银行业无力收回贷给科技企业的巨额贷款，进而引发金融动荡。

此外，新经济所形成的技术—经济扩张，还产生了创造性毁灭，加剧了产业结构调整过程中对传统行业的损害，并间接对金融稳定造成影响。创造性毁灭是一个痛苦的结构性历程，它所形成的竞争往往会导致主导产业的周期性更新，并因此引致经济部门的兴衰。一旦传统行业无法跟上创新的步伐，就有可能被市场淘汰。投资者为了最大限度地获得投资收益，必然在投资过程中选择有竞争优势的一方。因此一旦传统企业或行业出现利润减少、市场萎缩的情况，他们就会减少在该市场的投入资金。而这些曾经是主导产业的传统企业往往也是聚集信贷资金和其他外部投资资金最多的地方，企业亏损或者因资金链断裂而出现资不抵债的情况，最终受害者依然是金融投资者。综上，创造性毁灭所带来的新市场与旧市场的交战，会引发经济周期的变化、生产要素的重新分配和金融危机的爆发，这个过程既是创新也是毁灭。

二、全球化进程中的结构失衡

对于大多数发展中国家而言，其二元经济结构特征明显，农村剩余劳动力长期得不到有效转移。为了促进二元经济结构转化，各国政府实施开放本国市场、引进外商投资等宏观政策。随着金融中介机构规模不断扩大、金融市场日趋完善，各式各样的金融产品和服务及时渗透到居民的生产生活中，越来越多的储蓄向生产性投资转移，促进资本积累，鼓励科技创新和现代部门的发展。而现代非农业科技创新部门和新市场的不断涌现，实现了大量农村剩余劳动力的转移，加快了发展中国家二元经济结构转换的速度。因此，金融深化将有助于发展中国家顺利实现二元经济结构向现代一元经济结构的转换。

然而，金融创新对二元经济结构转化的作用并不是绝对的，尤其是从全球经济来看，在金融创新促进经济全球化的同时，我们并没有看到全球经济共同发展、福利共享的局面；相反，在金融创新的背景下，金融全球化和经济全球化使金融资源以及经济资源可以实现在全球范围内的配置，在趋利效应的作用下，它们往往会更多地流向发达国家而非发展中国家，因此加剧了全球二元经济结构的矛盾，同时也使全球金融结构非均衡发展，增加了金融不稳定性。

以2007年全球性金融危机为例，在危机爆发前全球经济经历了一个高度繁荣的时期。在这一过程中，发达国家依靠其资金、技术以及成熟的金融市场等优势，将产品的制造加工环节转移到发展中国家。而以金砖国家为首的新兴市场国家也在全球经济结构转型的过程中，利用它们在劳动力成本和商品价格上的优势，迅速融入全球市场。然而随着金融创新不断深入，金融市场自由化程度越来越高，虚拟经济与实体经济发展不均衡的矛盾日益突出。相对于可以自由流动的巨额资本而言，商品、劳务和技术的国际流动远没那么自由，发展中国家在让出市场接纳资本流入的过程中，对于发达国家的先进技术并没有得到同样的受让权，且受到文化、历史、习俗等的影响，发展中国家丰裕的劳动力也无法相应流出，导致发展中国家积累了相当数额的外汇资金，发达国家却在低物价、高增长的背景下不断放大货币的流动性。由于发展中国家的金融市场发展相对缓慢，在逐利资本的驱使下，大量外汇资金又以外汇储备的方式回到金融市场发达的美国和欧洲，为这些地区的高负债提供融资，并维持它们低利率、低储蓄、高消费的经济模式。在这种格局下，以美国为首的发达国家长期保持一个宽松的货币环境，并最终造成了全球性的流动过剩，次贷市场、金融衍生市场过度扩张，资产泡沫和金融风险积累到一定程度，最终导致全球性金融危机的爆发。因此，从某种角度上讲，2007年的次级贷款只是压倒全球金融的最后一根稻草，而全球经济结构失衡才是危机爆发的根本原因。

三、实体经济规模与虚拟经济规模的非协调性

进入20世纪70年代，随着金融自由化的不断深入，货币资本化的趋势越来越明显，期票、股票、债券、期权以及各种金融衍生工具纷纷涌现，推动了全球经济虚拟化进程，居民家庭财富中的虚拟资产比例日益提高，企业利润也更多地来源于虚拟资产。实体经济发展离不开虚拟经济的支持，但如果没有实体经济，虚拟经济将无从谈起。以2007年美国次贷危机为例，人们普遍认为房地产和金融衍生品非理性膨胀，即虚拟经济规模超过了实体经济的承受限度是危机爆发的根本原因。

虚拟资本产生于借贷资本和银行信用制度。与实体经济受生产成本和技术限制不同，虚拟产品遵循资本化的定价方式，预期收益率受到经济行为以及人们心理预期的影响，其产品价格具有内在波动性。定价方式上的差异直接导致了实体经济与虚拟经济在价格波动上的不同步。当实物资产的投资回报率低于虚拟经济时，大量资金会从生产领域流入虚拟市场。这一方面会对生产性投资产生挤出效应，实体经济领域将因资金供给不足而出现萎缩，产品和服务价格上升。另一方面，将放大杠杆效应，在高利润的诱导下，投机行为有可能更加猖獗。在经济繁荣时，银行容易脱离实体经济的需求大量放贷，而一旦泡沫

破灭，资产价格下降，资金链断裂，又将导致实体经济出现危机。因此，实体经济与虚拟经济两者是相互依存、相互制约的关系，只有当两者发展协调统一时，世界经济金融才能处于均衡状态。

第三节　货币政策与金融稳定

作为宏观经济两大重要调控手段之一，货币政策除了维护货币稳定(价格稳定)、促进经济增长之外，同时还肩负着维持金融稳定的任务。然而随着20世纪70年代以来全球金融自由化浪潮的到来，国际金融形势发生了很多变化：一是由于现代计算机、通信手段的发展，电子货币产生，国际外汇市场在全球范围内形成了一个24小时不停运转的、统一的市场，国际资本流动更加便捷、规模更大；二是各国货币市场和资本市场规模不断扩大，交易品种日益丰富，直接融资对经济活动的影响力和渗透力大大增强，货币政策脱媒现象突出；三是各国金融创新不断，新型金融工具和金融产品极大地丰富了经济主体的融资渠道和融资方式，也改变了金融资产结构和交易结构。国际金融形势的这些变化，在一定程度上模糊了货币供求的内涵，削弱了货币政策中介指标的可控性，改变了货币政策传导机制和过程，进而加大了一国政府试图通过实施货币政策调节货币总量来实现维护金融稳定、促进宏观经济健康发展的难度。而一旦货币政策出现偏差甚至失效，它不仅不会实现维护金融稳定的目标，反而会加剧金融动荡。

一、对货币供给的影响

作为货币政策的中介指标，货币供给量在中央银行制定货币政策、动用货币工具、实现最终目标中起着非常重要的作用。金融创新改变了货币供给国内外来源的结构，降低了中央银行对货币供给的控制力。

(一)货币数量可测性下降

在20世纪70年代末以前，经济学家普遍认为只有能够充当交易媒介的流通中的现金和活期存款才是货币供给。这个界定非常清楚，且容易操作。但是进入20世纪70年代末，随着金融创新如火如荼地展开，理论界对货币的定义变得越来越困难。

一方面，货币定义的外延不断扩大。从整个货币发展的历程来看，货币的形态大致经历了由低级到高级，从具体到抽象的演化过程，即由实物货币发展为金属货币、代用货币和信用货币。每一次货币形态的改变都使货币定义的外延不断扩大。随着计算机与信息科学技术在金融领域的广泛应用，电子货币以一种数学符号的形式将传统的货币储存于消费者持有的电子设备中，并作为储值或预付工具开始逐步代替现行通货满足人们交易和投机的货币需求。随着电子货币在国际上的普遍使用，各国中央银行也开始纷纷将其纳入货币供给的统计范围，从而进一步扩充了广义货币的含义。

另一方面，金融创新中涌现出一大批货币化的信用工具，加大了准确界定和划分货币层次的难度。如大额可转让定期存单、货币市场互助基金（Money Market Mutual Fund，MMMF）以及货币市场存款账户（Money Market Deposit Account，MMDA）等，这些本来不属于货币的信用工具能够在很大程度上满足人们对流动性的需求，行使货币的功能，类似于活期存款，理应划入M1，但这些账户的余额的大部分放在投资性储蓄账户中，实际上属于M2。同样，在金融市场自由化、国际化、证券化的趋势中，还产生了大量既具有高流动性、又有较高收益的新型金融产品。这些金融产品也在一定程度上发挥着货币的功能，是否应将其归入货币范畴、归入哪个层次都是长期困扰经济学家和社会学家的问题。世界各国的中央银行也在不断调整货币供应量的统计口径，以更好地控制货币供应量。

然而，频繁地修改也并未完全解决金融创新所带来的问题。电子账户、网络账户等应归属哪个货币层次至今尚无明确答案；一些新型金融机构和金融业务并没有包含在中央银行监控的范围内，中央银行已很难准确解释货币供应量变化的真实含义，货币供应量与其他经济总量的关系也越来越不稳定。同时，由于大多数金融衍生产品采用的是资本化的定价方式，因此，被纳入货币范畴的新型金融产品比传统货币产品更容易受到市场利率，特别是短期市场利率变动的影响，这给货币政策的制定和有效执行带来了相当大的困难。

(二)基础货币供给渠道更加复杂

“货币供给量 = 货币乘数 × 基础货币”这个公式几乎成为所有西方经济学家普遍接受的货币供给模型。该公式显示，中央银行对基础货币和货币乘数的控制力直接关系到货币供给量的可控性，并对货币政策的最终目标产生直接作用。然而，在金融创新环境下，货币供给主体日益复杂，货币乘数的可控性减弱等都对货币供给产生了冲击。

有关基础货币的问题，西方经济学家的观点相当一致，普遍将其界定为能为中央银行所直接控制的净货币负债，包括商业银行及其他存款机构的存款准备金以及社会公众所持有的通货。然而，随着金融创新的发展，货币定义不断外延，商业银行与非银行金融机构之间的差异也进一步缩小，这使中央银行控制基础货币的渠道发生了变化，也弱化了它对基础货币的直接控制力。

一方面，金融创新扩大了货币供给主体。首先，随着网络经济的发展，当今几乎所有的电子货币都是由商业银行、其他金融机构甚至是大企业发行，这直接导致中央银行在运用货币政策调节基础货币供给量时，不仅要考虑传统商业银行的货币创造能力，还要将大量非银行金融机构的货币发行行为考虑进去。其次，随着以资本市场为中心的新型金融产品的开发和需求的创造，“金融脱媒”现象日益严重。传统商业银行在货币创造中的重要地位被削弱，资金通过各类非银行金融机构和资本市场，绕开商业银行这个媒介体系直接输送给需求方，造成了资金的体外循环。最后，金融自由化和国际化模糊了商业银行和非银行金融机构之间的业务界限，金融业务综合化和金融机构同质化趋势明显，混淆了二者在创造存款货币功能上的本质区别。

另一方面，在金融创新视角下，商业银行减少了向中央银行借款的意愿。金融市场化和国际化极大地拓宽了商业银行的筹资渠道。除向中央银行借款外，商业银行的资金需求基本上能通过市场融资来解决。互联网技术在金融市场的广泛应用，使商业银行可以在极短的时间内完成资金的跨国调拨。而信用违约互换（Credit Ddefault Swap，CDS）、可转让支付命令（Negotiable Order Of Withdrawal，NOW）账户等新型金融工具的使用不仅在整体上提高了金融机构的资金流动性，也便利了银行逃避金融管制，降低了融资成本。商业银行向中央银行借款的意愿的下降直接导致中央银行试图通过商业银行再贴现和再贷款业务来直接控制基础货币的能力下降，进而更多地只能通过在公开市场上买卖证券的方式间接控制。

二、对货币需求的影响

货币需求是中央银行制定货币政策的起点。对货币需求的准确判断有利于中央银行选择合适的政策工具，以最小的代价、在最合适的时间实现其最终目标。然而，金融创新的发展，尤其是投资性金融工具的产生以及货币电子化的发展，不仅改变了货币数量的可测性和可控性，也改变了人们持有货币的需求结构，降低了货币需求的稳定性，加大了中央银行制定货币政策的难度。一旦判断错误，无疑将导致金融货币传导机制出现偏差，最终导致调节目标难以实现，金融风险加大。

（一）新型金融工具的产生改变了货币需求结构

传统经济学理论认为，随着经济发展、交易规模扩大以及商品货币化程度不断加深，一国对货币需求的数量随之增加。然而，随着金融深化和不断发展，大量新型金融产品如货币市场互助基金、货币市场存款账户或是银证通、银保通等被广泛使用，它们不但具有一定的投资功能，还有良好的支付功能和变现能力，在很大程度上能同时满足人们的投资需求和流动性需求。尤其是一些资本证券化工具同时具有的高流动性和高收益性使得货币需求的结构发生了变化：用于交易性需求和预防性需求的货币减少，而用于投资需求的货币增加。另外，金融电子化以及计算机和互联网技术在金融支付清算领域的广泛应用，也在很大程度上降低了人们对于狭义货币的需求数量。

（二）投机性需求的增加降低了货币需求的稳定性

如前所述，根据 Keynes 的货币需求理论，大致可以将人们的货币需求分为实体经济中的商业性货币需求（包括交易性需求和预防性需求）以及虚拟经济中用于投机获利的金融性货币需求。一般而言，商业性货币需求主要受国民收入变化的影响，在短期内稳定，其货币需求函数是稳定的。金融性货币需求则主要取决于人们持有货币的机会成本、持有货币给人们带来的效用以及个人心理预期等短期因素，货币需求稳定性较差。金融创新改变了人们的需求结构，在高收益和高杠杆率的作用下，人们用于交易和预防的商业性货币减少，用于投机获利的金融性货币比重上升。同样，对于金融机构而言，金融创新加剧了市场竞争，金融产品同质化问题也日趋严重。为实现利润最大化，金融机构在进行资产组合时，除了考虑市场利率变化的影响外，还要参考不同资产的相对收益率变化情况。这无疑降低了中央银行对市场上货币需求判断的准确性，加大了货币政策制定的难度。

三、对货币政策传导机制的影响

所谓货币传导机制是指中央银行运用货币政策工具影响投资、消费、实际产出等实体变量，进而最终实现既定政策目标的传导途径与作用机理。理论界关于货币传导机制的研究主要分为两个阶段：

（1）在20世纪80年代以前，以凯恩斯主义经济学派和货币主义经济学派为代表的利率传导机制。该机制认为利率是中央银行货币政策的关键变量。由于各种资产价格的利率弹性以及各经济体投资和消费行为的利率敏感性不同，当一国中央银行试图通过改变利率来实现最终目标时，往往会引发各种资产之间的"替代效应"和"财富效应"。因此，最初货币量的变动引起实体经济中投资和消费的变化，改变了公众对投资和消费的需求，进而改变了产出水平。

(2) 20世纪80年代以后，随着国际金融形势发生巨大改变，各国金融创新不断，金融全球化的趋势增强，新凯恩斯主义经济学派逐渐兴起。该学派认为中央银行实行的货币政策不仅影响市场利率，而且还通过影响商业银行的贷款供给量以及借款人的金融地位来影响企业融资的数量，进而对实体经济活动产生影响，即紧缩性货币政策在通过提高利率改变市场现金流动性和各种资产之间的资源配置而影响产出水平的同时，也会通过市场利率间接减少借款人的净资产，降低借款人的金融地位，减少其可能获得的贷款数量，进而实现改变产出的目的。

值得注意的是，虽然货币传导机制反映的是货币政策对实体经济产出的影响，但事实上它确实是连接虚拟经济与实体经济的关键纽带。货币只是作为一个外部推动力存在，这一推动力会直接对金融系统产生作用，也会产生反馈效应，经由整个金融系统传导至实体经济，再由实体经济的变化对金融稳定产生影响。而金融创新的发展、金融国际化的不断深入却使这种传导机制越来越复杂，进而加大了中央银行制定和运行货币政策的难度，使得传统的货币政策传导机制受阻，增加了金融整体的不确定性。

(一) 金融中介机构脱媒现象严重

传统货币政策认为，商业银行是货币政策有效与否的关键因素，中央银行货币政策的实施和传导都主要通过商业银行来完成。金融创新的发展，尤其是金融市场的不断发展和扩大，使得非银行金融机构异军突起，在整个金融系统中的地位迅速上升，在很大程度上削弱了商业银行的核心地位，金融中介机构脱媒现象严重。

首先，资本市场的产生与壮大，尤其是金融全球化的发展极大地拓展了融资渠道。以紧缩性货币政策为例，该政策的目的在于通过减少商业银行的信贷供给，抑制通货膨胀。但如果企业可以通过资本市场、货币市场，甚至是国际金融市场获得信贷资金，就可能规避中央银行的货币控制，使得中央银行执行货币政策的难度加大。

其次，随着金融自由化的发展，金融机构同质化日趋严重。大量非银行金融机构不断涌现，商业银行与非银行金融机构间业务的差异也越来越小。除存款类商业银行外，非银行金融机构尤其是“影子银行”也成为货币创造的主体，并参与货币乘数的放大过程，极大地削弱了中央银行对货币供给的控制力。

最后，面临非银行金融机构的冲击，传统的商业银行被迫向“非中介化”方向发展，从经营单一的存贷款业务转向多种业务并重。国外一些大的银行类金融机构的表外业务、金融衍生工具业务的规模甚至已经远远超过传统信贷业务的规模。而这些以赚取风险利润为主的金融产品并不包含在需要计提存款准备金的活期存款中，直接导致中央银行试图运用调节存款准备金率的方式控制商业银行信贷规模越来越困难，商业银行作为货币政策媒介的重要性和功能被大大削弱。

(二)改变了投资者对利率变动的反应方式

金融创新在很大程度上拓展了实体经济部门的融资渠道。它们不仅可以从商业银行获取资金，还可以通过发行债券、股票等方式，甚至是通过运用金融衍生工具在资本市场上进行融资。因此，当利率发生变化时，实际投资并不会在短期内发生巨幅变动，即随着金融创新的发展，实体经济部门对利率的敏感性减弱了。相反，金融创新发展了金融工具，消除了金融市场之间的障碍，从而降低了交易成本，提高了金融资产之间的可替代性，同时也提高了金融资产价格和数量对于利率的敏感度，加大了资本市场价格的波动率。

(三)加大了货币政策传导时滞的不确定性

一个货币政策从研究、制定到实施并最终发挥实际效果存在一个时间滞后的过程，在这一过程中，政策制定时的宏观经济环境可能发生了变化。货币政策传导时间滞后得越长，政策的实施效果越无法确定，甚至可能对金融、经济运行造成致命冲击，而金融创新加剧了这一时滞过程的不确定性。

按时滞的性质划分，货币政策时滞可以分为三类，即内部时滞、中期时滞和外部时滞：内部时滞是货币当局决策的时滞；中期时滞取决于金融中介机构对货币政策变化的反应以及整个金融市场的敏感程度；外部时滞则指货币政策作用于实体经济过程中的滞后。首先，在金融创新视角下，金融市场更加复杂，金融交易异常活跃，金融资产价格更具多变性，分散了货币当局的注意力，改变了中央银行对经济形势变化和发展的敏感程度和预测能力。而货币需求结构的变化也影响了中央银行的正确抉择，加大了货币政策的内部时滞。其次，货币供给主体增加、金融中介机构脱媒现象日趋严重，改变了其对传统的利率政策、信贷政策的敏感程度。在某些特殊情况下，中央银行的货币政策甚至会被金融中介机构的其他非存款业务的发展所抵消。最后，由于经济结构和微观主体的行为本身具有不可预测性，因此各经济部门对货币政策的反应不一，所受影响也不一样。而金融创新导致金融业务大量交叉，新型金融工具的运用以及国际金融市场的发展，更是极大地拓展了个人和厂商获取资金的渠道。当面临变化的利率和信贷供给量时，它们可以选择银行贷款，也可以从其他渠道，如发行债券或股票来获取资金，给中央银行对货币政策传导效应的准确判断带来较大困难。

本章主要从全球经济一体化、经济结构以及货币政策这3个方面探讨金融创新如何通过影响宏观经济运行因素来间接影响金融稳定性。

(1) 金融市场全球化、金融机构全球化、特别是金融制度自由化等使资本全球化成为现实，改变了跨国公司的全球经营战略，促进了全球经济的一体化。但与此同时，经济一体化也放大了国际资本投机性、趋利性和大规模快速流动性等特点，使得通过国际贸易溢出渠道、国际资本流动渠道和自我实现的净传染渠道等，金融危机更容易实现在国际上的传染和蔓延。

(2) 经济结构是经济增长的前提。金融创新在经济结构均衡和层次升级的过程中发挥着至关重要的作用。良好的经济结构可以促进金融的发展，但畸形的经济结构却可能导致金融失衡。首先，金融创新的发展极大地缩短了资本积累的过程，打破了创新瓶颈，大大加快了产业结构调整的步伐。但资本的逐利性也带来高度不对称的社会经济后果，经济空洞化、要素收入分配不均衡等问题，反过来又影响金融系统自身的稳定性，甚至引发金融危机。其次，金融创新有助于发展中国家顺利实现二元经济结构转换，但全球化进程中的非同步化反过来也使得金融结构非均衡发展，加大了金融系统的不稳定性。最后，作为两个独立的经济运行方式，实体经济与虚拟经济的规模非协调性发展，特别是虚拟经济规模超过了实体经济的承受限度是金融危机爆发的重要原因。

(3)一国金融稳定性在很大程度上受到该国货币政策有效性的冲击。首先，在货币供给方面，金融创新极大地拓宽了货币定义的外延，增加了基础货币供给渠道的复杂性，放大了国际因素对货币供给的影响力，使货币乘数更加不确定，从而导致货币政策中介目标和操作目标的合理性和科学性日益下降。其次，在货币需求方面，新型金融工具的产生改变了货币的需求结构和货币的流通速度，对狭义货币需求的减少和对投机性需求的增加降低了货币需求的稳定性。最后，在货币政策的传导机制方面，金融创新导致金融中介机构脱媒现象严重，增加了传导时滞的不确定性。

第六章　金融创新视角下金融稳定的金融要素分析

影响金融稳定的因素众多，除了宏观经济金融因素以外，还包括所有微观金融主体、金融市场、金融基础设施和相关的金融监管框架以及国际金融环境等金融要素变化对金融稳定的影响。虽然各个微观金融要素的稳定性并不直接构成金融整体的稳定性，但通过前面几章的理论分析不难发现，金融创新的发展将会改变原有的金融结构，而金融全球化也会加大金融风险的跨机构、跨市场、跨国境传递，使国际金融环境越来越复杂，这些无疑都加大了金融监管的难度，进而对金融稳定造成影响。因此本章将进一步从金融结构、金融监管体制以及国际金融环境这3个方面考察金融创新视角下金融要素对金融稳定的影响机理。

第一节　金融结构与金融稳定

金融稳定是在现有金融结构上保持的相对稳定状态，而金融结构变迁则是指金融系统为了适应新的国际金融环境，适应特定的经济金融发展需要而进行的变革，包括金融要素的重新组合、配比和排列，即对原有金融结构进行修改、修正甚至否定以达到一个新的介稳状态。因此，从某种角度上讲，任何一次金融结构变迁都会对金融稳定性产生冲击。

一、金融机构多样化对金融稳定的影响

所谓金融结构，是指金融总体的各个组成部分的分布、相对规模、相互关系与配合的状态(李健，2004)。在所有的金融结构变迁中，无疑金融机构的发展是最容易被观察到的。从最初的商业银行，到证券业、保险业、信托业等各类商业性金融机构的出现，到为了弥补市场失灵而出现的政策性金融机构以及能同时从事各种金融业务的金融超市，不同类型金融机构的出现丰富了金融服务的供应主体，但同时也使金融系统逐步发展成为一个复杂的巨系统。市场竞争加剧和金融结构复杂化，加大了金融的不确定性，也加大了金融监管当局维持金融稳定性的难度。

从金融机构内部来看，随着金融机构种类日趋多样化和复杂化，金融业务不断被细分和同质化。为了提高竞争力，金融机构纷纷推出新的产品和服务。这些金融创新虽然会在一定程度上提高微观金融主体的盈利能力，提高金融运转效率，但同时也可能积聚金融风险，引发金融危机。以商业银行为例，由于有存款保险或者政府担保的资金，银行的所有者或经营者有意愿去承担更高的风险以获取更多的收益。如果实施的风险活动取得成功，则银行获利。如果失败，则这一损失成本将被转移给存款保险机构或由存款人来承担。

尤其是在近二十年，随着金融全球化的发展以及金融监管逐步放松，混业经营模式逐步被各类金融机构所接受，银证通、银联保以及信用违约互换等各种具有交叉性质的新业务、新品种不断涌现。虽然混业经营模式可以在很大程度上满足客户需求，但业务交叉也意味着风险的交叉，使金融风险跨市场传播更加容易。

从金融机构外部来看，金融机构多元化也加大了金融监管的难度，尤其是加大了中央银行对货币政策传导效果判断的难度。在金融发展初期，商业银

行毫无疑问在货币政策传导、促进经济发展中起到了至关重要的作用。中央银行的货币政策往往是通过商业银行传导到实体经济的各个方面的。金融结构变迁中出现的非银行金融机构，特别是大量行使商业银行功能，但基本被排除在中央银行监管之外的“影子银行”的出现，以及公开市场业务等间接货币政策工具的大量使用，无疑极大地削弱了传统商业银行在货币政策传导中的地位和作用。而商业银行自身为了在竞争中求生存和发展，也纷纷改变经营策略，增加中间业务和表外业务的比重。金融机构及金融业务多元化在总体上改变了货币政策传导的路径，延长了传导时间，增加了货币政策传导的不确定性。所有这些导致了货币政策的传导过程被延长，影响因素增多，货币政策的有效性被严重削弱，并在一定程度上加剧了金融动荡。

二、金融市场多元化对金融稳定的影响

金融市场在金融结构变迁中所体现出的多元化趋势对金融稳定的影响主要通过以下几个方面来发挥：

首先，金融机构的复杂化和多元化改变了金融市场的价格形成机制，使市场上各类商品的价格具有均衡稳定的趋势。如前所述，不同类型金融机构的出现丰富了金融服务的供应主体，也使得金融市场的市场容量和金融产品的交易规模急剧扩大。由于大多数金融产品具有公共产品的性质，很容易被模仿和复制，最终导致绝大多数的市场参与者只是价格的接受者，而金融市场价格形成机制会朝着更加充分竞争的方向发展，因此，从长期来看，各类金融产品的价格具有稳定均衡的趋势。但从另一方面来看，金融市场多元化、复杂化也使得影响金融产品价格波动的因素越来越多。以主权信用违约掉期的定价为例，它不仅受到市场利率水平的影响，还受到国债规模、该国宏观经济运行状况、该国政局稳定程度、市场心理预期等多方面因素的影响。任何一种因素的变动都会引起价格的波动。如果金融价格波动的频率和幅度超过了金融市场的承受范围，就可能对现有的金融稳定产生冲击。

其次，随着金融市场的结构变迁，种类繁多的新服务、新工具、新交易甚至是新市场层出不穷，极大地增加了投资者的选择余地。他们可以在同等的风险条件下，选择各自满意的产品组合，即同时实现成本最小化和收益最大化。但值得注意的是，结构复杂的金融衍生工具或金融产品组合在具有高度的灵活性的同时，其投机性和财务杠杆性也非常高，即金融市场的发展在为投资者提供了分散和降低风险的工具的同时，也提升和积聚了一定的系统性金融风险。

最后，金融市场的国际化、开放性模糊了国家间市场的界限，加大了金融风险在国际上传递的可能性。信息技术和计算机技术的不断发展，使金融支付体系已经实现了国际化，这使全球各个金融市场更加紧密地联系起来。随着各国政府纷纷放松金融管制，证券的国际发行、认购、交易以及跨国公司国际并购的规模也越来越大。据统计，截至2010年，全球金融交易规模已远远超过实体经济交易规模。而离岸交易市场的产生、发展和壮大更是在模糊国内金融市场和国际金融市场的界限的同时，极大地扩充了市场交易的空间。无疑，金融市场的开放性和国际化将一国国内的金融系统与国际金融系统紧密地联系在一起，从而使国内金融系统更易受到国际金融危机的冲击。

三、金融结构变迁的次序与速度对金融稳定的影响

如前所述，金融结构变迁是在既定的金融环境和发展需求下，金融系统从原有的金融稳定状态向新的金融稳定状态转变的过程。因此金融结构变迁的次序以及速度对于维持金融稳定就显得尤为重要。一般而言，发达国家的金融结构的变迁过程相对平缓，并且大多已基本形成了较为完善的金融结构。而在发展中国家，金融深化和发展往往是政府推动型，即政府根据需要人为地选择，强制性地实施金融改革。这一金融结构变迁无疑要受到金融管理当局对国内金融经济环境认知能力的限制，并涉及金融改革的次序和变革速度的选择。以1997年的东南亚金融危机为例，泰国政府在国内金融市场和金融机构依然相对脆弱的情况下，开放了资本市场，建立了柜台交易的金融衍生品市场。这

不仅使得大量国际游资进入泰国金融市场，而且骤然加剧的竞争导致泰国国内金融机构不顾自身管理风险的能力而更多地参与高风险的业务。突出的结构性缺陷使得泰国成为东南亚金融危机中最早爆发危机的国家。

而金融结构变迁的速度和复杂程度与相应的金融监管制度建立和完善在速度上存在的差异也使金融系统长期在一种不稳定的状态下发展。一方面，金融结构变迁的效果取决于金融监管制度的适应情况，如果相应的金融监管制度滞后于金融结构的变化，金融机构、金融市场的规模往往会处于膨胀状态，造成金融资源的浪费，并会在金融系统内积累大量的风险，加大金融危机爆发的可能性。2007年美国次贷危机的爆发在一定程度上就是由金融衍生品过度膨胀所致。另一方面，当金融结构的发展偏离实体经济发展的需要时，也会对金融稳定产生影响。尤其是对于发展中国家而言，如果强制性制度变迁或改革与该国实体经济的相关制度不相容、不匹配，也会导致金融不稳定。

第二节　金融监管体制与金融稳定

通过前面的分析不难发现，一国金融稳定与否与其金融监管体制是否完善有着密切的关系。如果通过金融监管手段能及时发现金融系统存在的潜在风险，并能及时有效地采取措施，就能维持金融稳定。但如果该国的金融监管体制无法适应金融系统发展的需求，甚至是严重滞后，将某些金融活动排除在监管体系之外，则容易爆发金融危机。相反，如果金融监管过于严苛，也会严重抑制金融系统的发展，难以发挥金融的资源配置功能，无法有效促进经济发展。而金融系统的发展离不开金融创新，因此，如果说金融创新是推动金融结构演进和金融深化进程的动力源泉，那么金融监管则是确保金融健康、稳定运行的必要手段，两者之间存在辩证的关系。

金融创新与金融监管是一个动态博弈的过程。Keynes 曾经构建过一个“斗争模型”（struggle model）用以解释两者的关系。Kane 将金融创新视为监管者与被监管者之间斗争的结果（Kane，1978，1981），指出许多金融创新，特别是金融产品的创新是为了规避金融监管，而新产品、新市场以及新的国际金融环境在推动金融发展、提高金融效率的同时，也打破了原有的金融秩序和格局。这要求有新的金融监管制度与之相匹配，以实现维护金融稳定的目标。如此往复，金融创新与金融监管之间形成了一个监管—创新—再监管—再创新的过程。

同时，从风险管理角度讲，金融创新和金融监管都是风险管理的手段之一，即两者之间也是一种互补的关系。众所周知，金融监管是风险管理的重要手段，是金融监管当局从外部对金融市场以及金融机构等实施的管理措施。而随着金融创新的发展，尤其是随着信用衍生工具的出现和不断丰富，风险配置市场逐步形成，金融系统自身也具有了风险配置的功能。投资者不仅可以利用金融市场实现资源配置的目的，还可以利用市场化的手段配置风险，客观上提高风险管理水平，使市场自身的约束成为风险监管最有利的补充。综上，金融创新和金融监管是风险管理的两个方面，规范的监管是创新的制度保障，富有生机的创新是提高金融运行效率、节约监管资源的重要途径。只有当两者的发展协调一致时，才能保证金融系统高效而稳定地运行。

第三节　国际金融环境与金融稳定

如前所述，金融稳定具有明显的介稳性，它极易受到国际金融环境变化的影响。而纵观整个金融发展的历史，我们不难发现，每一次国际金融环境的巨大变化都离不开金融创新。但是金融创新本身也孕育着新的风险，它在改变国际金融、经济环境的同时，也使得国际金融环境越来越复杂，加大了金融面临的不确定性。

国际金融环境的变化与金融资本的规模、结构、国际化水平以及一国政府干预政策的转变密切相关。总的看来，国际金融环境变化大致经历了4个阶段。

第一阶段：以放任为主的国际金融环境(封建社会末期至1929年美国经济大萧条)。这一阶段是现代金融系统的萌芽及发展时期，也是资本主义的生产力获得巨大发展的时期，各种有价证券开始诞生，银行券、国家债券以及企业股票等现代金融工具随之产生。16世纪中叶，现代期货、期权交易开始萌芽，并在阿姆斯特丹形成了第一个成熟的期货、期权市场。1817年，纽约证券交易所正式成立，极大地方便了证券的交易和流通，资本输出出现了历史性的高潮。

与此相对应，自由经济思想是这一时期的主流思想，各国政府纷纷对经济实行了不干预或放任自流的政策，国际金融环境相对宽松，金融创新相对活跃。然而，在金融市场在为人们提供套期保值的方法规避汇率、价格风险的同时，也提供了从事金融投机的渠道。然而过度投机直接导致了金融危机频发。从荷兰的郁金香泡沫、英国的“南海泡沫”到1929—1933年的美国经济大萧条，都是在疯狂的投机炒作背景下爆发的以股市暴跌为特征的金融危机。

第二阶段：以严格监管、分业经营为主要特征的国际金融环境(1933—1973年布雷顿森林体系崩溃)。1929年美国经济大萧条之后，人们认识到了金融动荡对实体经济产生的巨大破坏作用。为了防止类似的金融危机再次爆发，各国纷纷加大了金融监管的力度。1933年美国国会分别通过了《证券法》和《银行法》，开始实施严格的金融分业经营管理，其他资本主义国家如英国、德国、日本等也纷纷采取了严格的金融管制措施。这一时期的金融创新主要以规避金融监管为目标，金融互换、欧洲货币市场等逐步发展壮大。在严格的约束下，资本主义经历了经济高速增长的繁荣时期，金融资本的规模也得到一定程度的发展。虽然这一时期较少发生金融危机，但过于严厉的金融监管使利率、汇率发生扭曲，金融潜在风险加大。

第三阶段：金融自由化背景下的国际金融环境(1973年至20世纪90年代初期)。20世纪70年代，美国等西方国家在经历了第二次世界大战后近20年的快速发展后出现了严重的经济滞涨，再加上随着布雷顿森林体系的瓦解，浮动汇率制度逐步取代固定汇率制度而成为主导型的汇率制度，国际金融环境动荡不安，主要资本主义国家开始重新走向经济自由化的道路。与第一阶段现代金融体系的发展主要在发达国家不同，这一时期发展中国家也开始了以金融深化为核心的金融自由化进程。在金融自由化的浪潮下，利率开始向自由化和市场化发展，信贷限额被取消。随着金融市场准入门槛的降低，不仅新的金融机构、新的金融市场不断涌现，各种各样的金融衍生产品和外汇投机交易创新也取得了飞速发展。

然而，宽松的国际金融环境、层出不穷的金融创新也对金融稳定造成了新的影响。

首先，市场准入门槛降低后，竞争过度导致金融不稳定。在金融管制下，任何金融机构的设立以及经营领域的准入都会受到政府的严格管制或限制，在这种环境下，已有的金融机构实际上已经获得了特许经营牌照所带来的超额利润。而随着美国、日本等发达国家先后取消了金融服务单业之间的准入限制，混业经营再度合法化，国际资本流动自由化，金融市场的准入门槛逐步降低。金融业的特许权价值出现了下降趋势，能够达到准入标准的机构或者投资者也越来越多。由于混业后，混业机构内部、金融产品出现综合化、衍生化和复杂化的同时也存在潜在金融风险，而风险又具有相关性。当某一种金融业务发生问题时，会迅速传播到其他领域。而同业之间的竞争加剧，促使金融监管放松、创新增加，来自银行业内部和外部的竞争压力推动了银行负债成本和交易成本的增加，使原有的部分垄断优势丧失，经营的不确定性增加，特许权价值下降。

其次，虽然利率自由化有利于促进金融市场竞争，实现资源优化配置，但利率自由化后，利率频繁波动会使银行面临更大的流动性风险，利差的变化也会加大银行的竞争压力。为了分散风险、提高盈利能力，商业银行往往推出很多高收益的新产品。在利益的驱动下，原本风险厌恶型的借款人会改变自己的投资组合，使之具有更高的风险收益，而原本较少参与银行业务的风险偏好型借款人则会进入该市场。但高风险与高收益之间并不一定是一一对应的，如果金融创新速度与金融市场的成熟度和金融监管能力不协调，一旦高风险与高收益不对称，就会导致企业破产，金融风险也就由此产生。另外，如前几章所述，利率自由化将降低货币供应量的可控性，在中短期内，如果国际金融环境出现了什么突发性事件，中央银行往往很难及时采取有效的反应措施，从而导致金融动荡。

最后，资本项目自由化在一定程度上极大地拓宽了企业融资渠道，有助于优化资源配置，对世界经济金融一体化产生了巨大的推动作用。国际资本流动也推动了金融衍生工具的创造和运用，投机者进入市场分担了价格风险，加大了国际金融市场的流动性，同时也加大了金融危机的传染性。

第四阶段：全球金融高度自由化下日趋复杂的国际金融环境(20世纪90年代至今)。这一阶段国际金融环境的特点主要表现在：第一，随着各国经济发展和金融自由化的推进，企业的融资渠道大大拓宽，直接融资市场的市值在国民经济中所占的比重也越来越大；第二，虚拟经济日益国际化，据经合组织统计，截至2010年，国际资本交易总额已经远超国际贸易总额，世界经济虚拟化、脱媒化日益严重；第三，世界主要国家政府纷纷放松金融管制，完成了从金融分业到金融混业的转变，各种金融控股公司、金融超市应运而生，国际金融环境日趋复杂。

这一阶段的发展到目前为止，已经发生了多次金融危机，如1992年欧洲货币危机、1994年墨西哥债务危机、1997年东南亚金融危机、1998年俄罗斯金融危机、2007美国次贷危机和2009年始于希腊的欧洲债务危机等。纵观这些危机的爆发，都有国际游资、金融资产价格泡沫以及金融衍生产品泛滥的身影。

综上，我们可以发现，虽然国际金融环境本身并不构成金融要素，但国际金融环境的变化在推动金融创新发展的同时也改变了一国乃至全球的金融结构。而金融创新的发展显然也使国际金融环境发生了剧烈的变化，金融不确定性、风险的扩散效应不断增加，影响因素也越来越多，从而使金融系统更易受到国际环境的冲击。

本章着重分析了金融创新如何通过改变金融系统内部各金融要素的构成来间接影响金融稳定的作用机理。

(1) 金融创新推动了金融结构的变迁，金融机构多样化和复杂化加剧了市场竞争，使金融风险的传播有了更加畅通的渠道；加大了金融监管的难度，尤其是加大了中央银行对货币政策传导效果判断的难度。金融市场的多元化使金融市场的价格形成机制更加复杂，市场的国际化模糊了国际市场的界限，使国内金融系统更易受到国际金融危机的冲击。金融结构变迁次序和速度直接关系到金融稳定。

(2) 金融创新与金融监管强度的协调性是维持金融稳定运行的关键因素。两者既是动态博弈的关系，也是互补的关系，规范的监管是创新的制度保障，富有生机的创新是提高金融运行效率、节约监管资源的重要途径。只有当两者的发展协调一致时，才能保证金融系统高效而稳定地运行。

(3) 每一次国际金融环境的巨大变化都离不开金融创新，但金融创新本身也孕育着新的风险。它在改变国际金融、经济环境的同时，也改变着一国乃至全球的金融结构，增加了金融系统面临的不确定性。

第七章　金融创新视角下金融稳定性评估指标体系的构建

如今，大规模、全方位、多层次的金融创新已经成为一种常态。金融创新的发展不仅会对金融稳定直接造成冲击，还会通过改变宏观经济的金融环境和金融要素来间接引发金融动荡，即金融创新视角下的金融稳定将更加复杂多变。为了更加及时、有效地发现并化解金融风险，避免加剧金融整体的波动性，甚至对实体经济造成冲击，建立金融创新视角下的金融稳定性评估指标体系显得十分重要。本章将首先通过对比分析国内外现有的金融稳定性评估指标体系，探讨它们在评估金融稳定上的借鉴价值以及对金融创新视角下金融稳定性评估的适用性，然后在此基础上，依据系统性、科学性、可比性等原则，结合前人的研究成果，构建金融创新视角下的金融稳定性评估指标体系。

第一节　国内外金融稳定性评估指标体系构建的对比分析

金融稳定性评估始于1997年亚洲金融危机以后，众多国际金融机构和相关经济学家围绕金融稳定性评估指标体系的构建问题展开了深入研究，发展到现在，大多数发达国家以及国际金融机构（如IMF）都建立了自己的金融稳定性评估指标体系，试图通过对金融机构运行的稳定性及风险状况进行评估，及时发现并防止金融动荡。本章将分别选取IMF的金融稳定性指标体系（FSI）、美联储的金融风险预警指标体系、英国英格兰银行构建的系统性机构风险评估模型（RAMSI）框架以及中国人民银行历年金融稳定报告所建立的金融稳定性评估指标体系为分析对象，探讨它们在评估金融稳定性上的借鉴价值以及对金融创新视角下金融稳定性评估的适用性。

一、IMF的金融稳定性指标体系

在现有的金融稳定性评估指标体系中，IMF于2001年提出并不断完善的FSI较具代表性和普遍适用性。FSI包括核心指标和鼓励指标两大类。其中核心指标着重从资本充足率、资产质量、盈利能力、流动性以及风险敏感度等5个方面对商业银行以及存款类金融机构的经营和管理水平进行综合评价。鼓励指标则重点关注那些与评估金融稳定密切相关的其他金融机构和部门的运行情况，包括非银行金融机构的资产实力、规模以及它们在整个金融领域所处的地位与重要程度；非金融性公司的财务状况、盈利能力；私人部门的利率、信贷分布情况、债务结构；包括房地产市场运行情况在内的宏观经济总体运行情况等。

值得注意的是，IMF每年都会根据全球经济金融的实际发展状况对所构建的FSI进行调整，以使其能够更好地起到警示风险的作用。如在2007年美国次贷危机爆发以后，相关研究人员在对2009年全球金融稳定性进行评估时，加入了反映全球货币和金融流动状况的实际短期利率、广义货币增长与货币需求估计之差以及中央银行持有的官方储备增长额等指标；加入了能够较好反映投资者偏好以及宏观经济风险的投资者信心指数等指标；加入了反映定价风险的信用违约掉期定价隐含的违约概率等指标。显然，在金融创新不断推动金融市场迅猛、飞跃式发展的今天，这些指标的选择和补充在很大程度上提高了FSI对于全球金融稳定性评估的准确性。

二、美联储的金融风险预警指标体系

早在20世纪80年代初期，美国联邦储备委员会就开始试图将公司财务预警中的骆驼评级体系（CAMEL）运用于对金融机构的评级中，并形成了以CAMEL系统为核心，联邦储备局的金融机构监督体系（Financial Institution Monitor System，FIMS）、联邦存款保险公司的非现场评级系统（Statistical Camels Offsite Rating，SCOR）、美国货币监理署建立的银行测算系统（Bank Calculator，BC）以及财政部金融局建立的社区银行评分系统（Community Bank Scoring System，CBSS）等多个监管系统并存的金融风险预警系统和指标体系。

其中CAMEL系统被认为是效果最显著、最可信的评估工具，它不仅可被用于现场评估，也被广泛用于非现场评估领域。最初该评估指标体系由资本充足率、资产质量、管理水平、盈利能力和流动性这5个指标组成。在东南亚金融危机爆发以后，针对国际经济金融市场的巨大变化，尤其是针对金融全球化带来的金融风险跨市场、跨地区传导的特性，美联储对该评估系统进行了修改和更新，增加了第6个要素“市场风险敏感性”（sensitivity to market risks），即形成了新的CAMELS系统，进一步强调了风险管理的质量问题。FIMS系统侧重于运用数理分析模型测算银行倒闭的可能性，其涉及的指标除CAMELS的相关指标外，还包括监测资本市场波动的指标以及用于评估商业银行新型业务发展情况的指标。SCOR系统则重点监控银行、储蓄机构所面临的风险，增加了对信贷资产质量的评估指标，如逾期贷款指标、无抵押赎回权的房地产贷款以及证券投资情况等。BC系统则与FIMS系统类似，侧重于关注“问题”银行所面临的风险。

通过上面的分析可以发现，虽然由于美国实行的是由美联储、联邦存款保险公司、货币监理署和财政部共同组成的多头监管架构，且每个监管机构有各自不同的监管重点，但它们的核心目的都是对个别银行的运行情况实施监管，并对它们的稳健性进行评估，因此各个评估指标体系之间既有重合也有相互补充，最终形成了以CAMELS指标体系为核心，包括反映外部宏观经济环境的地方经济条件指标、失业率指标，反映金融市场运行情况的资本市场指标、银行规模、管理体制变化指标，以及反映银行成长性的财务指标和增长率指标的，“世界上最为复杂”的金融预警系统。从实施情况来看，该指标体系能够较早地预警银行所面临的风险，及时发现“问题”银行。

三、英格兰银行的系统性机构风险评估模型

与美联储相类似，早在20世纪80年代，英国英格兰银行就构建了一个以资本充足率为核心的金融稳定性评估体系。而当前的金融危机使相关研究人员意识到，随着金融日趋全球化和复杂化，金融机构更加紧密地相互联系在一起，金融机构之间的系统性关联不仅来自于对金融机构自身清偿能力的担心，也来自于流动性紧缩和其他外部压力事件。因此Aikman等人从2009年开始试图将系统性关联分析并入宏观金融分析框架中，对原有的金融稳定性评估指标体系进行修改，开发了新的系统性机构风险评估模型（Risk Assessment Model for Systemic Institutions，RAMSI），以更加敏锐地评估单个金融机构和系统层面的脆弱性。

四、中国人民银行的金融稳定性评估指标体系

为了应对越来越复杂的金融环境，防止爆发金融危机，中国人民银行于2005年开始定期公布中国金融稳定报告，对上一年中国金融的整体运行情况进行评价和分析，对下一年可能面临的风险进行预警。中国人民银行所构建的金融稳定指标体系包括两大类：一类是商业银行稳定性评估指标体系，从信用风险、市场风险、流动性风险以及传染性风险等几个方面全面考察银行业的稳定性与风险状况；另一类是对银行业的稳定运行产生重要影响的外部因素，包括宏观经济金融运行情况，非银行业金融机构的运行情况，金融市场、政府、企业和住户的财务状况以及金融基础设施等几个方面。在评估方法上，除了运用压力测试方法对银行业的稳定性进行了定量分析外，对于其他指标的分析并

没有运用复杂的数量模型，而是借助于国内外相关部门公布的信息数据进行纵向和横向的比较分析，从而找出关键因素、发展动向以及可能影响中国金融稳定性的潜在风险。

随着近几年中国金融改革不断深入，金融市场国际化程度不断加深，国际金融经济环境变化对中国金融稳定的冲击也日趋明显，为此中国人民银行也在不断调整相关的评估内容。尤其针对2007年美国次贷危机爆发以来国际经济金融环境发生的剧烈变化，中国人民银行在进行相关的金融稳定性评估时，加大了对国际上主要经济体的经济形势、国际金融市场波动情况的分析，加大了对信用违约互换等金融衍生工具价格波动的监控，以期能够更加准确地判断中国金融系统的整体运行状况

五、结论

通过比较上述4种国内外较具代表性的金融稳定性评估指标体系，不难发现以下几点：

(一)一个有效的金融稳定性评估指标体系必须具备综合性

构建金融稳定性评估体系的最终目标是及时发现金融运行中存在的风险问题，防范金融危机以及对实体经济可能造成的不良冲击。因此，金融稳定性评估指标的选取范围应该比较广泛，不仅要涉及商业银行等存款类金融机构，还应包括其他非银行金融主体；不仅要涵盖金融系统各个部门，还要关注企业、私人部门和政府等非金融部门以及宏观经济运行情况可能对金融系统造成的冲击；不仅要包括本国金融经济的运行情况，还应包括国际经济金融环境的变化，才能尽可能地揭示金融运行中可能出现的各种风险。

(二)构建的金融稳定性评估指标体系必须具备系统性

金融稳定性评估是对金融整体稳定性的评估，各指标之间应该有很好的关联性。以IMF的FSI为例，资产价格波动率、汇率波动率、宏观经济政策以及社会生产力和工资水平被主要用于反映一国的宏观经济金融环境的变化情

况，这些变化将对企业、私人部门的经营状况、偿债能力产生影响。同样，这些非金融机构的财务状况对商业银行的信贷资产安全造成冲击的大小又可以通过资产质量、资产流动性等指标反映出来。

(三)构建的金融稳定性评估指标体系必须具备规范性和可比性

虽然各个国家和地区之间的经济金融发展水平参差不齐，美联储、英格兰银行以及中国人民银行所选择的金融稳定性评估指标不尽相同，但其中大部分指标的选取都符合《巴塞尔协议》的相关要求，基本上都是从资本充足率、资产质量、盈利能力和资产流动性等几个方面进行指标的设计与选取。显然，这样的操作方法可以有效提高相关评估结果的可比性，尤其是在金融全球化的背景下，指标设计得极富规范性和可比性将有利于及时了解国际金融经济环境变化的趋势，防止金融风险跨国、跨地区传导。

(四)相关指标体系忽视了金融创新对金融稳定的全面影响

综合比较这4种国内外金融稳定性评估指标体系可以发现，虽然相关的组织机构在实施评估时也注意到了金融创新发展对金融稳定的影响，并根据国际金融发展的需要不断地对已有的指标体系进行修改和完善，如美联储早在1997年东南亚金融危机爆发以后就关注到金融全球化带来的金融风险跨市场、跨区域传导的问题，并在CAMEL系统中增加了市场风险的敏感性指标；IMF在对银行部门进行评估时增加了对金融衍生产品资产、负债规模的分析指标，并在欧洲国家爆发主权债务危机后，开始于2009年公布的《全球金融稳定报告》中增加了主权信用违约掉期利差和期权隐含的违约概率的分析；英格兰银行也在危机爆发后开始着手开发新的系统性风险评估模型，以期更好地揭示金融系统层面的脆弱性问题；中国人民银行也开始关注资本市场发展等金融市场创新对金融稳定的影响效应。但这些现有的金融稳定性评估指标体系大多只将关注点放在宏观经济金融环境变化或是具体的某类微观金融创新工具将对金融稳定产生什么影响上，并没有将金融创新视为一个背景去研究，更没有考虑金融创新对金融稳定产生的直接影响。

综合上述的比较分析，可以发现，虽然各国在制定金融稳定性评估指标体系时考虑到了金融发展对金融稳定可能产生的冲击，尤其是强调了宏观经济金融环境变化对金融稳定的影响，但并没有从金融创新的背景出发，忽略了金融创新对金融稳定产生的直接影响，忽略了金融制度、金融市场以及金融产品创新与变革给金融运行带来的变化和给金融稳定带来的冲击，从而可能会对金融稳定性评估的准确性和及时性产生影响。尤其是中国的金融系统正处在发展阶段，自身体制的机制性缺陷客观上要求通过不断的金融创新来完善和提高金融功能，这种本质上的变化使原本复杂的金融系统变得更加复杂。因此，有必要站在金融创新的视角下，结合当前金融创新发展的趋势和特点，运用系统论的观点，对现有的金融稳定性评估指标体系进行修订，构建逆周期的金融宏观审慎制度框架和金融稳定性评估指标体系，以便更有效地识别金融风险，提升系统性风险防范能力。

第二节　金融稳定性评估体系构建的指导思想和基本原则

一、构建评估指标体系的指导思想

金融稳定性评估指标体系构建的初衷是找出能够对金融危机的发生提前发出预警信号的经济、金融指标，以期在出现金融风险时，相关部门可以提前采取措施进行调整，降低风险调控的机会成本。一个有效的金融稳定性评估指标体系不仅能够充分体现一国金融经济运行的整体特点，及时反映当下金融系统所面临的国内外宏观经济、金融变化，预警金融风险，同时还能与国际上通用的金融稳定性评估指标体系相协调，使其在内容上具有一定的可比性。

综上，本书试图站在金融创新视角下，借鉴 IMF 采用的金融稳定性评估体系，学习金融稳定性评估项目（FSAP）以及各国稳定报告的框架和内容，结合金融稳定性理论和前几章的研究成果，根据中国国情，建立一个具有综合性、层次性的中国金融稳定性评估指标体系。这一体系必须包含反映金融创新发展的指标、综合宏观审慎指标以及反映微观金融主体运行情况的指标。

首先，以金融创新为背景。通过前文的理论与实证研究，不难发现，全方位、多层次的金融创新已经成为一种常态。金融创新不仅直接对金融稳定造成了冲击，还通过影响宏观经济运行、改变金融要素的组合间接影响金融稳定。因此，金融创新视角下的金融稳定性评估指标体系必须能观测金融创新的变化，以及这些变化对金融系统、宏观经济、金融环境的影响。

其次，以宏观审慎分析为框架。宏观审慎分析是IMF金融稳定性评估项目（FSAP）的基础，是一个动态发展的框架。它从金融风险产生的根源、金融中介体系对一国经济的影响机制和程度以及一国的宏观经济状况这3个方面对整个金融体系面临的金融风险进行综合评估，是各国政府在确定本国金融稳定性评估指标体系时的重要参考依据，同样也是本书所构建的金融创新视角下金融稳定性评估指标体系的分析框架。

最后，综合考虑微观金融主体对金融稳定的影响。以宏观审慎分析为框架并不意味着忽略微观金融主体。事实上，在金融创新视角下，那些“大而不倒”的微观金融主体的经营行为更容易引发金融动荡，亦需要加以关注。为了使其能够反映银行、证券、保险等金融机构以及其他部门的行业特征和整体情况，这类指标将采用汇总后的分行业指标。

二、构建评估指标体系的基本原则

(一)全面性与代表性相结合的原则

金融稳定是金融系统运行的综合表现和结果。由第2章的相关理论分析可知，金融创新视角下的金融稳定反映的是一种金融系统运行的状态，在这种状态下，金融与经济维持一种良好的相互促进关系，对内具有自我纠错功能，在面临内外部冲击时，能保持总体平稳运行的状态。它具有整体性、介稳性、动态性、效率性和非线性的特点。因此，要客观地反映金融总体运行情况，就要求指标的选取及运用能充分体现金融系统运行的完整性和动态性，建立的指标体系具有足够的覆盖面。指标体系不仅关注各类微观金融主体，还应该关注一国货币、财政政策、经济环境等宏观经济因素；不仅关注传统宏观经济变量指标，还应关注金融创新的变化；不仅关注传统的信贷市场，还关注资本市场、金融衍生品市场等新兴市场；不仅关注国内金融环境，还应该分析国际金融、经济环境因素对一国金融稳定性的影响。

然而，引发金融动荡的因素多种多样，不可能把所有的影响因素都涵盖在内，过多的分析因素不仅不会提高金融稳定性评估的准确性，反而会增加一国金融监管当局的监管成本。考虑到金融创新视角下金融稳定的特殊性，金融稳定性评估指标体系中所选的指标还必须具有代表性，相关指标必须将所有影响金融稳定的主导因素考虑在内，同时还能客观、全面地反映金融创新对金融稳定产生的直接、间接影响。

（二）科学性与准确性相结合的原则

一个有效的金融稳定性评估指标体系所采用的指标必须能够准确反映稳定程度，且必须是在影响金融稳定中起到关键作用的指标，其选择必须是科学合理的。同时，还要注意避免因统计标准不统一、数据不连续或是不容易采集而导致评估质量下降。因此，在进行指标设计时，必须以现代计量经济学理论和金融稳定理论为基础，充分利用统计部门已有的数据体系，用统计信息标准化的手段，从源头解决和促进各类金融信息的协调，提高数据质量，确保评价结果真实有效。

（三）可比性与特殊性相结合的原则

自成立以来，IMF 和巴塞尔银行监管委员会一直致力加强和改善金融风险管理和评估，出台了一系列金融监管原则和指引。尤其是自 20 世纪 90 年代亚洲金融危机爆发以来，IMF 先后发起了金融部门评估项目（FSAP），建立了金融稳定性评估指标体系（FSI），并于2008年年底提出了“宏观审慎管理”的概念。FSI指标体系的推广和实施有助于人们提前发现金融系统的潜在风险，降低金融危机爆发的概率。因此，在构建金融稳定性评估指标体系时，参考FSI评价体系的框架，借鉴其他市场成熟的国家在金融稳定检测方面的经验教训，与国际规范接轨。使用统一的指标体系，有利于提高金融市场的透明度，便于国际比较和交流，也有利于降低由于信息不透明而导致的金融危机在国际上的传导。同时，鉴于金融创新视角下每个国家所处的宏观经济环境以及金融发展阶段不同，在构建金融稳定性评估指标体系时，还必须考虑其特殊性，要根据经济和金融发展变化动态地做出相应调整，及时调整和丰富现有指标，使整个指标体系更加科学和有效。

第三节　金融稳定性评估指标体系构建

根据IMF提出的“宏观审慎管理”的概念，考虑到金融创新视角下金融稳定的特殊性，可将金融稳定性评估指标分为三大类：第一类是宏观经济金融环境指标，一般通过对一国国内宏观经济金融状况的分析来监控金融风险，重点关注金融创新发展给宏观经济、金融环境带来的变化，以及对金融稳定产生的冲击；第二类是金融系统内部稳定性指标，主要衡量金融系统内各子系统如银行子系统、资本市场子系统以及各非银行类金融机构的运行状况；第三类是国际金融市场环境变动因素，重点考察在全球金融一体化下，国际金融环境的变化如何通过国际资本流动等的跨国传导对一国金融稳定产生冲击。

一、宏观经济金融环境指标

金融创新视角下，金融稳定的宏观经济运行因素分析结果表明，金融系统的顺周期性是金融危机形成的重要因素之一。金融创新不仅直接改变了一国的货币金融市场，而金融的全球化、虚拟化也会对一国经济结构产生影响，在促进全球经济一体化的同时，放大了国际资本的投机性、趋利性和流动性，加剧了金融危机在国际上的传导效应。因此，将宏观经济金融指标作为评估金融风险、市场波动的先兆性指标具有较强的预警作用。总体来讲，宏观经济金融环境指标包括以下几个方面：

（一）宏观经济运行情况指标

反映一国宏观经济运行情况的指标众多，其对金融稳定的影响程度也与一国经济结构和市场的发达程度相关。为了能从不同层面较好地反映一国整体的经济运行态势和发展水平，及时发现经济发展过程中的异常波动，结合前文的实证分析结果，本书所选取的指标包括了反映一国经济总体增长情况的国民生产总值、GDP 年增长率；反映社会总体投资规模的固定资产投资增长率；反映物价总水平变化趋势的消费品物价指数（Consumer Price Index，CPI）；反映一国经济景气程度的企业景气指数；以及反映微观主体发展情况的居民家庭人均可支配收入和企业盈利水平。

（二）货币金融市场环境指标

如前所述，一国的金融稳定在很大程度上受到该国货币政策有效性的冲击，一旦中央银行对货币政策控制不当，就可能通过货币供给、利率等传导因素影响金融机构，并最终可能导致金融危机。而金融创新不仅在很大程度上改变了货币政策的传导机制，降低了货币数量的可测性，加大了金融系统的潜在风险，而且金融创新、金融市场以及金融制度的不断发展和变化直接改变了金融结构原有的介稳状态，对金融稳定造成了冲击。因此，对一国货币金融市场环境进行监测是金融稳定性评估中的重要一环。其所涉及的指标包括两大类：

一类是反映一国货币政策以及相关市场货币供求变化的指标，包括可以直接反映一国货币政策及货币总量的广义货币供应量（M2）；广义货币供应量与 GDP 的比值，可以较好地反映一国的货币供应量是否超过了该国经济发展的需要，即评估宏观经济中是否存在流动性过剩或流动性不足的情况；外汇储备占 GDP 的比重，反映了国际资本对一国货币供给量产生的压力。如果外汇储备增长过快，会加大政府投放本币以稳定汇率的压力，从而进一步影响该国的货币供给量。

另一类是反映金融创新发展的指标。重点考察金融创新给货币金融市场造成的直接冲击，包括：

(1) 金融深化指标。根据 McKinnon 和 Shaw 的金融深化理论，金融深化是政府通过放弃对金融市场和金融系统的过度干预，放松对利率和汇率的管制，让其成为能真正反映资金和外汇供求变化的信号，达到有效配置资源、控制通胀以及与实体经济之间形成相互促进的良性循环关系的目的。因此，大致可以用两类指标来衡量金融深化以反映金融创新对金融稳定的影响：一是反映金融资产价格水平的实际利率以及利率期限结构；二是反映金融发展状况的指标，包括金融资产总量与国民收入之比、中央财政投资占总投资额的比例、居民资产中银行储蓄所占的比重。可分别从金融对宏观经济发展的作用、投资结构以及储蓄结构等方面来分析金融深化程度。一般来说，前一个指标的比值上升和后两个指标的比值变小代表着金融深化程度的提高。

(2) 金融结构指标。这里着重考察金融市场结构创新对金融稳定的影响，包括反映中央银行在整个经济中重要性的中央银行总资产占 GDP 的比重；反映中央银行对金融部门的计划控制程度（金融集中度）的中央银行总资产与金融总资产的比值，该比值越低说明金融创新的程度越高，中央银行对金融机构的控制能力越弱。此外，还可以通过测度金融总资产中银行贷款、股票市值、债券余额、保费额等的比重反映各金融市场的发展状况；通过分析直接融资规模与间接融资规模的比例可分析货币市场与资本市场的成熟度。

(3) 金融规模指标。随着金融创新的发展，金融总体规模不断扩大，金融与经济之间的关联也越来越紧密，从而进一步加大了外部经济金融环境对金融稳定性的影响力。这里主要用金融资产总量与交易性金融资产的比值（金融创新度）来衡量。该指标主要反映金融的虚拟化程度，比值越高，说明金融的创新程度越高。

(三)财政风险指标

以希腊为代表的欧洲国家主权债务危机爆发以后，人们逐渐认识到一国财政状况对于维持金融稳定的重要性。当金融系统处于警惕或者不稳定状态时，恢复信贷增长、维持经济活动是十分必要的。对于具有财政回旋余地的国家，为支持经济活动和限制资产贬值而采取的财政刺激措施有助于恢复整体信心；而对于已经有大量赤字或决策体制不完善的国家，财政刺激政策反而可能加大人们对于或有风险的担心，在全球经济金融一体化的环境下，会加速资本外逃，增加金融不稳定性。衡量一国财政状况的指标主要包括：反映一国财政收支入不敷出程度的债务依存度；反映一国政府主权信用状况的主权信用违约掉期利差；反映一国政府偿债能力的指标——财政赤字占 GDP 的比重。

(四)房地产市场稳定指标

房地产市场与金融市场一样具有高风险、高收益的特点。当一国货币市场实际利率降低时，投资者就会将资金转移到资本市场或房地产市场中。房地产价格的变动可在一定程度上反映经济的顺周期性。当经济快速发展时，房地产价格上升，而房地产价格的上升会使企业的资产价值上升，便于企业在信贷市场上获取资金并投资于资本市场；相反，当经济衰退，房地产价格就会出现下降趋势。一方面，投资者会将资金转投资本市场而造成资本市场的价格泡沫。另一方面，作为一种重要的抵押品，房地产价格下降也会加大银行系统面临的信用风险，从而加大金融系统的潜在风险。因此，房地产市场稳定与否对金融系统的稳定与否十分重要，也是一个很好的预警指标。这里选用房地产价格指数作为评价指标。

二、金融系统内部稳定性指标

金融创新推动了金融结构的变迁，金融机构、金融市场的多元化、复杂化加剧了市场竞争，使金融风险的传播有了更加通畅的渠道，加大了金融监管的难度。在这种背景下，及时发现金融系统内部的不稳定性，提高金融机构、金融市场自身纠错能力十分重要。结合当前金融市场的发展情况和各类微观金融主体的重要程度，本书将从4个方面构建相应的金融系统内部稳定指标。

(一)银行业子系统稳定指标

银行业是金融系统中最传统也是最重要的子系统之一。衡量银行业稳定性的指标主要根据巴塞尔银行监管委员会（BCBS）出台的《巴塞尔协议Ⅲ》等一系列国际银行业监管标准和准则，借鉴骆驼评价体系进行选取，重点评估银行子系统的经营状况以及面临的信用风险和流动性风险等。本书所选择的指标包括：不良贷款率、资本充足率、资产收益率、杠杆率、流动性资产比率以及反映金融网络稳定性的银行机构月度支付数据。

(二)资本市场子系统稳定指标

随着资本市场规模扩大以及新业务、新产品的不断涌现，证券机构面临的经营环境日益复杂，故潜在风险因素值得关注。参考国内外相关指标体系，本书从以下几个方面对资本市场的稳定性进行评估：反映股票价格水平的股票指数波动率；反映股票市场规模的股票流通市值与GDP的比值；反映投资者收益变动的月收益率增长率；反映市场流动性的成交量增长率以及反映企业经营状况和资本市场泡沫的市盈率水平。

(三)保险业子系统稳定指标

虽然保险业是金融系统中最重要的三大行业之一，但长期以来，由于其市场规模远远小于银行业和证券业，在各国政府的金融稳定性评估中往往不被重视。然而随着次贷危机的爆发，人们发现金融创新尤其是信用违约互换工具的产生，加大了保险业的风险，因此，将保险业的运行状况纳入金融稳定性评估指标体系中十分必要。与其他两个行业一样，对保险业运行状况的评估也主要从盈利能力、偿债能力等方面进行。具体来说，主要包括：保险资金运用平均收益率、保险公司偿债能力以及市场集中度指标。

(四)其他非银行类金融机构稳定性指标

随着金融业的发展，出现了越来越多的非银行类金融机构，这些机构的运行状况也在一定程度上对金融稳定产生了影响，尤其是投资银行在次贷危机中扮演的角色以及它“大而不能倒”的性质，更需要金融监管当局加以关注。因此，这里非银行类金融机构稳定性指标特指投资银行稳定性指标。

三、国际金融市场环境指标

在开放视角下，全球经济金融一体化放大了金融危机的传染效应，国际金融环境的演变不仅会改变一国乃至全球的金融结构，也会对一国的经济和金融稳定产生冲击，甚至引发金融危机。一国对外依存度越高，其金融系统可能面临的外部冲击越大。因此有必要将债务率和负债率纳入国际金融市场环境考核指标的范围之内。而资本(特别是热钱)大规模的异常流入和流出、世界上主要股指的走势以及大宗商品价格的走势一方面能较好地反映国际经济、金融的运行状况，也从另一方面反映了国际金融环境变化对一国金融稳定性产生的重要影响。

第三篇

新兴市场条件下金融市场对金融稳定性的影响

第八章　新兴市场条件下金融市场与金融稳定性

经济全球化浪潮下，资本、技术、管理等资源随跨国公司一起流动到世界各国。根据最基本的国际贸易理论，各项物质资源会搜寻成本最低的区域进行投资，因此，新兴市场国家首当其冲地成为过剩资本的聚集地。然而，虽然新兴市场国家具有后发优势，能够快速地发展新工业、提高本国生产技术水平、增加自身管理经验，但其存在的基础设施落后等劣势会严重制约其经济的发展。尤其在金融自由化的背景下，一些新兴市场国家急于求成，迅速开放国内金融产业，导致一系列金融危机爆发，反而制约了经济的发展，使已经取得的成绩在瞬间土崩瓦解。因此，了解新兴市场国家自身的金融脆弱性对于进一步地利用其资源，稳步地发展全球经济具有重要意义。

第一节　传统观点下新兴市场国家金融危机的基本理论

1973年，Ronald I. McKinnon 和 Edward S.Shaw 提出的金融深化理论揭开了发展中国家金融改革的序幕。以利率自由化、金融业务与机构准入自由化和资本账户自由化为主要内容的金融自由化改革，成为广大发展中国家乃至一些发达国家金融改革的方向。众多经验表明，金融自由化对经济发展的确具有积极的促进作用，但它也给部分改革幅度较大的新兴市场国家的经济发展带来了很大的不确定性。从20世纪70年代末开始，新兴市场国家相继爆发了一系列的金融危机，从而引起了经济学界对金融危机的深入思考。

一、第一代货币危机模型

20世纪70年代以前，理论界在金融领域的研究中很少关注金融危机问题。直至20世纪70年代末到20世纪80年代初，墨西哥(1973—1982)、阿根廷(1978—1981)等新兴市场国家进行金融自由化以后相继爆发的货币危机才引起了理论界对金融危机研究的重视。在Salant和Henderson(1978)关于商品价格稳定机制研究的基础上，Krugman(1997)首先提出规范的货币危机理论模型，这可以算是有关金融危机理论研究的开创性工作。Salant和Henderson主要研究金本位制下对于维持黄金价格的缓冲储备的投机性攻击，他们认为投机者会在黄金的市场价格与政府维持的固定价格相等时对其进行攻击，从而使黄金储备在受到攻击后被迫急剧减少。Krugman在此基础上针对固定汇率制展开研究，开创了第一代金融危机理论模型。

Flood和Garber(1984)在Krugman(1997)货币危机理论模型的基础上，经过系统的完善，最终完成了第一代的货币危机理论模型。他们的研究认为，固定汇率制度与国内经济政策的不协调必然导致货币危机，基本宏观经济变量的恶化以及国内各个经济政策之间的一些内在的不可协调性矛盾必然导致货币投机性攻击。Flood、Garber和Kramer(1996)以墨西哥1994年爆发的金融危机为背景进行相关研究。他们认为：首先，储备损失冲销在很大程度上受到央行购买政府债券的影响；其次，投资者很难对基本面有一个全面和准确的分析，并且投资者的这种分析存在不确定性，这也是货币危机易于爆发的因素之一。在此基础上，他们对第一代金融危机模型进行了扩展。

第一代货币危机模型有其产生和发展的现实背景，对于20世纪80年代的货币危机，具有很好的解释力度。基于第一代货币危机模型的特点，学术界又将其称为“理性攻击模型”，经常性项目的过度恶化、财政政策和货币政策的过度扩张以及实际汇率水平的过度升值被认为是货币危机爆发的根源。为此，第一代模型给各个国家带来的启示的关键点在于国家宏观政策的一致性问题。

二、第二代货币危机模型

20世纪90年代初，欧洲货币体系危机以及墨西哥比索危机相继爆发。与第一代货币危机模型产生的现实背景相比，各种情况已经发生了很大变化，因此第一代模型的解释力度骤然下降。学术界的很多学者开始在没有出现经济基本面持续恶化这一前提下研究货币危机，同时对货币危机爆发的可能性进行探讨，在此基础上，第二代货币危机模型应运而生。

Barro 和 Gordon（1983）对规范性政策选择进行了深入研究，提出了他们的危机模型。Obstfeld（1994）对该模型进行了进一步扩展。在他的扩展模型中，第二代货币危机模型被明确提出。其研究表明，金融危机的爆发是不以基本面恶化为必然前提的，投资者与政府之间可能会形成某种动态博弈，而这种动态博弈可能导致货币贬值预期，从而成为金融危机的导火索。

具体来讲，如果货币贬值的预期在绝大多数投资者中间达成共识，那么固定汇率的成本必然远远高于其收益。在此情况下，政府必然放弃固定汇率制度。反之，投资者将会认为固定汇率的收益远远高于其成本，那么政府的必然选择是拒绝货币贬值。

然而，Obstfeld（1994）的模型对各个均衡点之间的跳变无法给出合理解释，基于此，Shin 等（1998）对此模型进行了进一步深入研究。他们的研究表明，整个系统的最终均衡点必然是货币供给，而造成这种结果的最大原因在于经济基本面的共同知识的缺乏。

第二代货币危机模型的理论出发点在于金融危机的自促性，而这种自促性的产生根源在于投资者与政府之间的相互行为影响。一旦国家政策之间的不协调现象达到一定程度，汇率贬值的预期便会在投资者之间迅速达成共识，外汇抢购现象产生，而这必然导致政府调控汇率的成本大幅增加，国内宏观经济迅速恶化，此时，货币危机已经变得不可避免。

三、第三代货币危机模型

20世纪末，亚洲金融危机爆发。这次危机显示出很多不同以往的特点：第一，外资流入规模变大，且波动幅度较大；第二，信用水平过度扩张；第三，金融自由化程度急剧深化；第四，风险投资过度引致的资产泡沫化程度加深；第五，监管制度的发展无法满足迅速膨胀的金融体系的要求。新特征的出现导致前两代危机模型已经无法对此进行解释，在此现实背景下，资产价格以及金融中介的作用必须被考虑到危机理论模型当中去，第三代金融危机模型以此为基础产生并迅速发展。

Krugman (1997) 通过系统性研究发现，国内银行不良贷款增加的最大原因是道德风险，由此引发金融危机的可能性极大，而道德风险问题的根源在于政府对国内银行负债的隐形担保。

Mckinnon 和 Pill (1998) 以信息经济学为基础，对金融危机进行深入研究。研究结论表明，政府的亲情政治以及对银行的隐形担保是道德风险出现的根本原因。Corsetti、Pesenti 和 Roubini (1999) 提出了一个新的理论模型，认为政府作为企业投资损失的最终承担者，即使在无账面赤字的情况下，仍然存在大量潜在赤字的可能性，而这正是金融危机最终爆发的导火索。

Radelet、Sachs 和 Cooper (1998) 以 Diamond 和 Dybvig (1983) 的银行挤兑模型为基础，对东南亚金融危机进行了深入研究，结论表明，货币危机爆发的根源在于由投资者信心丧失导致的各大金融中介的提前清算。

Chang 和 Velasco (1998) 通过构造开放经济 Diamond-Dybvig 模型对拉德莱特和高盛的观点进行进一步论证，结果表明，中央银行最终贷款人的角色以及固定汇率制度是银行挤兑发生的最直接原因，同时也是金融危机爆发的最根本原因。

东南亚金融危机爆发以后，金融危机模型主要从银行、企业、外国债权人等微观主体的行为出发来探讨危机爆发的原因。可以看出，金融危机受越来越多的因素影响，其与金融自由化、全球化的过程中不断出现的金融创新息息相关。可以判定，金融风险在未来将成为更重要的问题。

第二节　金融自由化下新兴市场国家的金融不稳定性

一、金融自由化的本质

(一)金融自由化概念

金融自由化对世界经济金融格局产生深刻影响，其真正含义是放松管制。现实中的金融自由化包括如下内容：资本流动自由化，包括取消外汇管制，外汇可以自由流进、汇出，外资在国内投资的利润可以自由汇出；衍生品经济活动的自由化，即短期资本可以任意流动；业务范围自由化，即不同金融机构之间的业务可以相互渗透，实行混业经营；机构自由化，即放松对国内外银行、金融机构的审批限制。金融自由化与金融开放结合起来后，还产生了额外的要求，即货币兑换尤其资本项目兑换自由化，衍生品交易、投机的国际化、自由化，金融活动的国际化等。

20世纪70年代兴起的自由主义引导了世界的经济发展方向，如放松管制，自由化纷纷渗透入生活的各个层面，在金融领域尤为如此。恰逢此时，以McKinnon为首的经济学家提出了金融深化论，为金融自由化的形成提供了理论依据。无独有偶，这一阶段发达国家需要通过经济形势的扩张加强其国际地位，而新兴国家则需要大量资金用于发展，这更为金融自由化在世界范围内的展开提供了良好的现实机遇。于是，解除金融管制、利率自由化、金融市场开放等自由化措施在各国纷纷涌起。

(二)金融自由化的经济效应

1. 金融深化效应

金融深化是指一个国家在经济发展过程中的金融素质提高、金融作用增强的现象(McKinnon，1973)。新兴市场国家多数自身金融体系不完善，一定程度上限制了其经济发展。而金融自由化有利于加强金融深化。因此，假如新兴市场国家能够通过金融自由化实现金融深化，就等于提高了其自身的资源流动的能力。因此，一般能够较好地取得金融发展效果的国家，都能够保持较高的实际利率和较稳定的价格水平。McKinnon (1973) 认为，从金融发展的角度来看，经济增长比较慢的亚洲国家，其金融深化程度要高于通货膨胀率较高的拉美国家。金融自由化作为金融深化的必要条件，无论是否能够成功地达到金融深化的目的，都必须成功推进金融自由化，才有可能实现金融深化。

2. 利率效应

经验表明，在实行金融自由化之前，多数新兴市场国家的利率都受到程度不同的抑制，即实际利率水平很低，有些国家甚至是严重抑制，可能达到负值。这样，解除利率管制后，其实际利率一般都有"超高调整效应"，即利率上调，同时不同国家的上升幅度迥异。20世纪70年代末，由于南锥体国家推进金融自由化，其实际利率均有上升，但幅度不同。一般而言，实际利率变化规律是由金融抑制时期的负值逐渐上升变成正值，最后新兴市场国家的利率普遍高于发达国家，出现"超调"现象。但与金融市场完善的发达国家不同，新兴市场国家出现利率"超调"后却很难让其回归正常，由此给经济发展带来一系列负效应。

3. 金融稳定

金融改革的目标之一是保持金融部门的稳定性。但从经验看，新兴市场国家实施金融自由化后往往出现大量金融部门破产的现象。一方面说明金融改革的方法失败，另一方面则说明金融自由化加大了金融业的不稳定性。多数经历改革的国家都会发生金融危机就可以证明这点。Morris (1990) 以及

Sundaravej和Trairatvorakul（1989）分别对拉美国家和亚洲国家进行的研究都说明，多重原因导致金融危机，包括宏观经济状况严重不稳定、实际利率水平过高、银行管理中存在信息不对称、缺乏对金融机构的适当监管、银行业的进入者缺乏相关经验等。事实上，若金融自由化在条件充分的情况下进行，会有利于金融部门稳定，在自由化过程中势必会出现银行等金融部门破产的现象，但仅作为发展中的优胜劣汰而已，最终将促进整个国家的金融发展。

另外，McKinnon（1973）认为金融自由化会相应地增加居民储蓄。因为实际利率的提高必然会吸引居民将闲余资金存入银行，但研究者并没有发现利率对储蓄有促进作用的证据。但可以肯定，只有适当的实际利率才会促进经济发展，实际利率过高或过低对经济发展没有好处。因此，只有通过金融自由化真正实现利率自由化，利率的储蓄效应才能真正体现出来。对新兴市场国家来说，主要是解除利率抑制或管制，让市场自由调节利率变化，这样，利率的储蓄效应就能真正得到体现。

二、金融自由化下新兴市场国家的表现

（一）拉美国家

20世纪70年代中期，拉美国家进行了较大规模的金融自由化，20世纪80年代后期掀起第二次自由化高潮，直至20世纪90年代上半期达到高潮。智利、阿根廷和乌拉圭等南锥体国家率先进行金融自由化。在第二次世界大战后至20世纪70年代中期，上述国家的经济发展水平普遍落后于其他拉美国家，人均收入年均增长率仅达到1.5%，而其他拉美国家则为3.4%。到20世纪70年代中期，它们在拉美地区GNP中所占的比重从33%下降到不足25%。经济的落后使南锥体国家迫切实施金融自由化，其主要措施包括：放开利率，建立国内资本市场；大幅减少或取消对信贷的限制；降低金融部门的进入壁垒；降低银行准备金要求；对一些国有银行实施私有化；允许在国内开设存款账户以及逐步放松对外资流入和流出的限制等。上述自由化手段对南锥体国家的影响较为

复杂：一方面，金融中介在国民经济中的地位大幅度上升，储蓄和信贷迅速增加，为经济发展提供了必备的资金储备；另一方面，随着资本流入量(包括外债)的快速增加，利率也快速上升(以智利为例，在1975—1981年间，其实际利率高达41%)，导致资产价格稳定性降低。同时，由于政府对金融机构管制的放松，更多的金融机构开始从事高风险的金融业务，增大了金融风险。

20世纪80年代末到20世纪90年代初，更多的拉美国家进行金融自由化，掀起第二次高潮。与之前的金融自由化相比，拉美新兴市场国家丰富了金融自由化手段：第一，加快国有银行的私有化进程，获取更多的私有化收入；第二，积极引进外国银行，学习外资银行的先进管理经验并促使本国银行融入国际金融体系；第三，提高中央银行独立性，加强金融调节功能；第四，加速利率自由化，促进金融市场的自我完善。

(二)亚洲国家

1. 韩国

20世纪80年代前，韩国金融体制主要实行以公共金融、政策金融为主的政府主导的“官制金融”，同时实行普遍和严格的金融管制。进入20世纪80年代后，一方面，韩国国内国际收支转为顺差，另一方面，受到西方发达国家开拓海外金融市场压力的影响，韩国开始金融自由化进程。

1979—1992年，韩国主要从5个方面进行金融自由化：第一，商业银行私营化、经营自由化。一方面，实行国家商业银行非国有化、地方性银行私营化。另一方面，简化和取消以往对银行内部管理和业务经营的许多限制，给予银行更多自主化经营空间。第二，逐步放宽利率浮动范围。韩国于1982年将银行各类贷款利率统一规定为10%，但1984年以后实行浮动利率制度，一方面为利率设定上下浮动幅度限制，另一方面放宽短期拆借的利率限制，并逐步放松其他金融工具的利率。第三，完善与开放金融市场。20世纪80年代起，韩国逐步放开银行业准入限制，开始建立全国性合资商业银行。1985年以后，韩国逐步放宽非银行金融机构的设立标准与执照限制，非银行金融机构得到迅速增长。同时，政府加大金融创新力度，实现融资手段多样化。第四，对外资银行开放金融市场。1981年起韩国放宽了外资银行的设立限制。1984年，政府准许外资银行加入银行公会并给予外资银行国民待遇，同时使用韩国中央银行——韩国银行（BOK）的再贴现窗口。第五，加大货币政策调节力度。1982年，韩国政府宣布实行法定准备金率、再贴现政策，推出公开市场业务，充分利用货币政策手段，加大对金融的间接控制力度。

1993年，为了进一步推动金融自由化，韩国政府推出一项5年金融改革计划，主要包括如下方面：第一，取消利率管制，实现商业存贷款、短期公司债券、政府债券、银行定息债券利率自由化；第二，改革政策性融资制度；第三，逐步完善货币工具的使用；第四，开放资本账户。在国内金融市场和利率完全自由化后，韩国开放证券投资市场，发展外汇市场，逐步实现韩元汇率市场化，至1997年完全实现韩元自由兑换。

1997年的金融危机，严重影响了韩国经济，已实行的金融自由化成果付之一炬。为重振经济并避免类似情况再发生，1998年后韩国实施了新一轮的金融机构振兴措施。一方面，韩国注意通过调整国内金融结构，利用银行民营化和合并重组等手段，减少银行与企业之间的联系，进而从源头上杜绝不良资产的产生。1998年3月30日，韩国政府通过《促进汉城银行、韩一银行民营化方案》，加速银行民营化进程。另外，通过不良银行破产计划，加强银行业内的整合，提高银行经营的安全性。另一方面，韩国重视外资在银行业中的积极作用，通过对外直接发行银行新股和金融债券的形式，提高外资的资产比例。另外，在银行重组过程中，也注意对外资的引进。到2003年，韩国银行业的外资控股水平为38.6%，远高于马来西亚（19%）、泰国（15%）和菲律宾（15%）的水平。2005年，韩国7家大型金融机构基本都完成了从国有化向私营化的转变。除一家存款保险机构由政府KDI（Korea Development Institute）持有80%股份而绝对控股外，其他银行外资持股率均在70%以上。

通过上述分析可以看出，韩国政府在危机发生阶段强力干预金融市场，保持其稳定并为危机后的金融重建创造条件。韩国在危机后的金融调整政策中把金融监管重点从“控制和保护”向“自律和竞争”转变，以保障金融业的健全性(方芳，2006)。尽管韩国在危机后的十几年中进行的金融结构变革取得了很大成绩，但应该清楚地认识到，韩国这种长期中央集权控制的经济和金融体制，短期内很难得到改变。只有长期努力，脱离制度的路径依赖，才能取得更好的成绩。

2．印度尼西亚

1967年印度尼西亚政府决定建立一套较为完善的金融体制来稳定社会秩序和发展经济。但在20世纪80年代前，其金融体制存在与其他新兴市场国家一样的特点：实行较为严格的利率管制和信贷配给，并且政府对银行贷款的最高限额和部门分配具有直接控制权；金融工具种类单一，中央银行和国营银行处于金融体系的绝对支配地位，缺乏竞争机制；未能建立成熟的股票和证券等金融市场。这个阶段，印度尼西亚抑制性的金融政策占主导地位。

1983年6月1日，印尼政府颁布新的银行管理条例，拉开了金融自由化的序幕。1988年10月27日，政府又制定了一套新的全面改革方案，改革银行体制，开始进行第二阶段的金融自由化过程。其金融改革原则是：兼顾金融稳定、经济发展；放松对金融机构的束缚；引进竞争机制，提高金融活动的效率；健全金融体系。此阶段的金融改革主要从以下几个方面进行：第一，利率市场化改革。中央银行放弃对信贷市场存放款利率和限额的硬性规定，取消了商业银行贷款上限，并允许银行自定储蓄和贷款利率，实行部分利率自由化。这在提高金融机构吸收国内储蓄的效率的同时，促进了各金融机构之间的竞争。第二，银行业引进竞争机制。在削弱国营银行的垄断地位的同时，减少对国外金融机构的限制，放宽对国内私人银行的限制，扩大其活动范围，以竞争促发展。第三，促进非银行金融机构发展。允许银行和非银行在股票市场上筹措资金，放松对租赁业、保险业、风险资本、消费信贷和证券业的管制，并允许非银行机构办理定期存款业务。第四，积极推进资本市场和货币市场建设，为企业开辟新的融资渠道。印度尼西亚政府于1987年12月和1988年10月分别修订了证券市场管理办法，通过放宽证券上市要求，简化上市公司的审批手续来加强资本市场建设。1992年2月17日，印度尼西亚政府通过了新《银行法》，取代了过去的银行条例，进一步放宽对金融部门的控制。推进国营银行改制，加强自主权，同时允许外国投资者进入金融领域，可以买卖银行上市股票。这标志着印度尼西亚的金融自由化进入了新的阶段。

1997年的金融危机摧毁了印度尼西亚十几年金融自由化取得的成绩，因此，危机过后政府加速治理银行业，以重新树立市场信心。从总体看，危机后的改革措施倾向于加大政府控制力度，从而减小了1997年之前实行的金融体系的市场化程度。一方面，政府加强对金融机构的控制，积极推进银行业重组，并大力完善监管体系。1998年，印度尼西亚成立专门的银行重组机构（BPPN），之后几年对12家银行实行国有化，并缩减银行总数。到2004年，时任总统梅加瓦蒂正式签署命令宣布进行银行重组。之后央行又公布新的改革计划，计划在2004年后的10年内完成对商业银行结构、管理和监管等方面的改革，以建立高效的国民银行系统。另一方面，政府重新对利率进行控制，利用金融政策刺激经济复苏。2002年年初，央行的基准利率处于17%的高位。2003年5月，央行将调低银行利率作为重要目标，借以推动印度尼西亚的经济复兴。2003年10月底，银行利率降为9.4%。央行基准利率的下降势必带动银行贷款利率下调，进而对经济复兴起到积极作用。

印度尼西亚在危机之后，以更加稳健的步伐推动金融体系改革，并且在此过程中，加强政府主导与市场调节的结合，建立较为稳定的金融体系。

3. 泰国

20世纪80年代末，泰国开始推行金融自由化。在实行改革之前，泰国政府有关部门从机构的经营管理模式、大多数银行和其他金融机构的资本充足率以及资产组合质量、盈利率等几个方面，对金融部门是否能够参与自由化进程进行了较为系统的调查评估。此外，政府在金融自由化进程开始前后出台了多个法规和条例。经过一系列分析后，泰国开始了金融自由化进程。

泰国的金融自由化主要包括以下内容：1990年和1992年取消存款利率和贷款利率的上限，全面实现存款和贷款利率的自由浮动，由资金市场的供求来决定利率水平；放宽银行进入限制。一方面，鼓励本国商业银行机构的合并，另一方面，促进泰国商业银行与外国金融机构的合资建行，实行外汇交易自由化。1990年后，泰国逐步放宽国际资本流动的限制，允许商业银行授权进行与贸易有关的外汇交易。到1991年，泰国解除了与资本项目有关的外汇管制。至1994年，泰国放松了本国居民的对外投资额限制，同时允许本国居民自由使用外汇收入，实现外汇交易真正的自由化。除上述措施之外，泰国同时扩大商业银行和金融公司的业务范围，逐步发展离岸金融业务。这些措施提高了泰国金融业的运转效率和竞争力，也促进了泰国经济的进一步发展。

1997年金融危机发生后，泰国政府与韩国政府采取了相似的金融调整策略，在进行金融系统的重组的同时，放宽外资进入银行业的限制，为国内银行业解决资金难题。从1998年开始，泰国政府制定专门的金融机构重组计划，并设立专门机构来推进和保证银行重组工作的顺利落实。为能够及时剥离银行不良资产，泰国政府在进行商业银行改革的同时辅以企业重组，以防止不良资产的再生。在重组时，政府采用倒闭、国有化、并购和政府注资等多种形式推进重组的有效实行，并建立相关监管法规，保证商行的稳定性经营。到2004年，泰国金融业取得了较大的成绩，改变了以往家族式的经营模式，如盘谷银行中陈有汉家族持有的股份从35% 减少至10%~12%。同年，泰国制定MASTER 计划，计划规定2年内所有银行转型为零售型银行（retail banks）和全能服务型银行（full service banks）两种形式。另外，泰国金融机构中外资持股比例也取得长足进步，如盘谷银行2004年的外资持股比例已经达到49%。

经过危机后的金融调整，到2006年，泰铢成为全球最强势的货币之一。2006年年底，泰国国际收支双顺差使泰国的外汇储备激增至645亿美元，比

1997年危机爆发时翻了一番。泰国政府出于稳定经济的考虑，于2006年12月18日宣布实施无息存款准备金制度（Unremunerated Reserve Requirement，URR），限制国际游资进入国内金融市场。12月19日，股市指数跌幅达到14.84%，创33年中单日最大跌幅；泰铢兑美元汇率跌幅达到2.85%，创5年来单日最大跌幅。次年，泰国对政策进行修改，逐渐解除了对债券市场资本流入的管制。

从上述对拉美国家和东南亚国家等新兴市场国家实施金融自由化的经验分析，可以看出各个新兴市场国家进行金融自由化的出发点和目标基本相同，即扩大经济开放和消除“金融压抑”。同时，其金融改革主要集中在利率自由化、商业银行业务经营自由化、金融市场准入自由化和流动资本自由化等4个方面。

三、金融自由化对新兴市场国家金融稳定的影响

（一）新兴市场国家的过度自由化

国内金融体系建设越完善，金融自由化越能发挥其功用。但新兴市场国家普遍存在过度或过速自由化现象。在国内体制建设不健全的情况下，这容易造成国内金融动荡，进而引发危机。一般而言，新兴市场国家的过度自由化表现在以下几个方面：

1. 金融迅速发展，导致国内金融相关率过高

通常用金融产值总量占国内生产总值的比例表示金融相关率，它反映一国金融自由化的程度。金融产值越高，说明该国金融市场越活跃，能够为发展提供必要的资金准备。但若金融市场过于活跃，则会引发该国金融市场的不稳定。因此，金融相关率在一定范围内时，表明金融市场良好运转；一旦金融相关率过高，则表明金融资产增速过快，会形成较大泡沫。东南亚金融危机发生之前，发达国家的金融相关率平均值在250左右，而韩国则高达436，泰国也接近300（洪宁，2002）。

2．金融迅速发展，导致私有化进程过快

私有化一般用私人部门信贷占GDP的比重来衡量。银行对私人信贷的支持表明了该国私有化进程的快慢。适度的私有化有利于活跃一国经济市场，但若私有化过快则证明国有化迅速降低，将弱化国家对经济的控制能力。一般未实行金融自由化之前，新兴市场国家多以国有化经营为主，而银行对私人部门的支持程度较小。实行金融自由化后，新兴市场国家的私有化改造使该比例迅速提高。以泰国为例，1980年该指标为27.15%，到1990年则增加到65%，1995年私人部门信贷超过GDP总量而达到101%。但该指标在2000年之后回落，2002年为84%，到2006年下降到75%。可以看出，泰国在金融自由化过程中私有化速度较快。直到1997年东南亚金融危机之后，政府加强金融稳定建设，才使该指标略有回落，但仍然较高。从新兴市场国家来看，在金融自由化过程中，该指标远远超过了一些发达国家。

3．金融业务过度扩张，降低央行监管程度

一般，商行信贷总额占国内信贷总额比例越大，表明该国银行体系越发达，但相对而言，央行对金融机构的监管程度越低。通常情况下，一国银行体系发展程度应该与经济发展水平相适应。经济发展程度越高，其银行体系越发达。1996年，高收入国家这一比例为93%，中等收入国家为74%~84%，而泰国却高达97%。到2002年后，该比例略有下降，达到80%左右。这表明泰国的金融机构资产业务过度扩张，金融超前发展的速度过快。这种迅速的金融扩张虽然能在短期内提高经济增速，但长期来看，若央行监管程度低，容易出现金融紊乱。

4．过早实行货币可自由兑换

货币可自由兑换能够提升私人资本的融资速度，但也会增加短期资本流动的不确定性。一般应在经常账户实行自由化之后，再实现全面的货币可自由兑换。但少数新兴市场国家实施一步到位的货币可自由兑换方式，即脱离经常账户自由化，提前开放资本账户的货币自由兑换，开放本国货币市场。这样，

私人资本的跨国流动很容易冲击国内尚未成熟的外汇市场。

上述分析表明，新兴市场国家为快速消除金融压抑，实现快速经济增长，往往过早实行金融自由化。事实上，金融自由化需要在建立有效的金融体系、有效的监管制度、成熟的市场控制经验的基础上稳步进行。而新兴市场国家推行金融自由化伊始，国内金融监管制度、手段和法律体系落后于市场化进程，甚至是在金融监管和法律框架存在缺陷的情况下就实施了自由化。由于许多新兴市场国家未能及时调整宏观经济政策和制定有效的监管制度来配合金融自由化，容易在后期形成金融危机。

(二)利率自由化下的金融风险

金融自由化的第一步是利率自由化。利率自由化是指放松央行对金融机构的利率管制，由资金的市场供求决定利率的真实水平。从宏观上看，市场化的利率能够反映利率和其他金融资产之间的关系，并减少政府控制利率带来的成本，能够实现资金在整个金融市场的自主配置，提高金融业的竞争水平。从微观上看，市场化的利率让商行拥有了资产定价权。商行可通过有差别的利率定价对不同的贷款人实行风险控制，风险高的贷款需偿付较高的利息。但对于多数新兴市场国家而言，其已有的金融和银行经管人才没有足够的技术和经验，无法对市场化利率进行科学合理的管理，导致不能有效地对风险项目进行评估并监督信贷者行为。无效的管理会造成银行业经营风险的扩大。一般，利率自由化通过以下渠道增加金融市场风险：

1. 取消准租金和信贷配给

在利率市场化之前，政府往往以信贷配给的形式给予信贷者需要的资金。这种配给行为下的利率一般会低于真实的市场利率水平，这样信贷者能够获得更大的盈利空间，即获得准租金。这是因为，一方面，管制下的市场不能充分反映真实的货币需求，另一方面，部分信贷者需要依靠政府的信贷支持来维持发展。实行利率市场化后，由市场行为反映真正的利率水平。这样一来，自由浮动的利率抵消了以往信贷者获得准租金的空间，即利用市场对国内信贷进行分配。虽然利率市场化能够更好地分配资金资源，但往往在实行自由化之后，会出现资金需求过剩的局面，导致名义利率升高，会减小或者取消以往的准租金空间。严重依赖准租金的借款者将会面临破产的风险。

2．利率自由化后，新兴市场国家可能会出现过度的信贷膨胀状况

政府取消信贷控制后，扩大了金融机构的信贷自主权。同时，政府一般会取消商行的高额储备金制度，进而提高了货币供给系数，导致银行储蓄大量增加。另外，金融机构在利率自由化后会盲目地进行信贷扩张，抢占市场份额。以东南亚五国(印度尼西亚、韩国、马来西亚、泰国和菲律宾)为例，在自由化初级阶段，其信贷规模扩张严重，信贷扩张年均增长近15%。其中，银行业对于私人机构的贷款额显著扩大。以泰国和马来西亚为例，1990—1997年泰国的私人部门信贷增速均在15%以上，最高时达到34%左右；马来西亚与泰国相似，最低时达到9%，最高时则达到33%左右。1998—2002年属于危机后的金融调整阶段，私人信贷水平明显下降，泰国甚至出现负增长。银行和非银行金融机构的盲目信贷膨胀在短期会产生丰厚利润，但从长期看，由于新兴市场国家的金融部门未掌握足够控制金融风险的基础，容易出现货币和期限错配的风险。这使金融部门应对经济冲击的能力极为脆弱。一旦部分信贷部门出现还贷风险或者出现短期资产脱逃现象，则很容易导致银行业不良资产增加，提高金融部门风险。经历了1997年东南亚金融危机，进入2000年以后，各国开始重视金融部门资产结构建设，更加审慎地对待私人部门信贷和外汇资产比例。金融部门资产结构调整后的泰国与马来西亚，其私人信贷增速基本处于10%以下，与自由化初期相比，金融扩张更加稳健。

3．利率急剧升高，降低了金融机构的盈利空间，会促使其盲目投资于高风险行业以获得较高的利润

由于利率被长期人为压低，正常情况下，利率自由化后，利率水平通常会迅速提高。现代银行业实行委托代理机制，信息不对称会造成银行工作人员的“道德风险”，对于高收益的追求会促使委托代理人员即经理贷款给高风险行业。在新兴市场国家，由于利率长期攀高压缩利润空间，促使银行和非银行金融机构加大对房地产和证券等高风险行业的贷款力度，从而产生房地产市场泡沫。如在20世纪90年代，泰国和印度尼西亚的楼盘供应大幅上升，但空房率都在14%以上。类似房地产业等高风险行业，若不能按期收回成本和利润，将无法偿还银行贷款，增加银行的信用风险。2000年之后，新兴市场国家充分认识到虚拟经济具有促进经济增长和高风险的两面性，因此增强了对房地产和股票市场的控制，提高了金融机构进入虚拟经济市场的门槛。2007年的次贷危机证明，即使金融发达如美国，房地产市场的泡沫也足以让整体经济衰退。

（三）金融机构准入带来的金融风险

外资金融机构准入是金融自由化的重要内容，允许外资机构进入是提高国内金融建设水平的必要手段。但盲目的业务扩张和吸引外资进入国内银行业，容易造成金融风险。进入20世纪90年代，新兴市场国家相继实行外资银行准入制度，外资银行通过兼并、收购、控股、开设分支机构、设立办事处或代表处、离岸和越境贷款等方式进入新兴市场国家。1996年以后，亚洲新兴市场国家的外资银行资产也保持较高的增长速度。1998年，新兴市场国家的外资银行资产数量占其金融资产总额的比重越来越高，部分国家甚至超过了50%。在1999年，中欧转型国家、阿根廷、智利和危地马拉，其外资银行资产与该国金融资产的比重已超过50%。

外资银行进入给新兴市场国家金融业带来的风险主要体现在以下几个方面：

(1)外资银行进入新兴市场国家金融市场时，基本实行“摘樱桃”(Cherrypick)的经营策略。这导致外资银行介入未能改善东道国中小企业融资难的局面。以阿根廷、智利、哥伦比亚和秘鲁四国为例，20世纪90年代后期外资银行对中小企业的贷款要少于国内银行业的同类贷款。此外，外资银行拥有东道国银行所欠缺的金融服务经验，争夺国内优质客户，加剧金融市场竞争，并夺取了东道国银行的利润。同时，因外资银行对东道国中小企业惜贷，会影响中小企业的发展，并降低东道国的出口、就业、收入分配等，最终可能加剧新兴市场国家的两极分化。

(2)外资银行的进入会加剧东道国金融市场的竞争，并造成金融业过度竞争的局面。优质客户是金融业必争的经营领域，其利润率较高，能增加金融系统的稳定性。外资银行利用其已有优势争夺优质客户，若东道国银行业不能适时调整经营方式或服务水平，则可能导致新兴国家整体金融服务业的衰退。

(四)金融业务自由化带来的金融风险

金融业务自由化是指政府通过放宽金融机构业务范围，加强金融业务创新能力，为金融业创造更多活力的措施。美国曾因金融混业经营在20世纪30年代的危机中陷入衰退。因此，美国于1933年颁布《格拉斯—斯蒂格尔法》，就是为了避免证券业的高风险给商业银行带来负面影响，而将商业银行业务与投资银行业务分离。

因此，金融业务自由化对新兴市场国家的风险主要体现在两方面：

其一，新兴市场国家实行金融业务自由化后，可能出现1930年美国的混业经营危机。金融业的发展能力与业务创新能力紧密相关。若能突破原有领域限制，发现新的投资领域，则能在激烈的市场竞争中脱颖而出。虚拟经济以其高杠杆性、高收益性和高风险性吸引金融市场的闲置资本，如证券业是虚拟经济的典型代表。若银行业能成功地投资于证券市场，则会在短期内积聚行业资金，能够加快业务扩张，加强市场争夺能力。但一旦证券投资失败，则证券市场的高风险会蔓延到银行业。高杠杆下就是较高的利润损失。银行业的资金来源主要是客户存款，风险发生后可能会引起客户的挤兑现象，进而引起银行破产和银行业的金融恐慌。金融业务自由化为银行业进入证券业提供了时机，但也增加了银行业的经营风险。新兴市场国家的资本市场容量较小，而银行业拥有的大规模资金进入股票市场，很容易在市场上形成泡沫。东南亚的新兴市场国家多在1997年金融危机之前实行了金融业务的自由化，这导致东南亚各国的资产价格不断上涨。到1995年左右，泰国、马来西亚、菲律宾三国的股票市场总值是其GDP的2倍。股票市场与银行业的结合会相互增加风险，如银行资金可能因为股票市场的波动而亏损，也可能因为银行业进出股票市场，带来或抽回大量资金而增加股市的波动性。东南亚金融危机之后，东南亚各国在重振本国经济的同时也注意调整虚拟经济的发展。进入2000年以后，各国的股票市场趋于正规化、理性化发展。到2005年，以泰国、印度尼西亚、马来西亚等国为例，它们的股市市值一般控制在80%上下，发达经济体如美国，股市规模已达到GDP的200%以上，欧洲主要国家则在90%~100%之间(王健，2007)。

其二，金融业务自由化会带动金融衍生工具的发展，继而可能引发金融风险。金融衍生工具削弱了金融机构原有的职能，并且模糊了传统金融业的业务分工界限。金融衍生工具可以规避政府某些方面的管制，也可以通过在不同的金融市场投资而降低金融风险(如来自价格波动的风险)，但也因其极高的财务杠杆，而隐藏了金融交易中的潜在风险。尽管金融衍生工具可以带来极高的收益水平，但其巨大的风险性也能在瞬间摧毁整个金融市场。

金融自由化后，世界各国都放松了对金融业务范围的限制，全球金融衍生工具得到了巨大的发展。其中，新兴市场国家金融衍生工具增长最快。如1995年芝加哥期权交易所（Chicago Board Options Exchange，CBOE）推出了关于拉美15种指数的以现金结算的欧洲式期权，该期权提供了承担关于阿根廷、巴西、智利和墨西哥公司股票风险的机会。2000年3月，印度政府废除关于进行有价证券交易的禁令。2000年6月，印度开始股指期货衍生品交易。印度证券交易所（Securities & Exchange Board of India，SEBI）允许在印度国家证券交易所（National Stock Exchange，NSE）和孟买证券交易所（Bombay Stock Exchange，BSE）进行金融衍生品交易。在允许S&P CNX Nifty和BSE-30（SENSEX）期权交易后，又允许基于这两种指数的股指期货交易。可以看出，新兴市场国家近十几年来大力发展金融业务，金融衍生工具也不断发展。金融衍生品打破了以往银行业与金融市场、衍生品同原产品之间以及各国金融体系之间的传统界限，把本国金融业完全暴露在国际金融市场面前，接受国内外金融衍生工具市场的挑战。若不能及时加强对衍生品的监管和控制能力，则新兴市场国家的金融风险会在衍生工具的作用下迅速扩大。

第三节　美国次贷危机后对新兴市场国家金融稳定的重新审视

一、美国次贷危机的根源

(一)美国次贷危机爆发的背景

20世纪90年代，美国新经济促使美国经济保持长期发展，但至2000年，美国科网泡沫破灭，经济发展遇到困境。2001年，美国遭遇“9•11”事件，其经济雪上加霜，美国经济出现轻微的衰退迹象。因此，从2000年至2004年，美联储一直实行较宽松的利率政策，试图恢复经济增长。但这种宽松的政策环境也促使美国房地产泡沫迅速膨胀。2002年后，美国房价的年增速保持在10%以上，到2005年，更是蹿升至17%。房地产的迅速升值为美国的低收入者创造了致富良机。该段时间内，房价的升值速度远远超过银行信贷利率，因此，即使没有任何收入来源，美国房贷者也可以利用房价的升值差额进行贷款，一方面可以偿还之前的贷款，一方面可以用于自己的消费或投资。因此，在房价升值的背景下，很难发现次级贷款存在的问题。2004年之后，美联储实行从紧的货币政策，逐渐加息，房价增势放缓并于2006年后出现下滑。当房价增速小于贷款利率时，次级贷款者的再融资动力减小，同时还款压力骤增。另外，次级贷款在美国多以可调整利率形式存在，利率升高后使以往的次级贷款者的贷款利率重置，加重了利息负担。这样，次级贷款者还款能力不足的问题逐渐清晰。至2007年8月16日，美国最大的住房抵押贷款机构——康特里怀特金融公司发生资金周转困难，使整个次级债市场信心崩溃，致使次贷危机全面展开。

(二)美国次贷危机爆发的根本原因

马克思在《资本论》中指出：“危机一旦爆发，问题就只是支付手段。但是因为这种支付手段的收紧，对于每个人来说，都要依赖另一个人，谁也不知道另外一个人能不能如期付款；所以，将会发生对市场上现有的支付手段即银行券的全面追逐。每一个人都想尽量多地把自己能够获得的货币贮藏起来，因此，银行券将会在人们最需要它的那一天从流通中消失。”因此，美国金融危机发生的根本原因其实就是需求大于供给，美国居民的消费需求大大超过居民收入，最终导致危机的爆发。从危机爆发的条件分析，其成因主要有以下几点：

(1)美国金融市场作为全球流动性的最佳创造者，其衍生工具的发展情况居于世界之首。虽然衍生工具出现是为了分散投资者的风险，但由于衍生工具在金融全球化下的广泛传播而加重了风险的传染性和冲击力。由于投资者分散于世界各地，从美国到欧洲以及包括中国在内的新兴市场，大量把持次级债券的机构投资者在风险链条断裂之后首当其冲。尽管危机始点的损失容易计算，但因链条断裂造成的市场信心损失却难以量化。

(2)美国房地产价格的持续上扬，为次级贷款的形成创造了初始条件。房市的看涨，带动了边缘经济的普遍上扬，因此也加大了住房信贷者之间的竞争强度。而好的经济形势使投资者错误地低估了投资的风险水平，在市场竞争中以金融创新名义降低住房消费者的市场准入标准，使那些次级消费者进入房贷市场。这样的条件，很容易导致经济链条的断裂，为未来危机的爆发铺设了一触即发的导火索。

(3)金融监管与金融创新脱节加大了监管难度。监管措施与创新速度之间存在一定的时差，这样的监管必然会永远落后于金融创新。之前，美国的低利率环境导致了信贷规模的迅速扩张，在此基础上又出现了新的形式独特的利率结构设计。这种新型创新模式不仅加大了对贷款能力评估的难度，也对监管提出了挑战。尤其是次级贷款的利率浮动有一定的时滞性，未来风险的变化很容易导致市场风险取向的改变，使次级贷款成为极危险品种。

(4)美国式消费决定了次贷危机必在美国爆发。根据鲁比尼的研究，20世纪90年代之后，美国居民的实际工资水平下降，导致60%~70%的美国居民通过借贷来维持以往的生活水平；20%的美国居民依靠借贷维持高于其收入水平的生活。美国居民这种通过信贷来提高或维持自身生活水平的方式，可称为美国式消费。这种典型的美国式消费的物质基础就是20世纪90年代之后美国迅速发展的经济。良好的经济环境会诱使美国居民提高风险信贷水平以维持自身生活，甚至完全把投资作为最终目标。这种行为反映到美国房地产市场，表现为持续上涨的房价促使无还贷能力者进行风险信贷，甚至在此基础上进行再融资。若美国房价能持续上涨，则投资者能够在此基础上不断进行信贷、再融资行为。但虚拟的房地产泡沫很容易因经济增速放缓或动荡而破灭，一旦房价停止上升，则信贷链条就会断裂，进而造成贷款人的破产和银行出现大量坏账。因此，只要美国居民进行这种信贷的负债行为，若不能及时加以控制，最后必然会造成次贷危机的爆发。

二、美国次贷危机向全球性经济危机的演化

2008年9月，房利美和房地美危机爆发成为美国次贷危机向全球性经济危机转变的关键点。“两房”危机之后，美国政府采取了以下救助措施：

(1)美国财政部向两家公司提供18个月期限的临时贷款，且无贷款金额上限。

(2)美国财政部保留在18个月内购买两家公司股权的临时权利，即一旦“两房”危机不能得以缓解，政府将对其进行收购。

(3)国会授权美联储加大对两家公司的监管力度。美联储表示将原本只对商业银行和投资银行开放的贴现窗口向两家公司开放，贴现贷款可用“两房”发行的债券作抵押。同时，贴现贷款没有上限。

美国政府的救助措施出台后，“两房”的股价迅速回升，其发行的债券价格也大幅上升。但应注意到美国实行救助设施恢复经济的同时也存在弊端，由于“两房”资产规模巨大，如果美国政府为其注资，数额将极为巨大，而美国政府必将大量增发政府债券，这将导致美国国库券价格的急剧下跌，其对美国国债持有者(包括私人与其他外国政府)的冲击影响巨大。事实上，当时次贷危机的发展已经使美国所有类型的金融资产(包括美国国库券)的资信受到动摇。这种动摇的政治、经济含义是不言自明的。由于世界经济的关联性，次贷危机发生后，除美国银行业遭受损失外，从欧洲到亚洲的多家较活跃的国际银行因进入美国次贷市场而遭受损失，并大规模收缩相关业务，导致全球范围内的流动性枯竭，迫使欧洲、日本、澳大利亚等的央行纷纷加入救市行列，频繁向银行系统注入巨额资金。2008年9月14日，雷曼兄弟申请破产引发华尔街以及全球金融市场的动荡，欧洲与美国金融市场联系最为密切。大银行资金困难需要政府注资的事件接连不断，如英国、瑞士、荷兰等国大型金融机构濒危。最严重的是这次金融危机不仅仅引起机构破产，甚至蔓延至国家，如冰岛政府因债务沉重宣布破产。全球市场信心受到极大的打击，加剧了市场的动荡局面。对此，全球各国央行联合起来共同抗击金融危机，在澳大利亚央行于2008年10月7日将指标利率自7%降至6%后，欧盟、英国、瑞士等全球多家主要央行联手降息，将基准利率下调0.5%，以增强市场的流动性。至此，美国次贷危机转变为全球性的经济危机。

三、新兴市场国家在危机中的表现——以亚洲为例

2007年8月美国次贷危机爆发后，世界经济发展减速。包括中国、印度、韩国在内的新兴市场国家，均未能在金融危机中独善其身，经济受到很大影响。与欧美发达国家相反，新兴市场国家在与次贷相关的金融方面的直接损失有限，主要受外部市场环境变化对实体经济的冲击，主要体现在要面对油价回落、出口疲软和资金抽逃的压力。如俄罗斯、印度尼西亚、沙特等国受油价下

跌影响最严重，导致其股市大幅下跌。以俄罗斯为例，MSCI新兴市场指数一个多月内(自2008年9月12日至2008年10月23日)暴跌39.8%。印度股市受私人资本大量撤回的冲击影响也遭重挫，孟买SENSEX 30指数同期下跌29.5%。韩国面临严峻的外债压力，情况恶化程度甚于1998年东南亚金融危机。国际社会对金融危机向亚洲蔓延的疑虑日益加深。

(一)对亚洲新兴市场国家的总体影响

1. 经济增长放缓，出口贸易萎缩

亚洲新兴市场国家多以开放性经济为主，并有很大的对外依存性。美国次贷危机引起的全球性金融危机，严重影响了亚洲新兴市场国家。根据Bloomberg 2008年已公布的亚洲各国GDP增速和贸易顺差数据分析，2007年下半年至2008年年初，大部分国家的GDP增长和出口明显放缓或下降，普遍进入低谷周期。世界各大经济评估机构对亚洲经济增长的预期也多不乐观。在亚洲新兴市场七国中，以出口导向型为主的韩国受到的影响最大，颠覆了以往的顺差形势。2008年上半年韩国有5个月出现贸易逆差，至同年8月其逆差额达到26.8亿美元。而印度贸易逆差也有逐步扩大的趋势，8月份逆差已达109.7亿美元，与2007年同期相比翻了一番。

2. 股市和汇市震荡

截至2008年9月17日，亚洲新兴市场国家如中国，4家已公布具体数据的中资银行持有的雷曼债券共计超过3.3亿美元；韩国金融机构对雷曼和美林共有风险敞口13.4亿美元；泰国14家商业银行对雷曼的直接敞口总计只有1.24亿美元；菲律宾三大银行对雷曼的风险敞口为3.86亿美元；印度对雷曼优先债券有0.81亿美元的敞口。亚洲新兴市场国家对雷曼相关债券的风险敞口总计为22.61亿美元。尽管数额巨大，但与欧美各大金融机构相比，亚洲在雷曼方面的直接损失相对有限，并且不会从根本上动摇各国经济。对亚洲最严重的影响主要体现在国外在亚洲的流动资金在危机发生后纷纷脱逃，返回本国救市，这

造成亚洲股市与汇率的大幅波动。以印度、印度尼西亚、韩国和泰国股市为例，2008年9月后，一个月下跌将近30%，韩元贬值程度超过20%。MSCI新兴亚洲市场指数也一路下滑，由9月12日的327点跌为10月23日的216点，下跌幅度达34%。

3. 资金流动性紧张

雷曼兄弟申请破产保护后，引发全球风险厌恶情绪，货币市场流动性骤然紧张。在全球各主要央行联手降息干预下，一定程度上缓解了市场流动性的紧张局面。但银行间已经丧失相互信任，导致整体信贷市场紧张，银行间借贷情况严重，亚洲银行间同业拆借利率处于高位。另外，风险暴露后，全球去杠杆化的浪潮正使投资者大量抛售高风险的资产，大量的私人资本已开始流出亚洲。在此形势下，国际资本流动的方向也正在发生变化。以中国为例，2008年9月份中国外汇储备仅增加214亿美元，远低于当月外贸顺差(293亿美元)和FDI (66.42亿美元)之和，为2008年以来单月最低规模。而路透社的统计显示，除中国外的亚洲国家，2008年9月份外汇储备锐减至24 600亿美元，减少203.3亿美元。从中可以看出，亚洲大部分国家和地区的外汇储备均有所减少，其中马来西亚的外汇储备缩减最多，达到129亿美元；韩国和印度分别减少35.3亿美元和34.9亿美元。而据花旗集团判断，从2008年初至11月，印度的投资外流总额已达到87亿美元。

(二)危机后亚洲新兴市场国家的情况

1. 危机中的代表国家——韩国

在次贷危机的波及范围中，韩国在亚洲的开放程度最高，受影响的幅度也最大。从基本面上分析，韩国面临的主要问题在于金融危机发生后引起全球投资市场信心丧失导致的本国资金脱逃，由此引发本国金融市场波动，进而造成消费者消费信心下降而引发内需不足。韩国企业面临外部资金脱逃、资金紧缺以及国外市场和国内市场双重需求不足之间的困难，导致韩国在这次危机中受到的冲击最为严重，甚至有舆论发表“韩国将成为亚洲版冰岛”的言论。

目前，韩国最大的问题是银行业外汇流动性的紧张。韩国对雷曼和美林的风险敞口共计13.4亿美元，为亚洲七国之最。危机发生后，欧美国家掀起去杠杆化浪潮，纷纷抛售风险较高的资产，导致资金迅速从韩国抽逃，使其面临严重的流动性不足的局面。2007年年底，韩国商行外债规模达到1 239.5亿美元，占韩国总外债规模的51.5%。在危机冲击下，以外债为主要支撑力的韩国银行业进入窘境，信用状况急剧下跌。标准普尔将韩国7家银行列入“负面观察名单”，并称由于过去几年来，韩国银行通过提高盈利来吸收信用成本的能力已经下降，如果韩国银行业外汇流动性问题不能尽快有效地解决，有可能加速中小企业资产质量的下降，进一步影响韩国银行业的信用状况。

韩国银行业流动性紧张对其国内经济影响颇大。国际市场收缩风险投资后，韩国银行融资困难，故收缩面向国内企业的贷款，并加强对贷款的审查程序，控制自身风险。但这导致韩国中小企业面临资金短缺的困境，加上原材料价格上涨、融资成本高以及全球需求下滑等诸多困难，很多企业濒临破产。韩国企业多为外向型企业，其拥有大量的外汇借款甚至投资于与汇率挂钩的衍生产品，但韩元的持续走低让其外汇敞口风险也已大增。截至2008年10月29日，韩元对美元汇率达到1 427：1，比2007年10月底的905：1贬值57%左右。可以看出，韩元的大幅度贬值给韩国中小型出口商带来更大的外部压力。韩国其他经济指标也不甚乐观。如韩国消费者心理指数到2008年10月底，仅为88点，比同年9月下降近9个百分点；制造业景气指数在2008年第四季度仅为78点，为2001年编制景气指数以来的最低点；至2008年10月，其贸易逆差总额达到138亿美元，打破了十几年的国际贸易顺差纪录等。

综上可知，危机后韩国面临着银行和企业外汇短缺，进而导致企业活动萎缩、经济低迷，并进一步恶化银行和企业外汇短缺的恶性循环。为应对这种情况，韩国政府必须利用外汇储备干预市场，为银行和企业提供流动性。这种救市行为使韩国政府可能会承担巨额的额外负债以确保金融稳定。尽管目前韩国拥有的外汇储备居世界第6位，从短期看足以应付短期外债和进口需求，但却不能改变投资者对韩国信心下降的趋势。从韩国外汇储备看，至2008年11月已连续3个月下滑，这表明韩国出现国际支付危机的可能性正在加大，一旦出现资金大量抽逃的局面，1997年的东南亚金融危机有可能在韩国重演。

2. 危机后其他新兴国家经济概况——印度、印度尼西亚

随着危机的进一步加深，除韩国之外的其他部分亚洲新兴国家也已出现危险的信号，如印度和印度尼西亚等国都被列为高危国家。其中印度和印度尼西亚的MSCI指数在从9月12日至10月23日的一个多月内连续下滑，分别下滑37%和28%，均进入亚洲新兴市场七国中的前3位(其中，韩国下降最多，达43%)。同时，从2008年年初以来，印度和印度尼西亚的外汇储备也日渐减少。在2008年的前9个月中，印度尼西亚和印度分别有5个月和4个月出现外汇储备减少。印度和印度尼西亚外汇储备量分别由2007年12月末的2 672亿美元和549.7亿美元变为2008年9月末的2 831亿美元和550.2亿美元。从外债水平来看，印度与印度尼西亚的外债水平在不断攀升。2007年年末，印度和印度尼西亚总外债水平已分别达2 380亿美元和1 363亿美元，都分别接近或超过当时的外汇储备水平，尤其是印度尼西亚，其外债规模达到外汇储备水平的两倍以上。从短期外债占总外债的比重来看，印度和印度尼西亚的短期外债占总外债的比重在2007年年末分别达到13.65%和22.27%，其中印度尼西亚已接近国际警戒水平(韩国已超过警戒水平)。另外，印度和印度尼西亚的商业银行和私人部门的外债占总外债的比重在2007年年末分别达到68.26%和47.07%。

通过上述分析可以看出，除韩国外的印度和印度尼西亚在金融危机中的反应也很强烈。若未采取合理的政策手段进行有效控制，可能会像韩国一样发展，最终引起经济崩溃。

第九章 资本账户开放对金融稳定性的影响

20世纪末期，国际资本流动和国际金融业务以爆炸性的速度增长，对新兴市场国家产生了较为深远的经济影响。发达国家与新兴市场国家在新时期面临不同的动因和压力。同时，全球技术变革、信息革命使得全球投资行为日益成熟，全球宏观经济和贸易方面也进行了若干改革。在这种情况下，新兴市场国家选择以更加开放的形式投入世界经济环境中。对于发达国家，由于其有着较为完善的基础设施以及成熟的金融市场体系，能够抵御外部危机的冲击，在开放中能够收获较多的收益。但对于新兴市场国家而言，则争议颇多。一方面，作为世界经济的新兴中坚力量，其加入世界经济体系势在必行；另一方面，由于后者在各方面建设的不完善，导致一些新兴市场国家在资本账户开放后出现了较为严重的金融危机。在一定程度上，这种“恐惧”心理导致在某些国家出现了资本账户开放进程的倒退。但经验表明，一旦条件允许，即使经历过危机的国家也会试图重新进入开放的资本市场中。对于新兴市场国家，资本账户开放究竟是“恶魔”还是“天使”？本章将在回顾新兴市场国家资本账户开放过程的基础上，对其进行评价研究。

第一节　资本账户开放的内涵与测量

一、资本账户开放的概念

对于一个国家而言，资本账户指对资产所有权在国际流动进行记录的国际收支账户，是国际收支平衡表中的一个重要组成部分。IMF 对资本交易分类框架中的资本账户交易状况进行了较为细致的探讨。IMF 出版的《国际收支手册》中首先采用了“资本账户”的概念，并将其细分为“资本账户”和“金融账户”，其中金融账户包括直接投资、其他投资、证券投资、官方储备等，且普遍不把官方储备作为资本账户开放内容。

长期以来，对于资本账户开放的内涵一直没有一个统一的表述。国内外学者对于资本账户开放，主要从以下两个层面进行认识：多数学者认为资本账户开放是指资金的跨境自由转移，即取消对跨境交易和资金转移的管制；另一种观点认为资本账户开放不仅包括资金的跨境自由转移，还包括取消与资本交易相关的外汇管制，即本外币之间的自由兑换(张金清等，2008)。

从资金的跨境自由流动角度，姜波克(2012)将资本账户开放定义为“解除对资本账户中的经济行为施加的交易限制，基本实现资本的自由流动”；计国忠(2004)认为资本账户开放指的是“避免对跨国界的资本交易及与之相关的支付和转移的限制，避免实施歧视性的货币安排，避免对跨国资本交易征税和补贴”；王文平(2005)认为资本账户开放是指“一国允许其资本账户中各种资本可以自由流动”；温建东(2001)对资本账户开放涉及的概念及其相关关系进行分析，认为资本账户开放是指“对跨货币区边境的经常性交易收入、资本性交易及其相关的支付、转移、收入以及与上述有关的兑换避免限制，取消歧视性税收和补贴以及单独汇率”。

从另一个层面进行理解，姜波克、朱云高(2004)认为，资本账户开放的概念“侧重于对资本交易施加的货币兑换管制的放松”，资本账户开放是指“资本账户和内外均衡之间相互作用的结果”，因此从“资本账户自由化”的角度“才能正确把握资本账户开放的本质和内涵”。羌建新(2005)与 Quirk 和 Evans(1999)的观点较为一致，认为资本账户开放既包括取消对跨境资本交易本身的管制，也包括取消与资本交易相关的外汇(包括资金跨境转移及本外币兑换)管制。李金声(1997)、刘光灿和蔡学军(1997)把资本账户开放表述为取消对资本流出、流入的汇兑限制，取消在接受《基金协定》第八条款后仍存在的汇兑限制。

综上所述，资本账户开放并没有形成唯一的概念性解释。笔者认为，资本账户开放应为在充分考虑国家既得利益的条件下，提高国际资金流动性，对国内机构投资者和个人与国外的资金交易放宽限制的过程。

二、资本账户开放的测量

(一)资本管制指数

用对资本流动的法规限制指标来测量资本账户的开放度，经历了一个由定性到定量的测量过程，并逐渐发展为资本管制指数。该方法最早起源于 IMF 在1996年之前出版的《汇兑安排和汇兑限制年报》，其中曾有一项指标为“对资本交易施加支付限制”，如果一个成员国的这一项指标为“否”，则认为该国基本上实现了资本账户开放。Quinn 和 Inclan(1997)提出的方法通过对“AREAER”中资本项目下13个交易项目的管理或限制程度进行五级打分，经过加权平均后，形成资本管制指数。

(二)总体开放度——资本管制指数的补充

资本账户开放将会带来资本流动性的增强，对外资产的存量与流量数据可以间接体现资本账户开放的程度。

由此角度考虑资本账户开放度的一项指标是“总体开放度”，即一国的对外资产负债总额与国民生产总值之间的比率。IMF 研究人员对1960—1999年间76个工业国和新兴市场国家的分析表明，由资本管制指数和总体开放度这两个指标衡量一国资本账户的开放度，所得出来的结论是基本一致的，对工业化国家的分析效果则更为理想。因此有IMF研究人员提出，应将总体开放度与资本管制指数结合起来使用。与总体开放度指标类似的是，资本账户开放度可以用资本流动与GDP的比值来表示。

(三)国内投资和国内储蓄相关性分析

Feldstein和Horioka (1980)创立了以投资和储蓄的相关性来检验资本流动性的数量方法。他们认为，如果资本流动是充分的，那么，某个特定国家的国内储蓄和国内投资之间应当不存在明显的相关性；换言之，在一个没有资本管制的世界里，一国国内储蓄的增加，将导致储蓄流向世界其他地区。如果国际资本市场是完全一体化的，那么，国内投资的增加将在很大程度上依靠全世界的资金，而不必依靠国内储蓄。他们运用16个经合组织国家的数据分析发现这些国家的投资和储蓄率高度正相关，因此，可以证明这样的结论：这些国家的长期资本流动是明显受到阻碍的。Frankel (2003)运用Feldstein-Horioka模型分析了更多的国家，其中包括新兴市场国家，得到了相同的结果，即在许多国家，投资和储蓄存在着明显的正相关关系，因而可以认为，这些国家的资本账户开放的程度可能不像人们想象的那么高。

综上，测量一国的资本账户开放程度并不是一件十分容易的事情。尽管过去二十多年时间里许多学者进行了各种尝试，但迄今为止仍未形成最具说服力的测量方法。由于这些指标形成本身可能存在问题，加上无论国内还是国际金融市场，都不一定具备足够的有效性，因而由此形成的判断并不一定十分可靠。总之，纵观上面列出的各种方法，可谓各有利弊。

第二节　新兴市场国家资本账户开放进程及特征

一、主要新兴市场国家资本账户开放的主要过程

从20世纪50年代到20世纪90年代，新兴市场国家大致经历了全面实行资本管制，逐步放松和解除资本管制，以及加速开放资本账户这3个历史时期。自20世纪70年代后期以来，拉美和亚洲新兴市场国家的资本账户开放呈现出较为一致的特点，引起了学术界和国际社会的高度关注。

(一) 20世纪50年代至20世纪60年代：全面实行资本管制的时代

第二次世界大战后，全球经济以恢复生产为主，在发展过程中注重经济的内外部稳定。因此，亚、非、拉发展中国家基本采用内向型发展模式并辅以政府干预的经济手段。在这些国家的工业化进程中，市场配置资源机制还没有最终建立起来，相反，以价格管制、信贷配给、外汇管制、高额关税和其他各种形式的贸易管制为主的保护性经济手段成为各国控制经济的主要措施。发展伊始，各国基本以控制外部经济稳定为目标来消除国际资本流动对国内经济发展和稳定产生的不利影响，因此，资本管制成为外汇管理中的重中之重。IMF的研究结果显示，在此阶段，几乎所有国家都选择了对资本账户实行严格管制(张礼卿，2003)。各新兴市场国家采取了不同的管制措施，主要分为以下几种：

1. 取消歧视性的双重或多重汇率安排

各国要在保证贸易顺利进行的同时控制外部资本流动对本国市场的影响，因此针对贸易性外汇以及金融性外汇采用不同的汇率兑换安排。一般而言，根据各国的实际经济情况，金融性汇率与贸易性汇率安排存在较大的差距，以便在真实的市场操作中实现对金融性资本流动的有效控制。

2. 控制资本输入及输出的数量

过度的资本输入或者输出都不利于外汇市场的稳定，因此，各国基本采用对资本数额进行控制的方式对其进行管理：对国内金融机构(含银行)的对外资产和负债头寸实行限额管理；限制外资金融机构(含银行)的本币业务；控制非银行居民持有的外国有价证券、不动产和直接投资的数量规模。另外，对外国直接投资可能也会建立专门的机构进行审核限制。

3. 用税收手段控制涉外金融交易

投机可以活跃金融市场，但无限制的投机则会影响金融市场稳定。因此，对涉外金融采用适当的税收手段(如利息平衡税)，来控制本国居民持有外国金融资产可能获得的较高收益，既可以限制资本输出，又可以稳定国内的外汇市场。

资本外逃与资本管制是相依相随的，过度的管制必然会造成资本以各种形式向收益高的区域流动，在一定程度上会影响经济发展进程。但多数国家发展的相关经验表明，这一时期的资本管制总体上较有成效，取得了比较满意的成绩。首先，多数发展中国家在该阶段宏观经济和政治环境不稳定，导致持有金融资产的预期收益与实体经济投资会明显低于持有外国金融资产的收益。在利益的驱动下，若不采取资本管制，大量的国内资产将纷纷外逃到国外以购买国外金融资产等形式逐利。另外，工业化进程形成巨大的投资需求，与之相较，国内资本存量(如储蓄)严重不足。因此，在限制国外资本流入的条件下，通过对国内资本流出进行控制以控制资本外逃，既能缓解国内储蓄和资本存量的减少，又对经济发展形成必要支持。其次，由于国内外金融市场皆不完善，国外游资经常徘徊在资本账户外寻觅对其进行冲击并获利的机会。若使国际游资寻得可乘之机，则利率、汇率等短期金融资产的价格会发生急剧波动，带来投机资本的大规模流入或流出，并造成国际收支和外汇储备的异常变动。对短期资本流动的管制，减缓了投机性资本冲击带来的动荡和不稳定，从而在增强国内货币政策有效性的同时，缓解了国际游资对国内经济的稳定造成的不利影响。最后，发展中国家因国内产业发展不均衡，并且相对竞争力较弱，因此基本上在金融等敏感行业对国外资本都设置了比较高的进入壁垒。比如，一些国家通过对外国直接投资等国外资本进入进行严格管制，控制国外资本对国内自然资源、不动产的拥有以及相关敏感性行业的介入程度，能够保护国内相关产业，在发展的同时提高竞争力，从而维护了国家的长远经济利益。另外，McKinnon 和 Ronald（1995）对资本管制的研究表明，有效的资本管制能够让政府获得较为理想的货币政策。如在某些国家，通过税收方面的资本管制方式防止国内税收流失，在一定程度上避免了金融交易活动转向国外的同时，保证了国内金融交易规模的稳定，从而使政府取得稳定的税收。

从总体上看，此阶段的发展中国家实行了较为严格的全面资本管制，适应了内向型经济增长模式的需求，在当时营造了较为有利的外部经济条件，并促进了国内金融市场的稳定发展，为后期的金融自由化奠定了较为有利的基础条件。

（二）20世纪70年代至20世纪80年代：放松资本管制成为金融自由化的一项重要内容

20世纪50年代以后，全球金融体系一片欣欣向荣的景象，欧洲美元市场从伦敦开始向欧洲以及欧洲以外的其他地区进行蔓延，离岸金融市场日益活跃并得以快速发展。至20世纪60年代中后期，应对外贸易发展的要求，西方发达国家和地区（如欧洲）逐渐放松外汇管制，利用对外贸易带动国内经济发展。新兴市场国家的离岸金融业务应时而生，如新加坡和巴拿马等开始放松资本汇兑管制，建立起较为开放的资本账户管理体制；同时，为了鼓励外资银行进驻国内开办代表处和分支机构，采取一定的优惠政策以促进其离岸金融业务的发展。至此，新兴市场国家全面展开金融自由化的进程。

此阶段，新兴市场国家基本都把金融自由化纳入经济发展的总体规划之内。与此相适应，从拉美到亚洲不同地区的新兴市场国家进行了不同程度的资本账户的自由化改革（Fischer and Reisen，1993）。如拉美南锥体地区的阿根廷、智利和乌拉圭等国，从20世纪70年代中期起，在很短的几年时间里以较为激进的方式实施了如国有银行私有化、放松或取消利率管制、降低存款准备金、放宽金融部门的市场准入以及拓展金融机构业务等一系列金融自由化措施。作为金融自由化改革的一部分，部分新兴市场国家在此期间对资本账户管制进行了改革，大大减少甚至完全清除了资本输出和输入的障碍。以阿根廷、智利与乌拉圭等三国为例，在20世纪70年代它们皆采取多项措施取消多数资本管制措施。如阿根廷于1977年取消了投资收益的汇出限制，1978年，在降低外国贷款的最低期限要求，由两年降低为一年后，又提高居民自由购买美元的最高限额(从1 000美元升至20 000美元)，到1980年6月，则完全废止外国贷款的期限要求。智利主要从1977—1981年对资本账户进行改革，这4年中智利取消了外资银行的进入限制，并且完全取消了原先对银行外资头寸所设的限制，资本市场也在很大程度上对外国投资者开放。1974—1975年，乌拉圭进行形式较为激进的资本账户改革，在仅仅一年左右的时间里，就完全取消了居民购买和持有外汇的限制，且外国贷款完全没有任何期限和数量限制。

与拉美国家相比，亚洲新兴市场国家则采取了相对缓和的金融自由化方式。一部分新兴市场国家较早进行了放松资本管制的尝试，如马来西亚为使资本市场保持较高的开放性，早在20世纪60年代，就开始进行一系列放松资本管制的尝试性改革。到1971年，印度尼西亚则在维持经常账户汇兑限制的条件下进行了实质性的资本自由化改革，取消了大部分资本管制措施，先行实现了资本账户的可兑换(其中一些措施后曾在短时间内恢复)，成为开放资本账户的新兴市场国家先行者之一。与拉美国家相比，其他多数亚洲的新兴市场国家多在20世纪80年代中后期才开始进行资本自由化的改革，并且采取了相对保守的措施，基本都进行了较长时期的较为完善的准备工作。如韩国，伴随着采取国有商业银行私有化和减少市场准入管制等金融自由化措施，在20世纪80年代中期放松了对外资银行的进入限制，但在资本流动方面，仅允许一些封闭型基金进入，基本上采取保守的自由化手段。而同时期的泰国，在实行一些金融自由化措施的同时仍然严格限制资本流入。

上述新兴市场国家在进行资本账户改革后，暂时性地满足了经济发展的需要，但同时，由于自身准备不足而进行的激进改革，在几年之后显露出缺陷，一部分国家甚至发生较严重的危机。进入20世纪80年代后，国际支付危机频发使这些国家深深地陷入了困境。无论短期、激进还是渐进的改革方式，都或多或少爆发了一些问题。因此，在处理危机的过程中，如何处理金融体系的问题被再次纳入政府的思考范畴，各种金融管制措施又重新受到重视。为了阻止危机爆发后国内资本的规模性脱逃，一些政府恢复了部分本已废除的资本管制措施。但危机爆发并没有阻碍新兴市场国家进行资本账户开放的过程，痛定思痛后，新兴市场国家又重新开始放松管制。但在爆发危机后重新选择资本账户开放的国家，不再如20世纪70年代那样激进，而是以更科学的方法降低对外国直接投资流入的限制，以鼓励长期资本的流入并调整外国资本结构。20世纪90年代以后，国际上再次掀起资本账户开放的高潮。

（三）20世纪90年代至今：资本账户的加速开放

与20世纪80年代前的资本账户改革相比，动荡和危机让广大新兴市场国家从更深的层次认识到之前改革的仓促性与未来改革的必要性，资本账户自由化的改革似乎势在必行，但采取的措施与之前相比却有本质区别。20世纪90年代后与20世纪80年代的社会历史背景发生了很大变化。20世纪90年代初，发达国家因其自身相对稳定的金融市场建设和领先的经济水平，经济衰退和投资机会相对减少，与之相对应，新兴市场国家则由于自身制度等方面的不完善以及本土资源开发的缺少拥有更多的获利机会，这导致国际资本大规模流向能够创造更多边际价值的新兴市场国家，从而使许多新兴市场国家处于资本账户顺差急剧增加和宏观经济失衡的压力之下。压力必然要求新兴市场国家用国内金融改革来应付外部冲击，许多新兴市场国家都开始加大开放力度，在更大程度上转向实行资本账户的自由化。各新兴市场国家再次燃起资本账户开放的高潮，但其改革重点从以前简单的账户开放向更多方位、深层次的策略性开放改变。20世纪90年代资本账户改革的重点包括：发展间接货币控制手段；继续放松利率管制；培育和发展货币市场工具；健全银行监管体系；加速发展资本市场；实行更有弹性的汇率安排等（张礼卿，2004）。

20世纪90年代，新兴市场国家对资本账户的开发进程明显加快。IMF的调查结果表明，1997年金融危机之前，各新兴市场国家纷纷对资本账户相关项目实行开放性措施，几乎不再对海外证券或直接投资进行管制。如韩国、印度、智利等国甚至放松商业银行对外收入上缴的规定以及实行对远期外汇的交易自由化等。到1994年，阿根廷、印度尼西亚、巴拉圭、秘鲁、委内瑞拉等完成了资本账户的自由化。

从拉美和亚洲新兴市场国家的发展看，在20世纪90年代上半期，国际资本的大量涌入，给这些国家造成了通货膨胀或实际汇率升值等压力。因此，多数新兴市场国家开放资本账户主要从放松或解除资本流出管制方面入手（Schadler、Carkovic and Bennett，et al.，1993）。如1991年的智利、泰国，1992年的哥伦比亚以及韩国，都开始逐步减少居民海外投资的限制。

20世纪90年代后半期，在初步放开资本账户后，各新兴市场国家开始注重金融部门的稳定性。在早期发展过程中，新兴市场国家或多或少在金融部门的管理中存在一些问题，如不良资产率过高。为增强金融部门稳健性，中欧和拉美地区新兴市场国家以国内银行部门重组的形式放松或解除外国对本国金融机构的直接投资限制。IMF研究指出，1994—1999年，匈牙利、智利、阿根廷和秘鲁等国银行总资产中外资银行控股比例变动比较明显，均由20%以下上升到50%以上。伴随着工业化国家银行资本的大量进入，这些国家银行体系中由外资银行控制的资产比率迅猛上升。

1997年，东南亚金融危机爆发仅仅暂时性地延缓了资本账户开放进程。危机爆发初期，如泰国、印度尼西亚和马来西亚等受危机冲击较严重的新兴市场国家确实恢复甚至强化了一些资本管制措施，但管制措施仅仅实行了几个月即被取消。在危机趋于缓和时，多数国家为恢复和增强外国投资者信心加大了开放力度，如泰国在1997年10月宣布，外国投资者可以持有期限最长达10年的地方性金融机构的全部股权。印度尼西亚则在危机爆发后，加强对外国投资者持有本国银行股权的限制，同时又辅以不限制外国投资者购买非银行类公司股票的措施。而韩国则从1997年5月至12月，先后4次提高外国投资者拥有韩国企业股权的比例，并最终放宽到55%；同时，当局宣布外国人可以自由购买上市的韩国政府债券、特别债券和公司债券。

二、主要新兴市场国家资本账户开放的主要特征

观察过去新兴市场国家资本账户开放的进程，虽然各国在开放的时机选择、顺序安排、速度和政策环境等诸多方面存在差异，但仍然可以从中发现一些共性。大致来看，新兴市场国家资本账户的开放过程表现出以下主要特征：

(一)新兴市场国家多在特定的宏观经济背景下实施资本账户自由化的改革措施

总结以往新兴市场国家开放资本账户的经验，多为有的放矢。一般新兴市场国家在采取该措施前，国内基本存在如财政赤字、通货膨胀或币值高估等宏观经济失衡现象。因此，如阿根廷、印度尼西亚、新加坡、委内瑞拉等国的开放资本账户策略多从解决国内经济失衡问题出发，同时配合IMF相关的紧缩国内信贷、控制支出、抑制通货膨胀和货币贬值等手段一起施行。

(二)新兴市场国家实行资本账户开放多不考虑国际收支状况

如20世纪80年代中期以前，印度尼西亚、马来西亚、新加坡等国皆在国际收支顺差时实行开放。而20世纪80年代中期之后，拉美、中美洲地区的新兴市场国家则多在国际收支逆差或对外负债高时实行开放。资本账户开放后，为了增强投资者的市场信心，新兴市场国家多会在开放初期改善本国国际收支状况。但能否成功应对大规模资本流入带来的如通货膨胀和实际汇率升值等经济压力，并减少资本外逃和降低国际收支危机发生的概率是新兴市场国家应慎

重考虑的问题。

(三)新兴市场国家多采用渐进性的改革策略推行资本账户开放

一般新兴市场国家多先实行对外贸易改革，然后完成经常账户自由化，在此基础上先放松对长期资本流动的管制，再放宽与贸易相关的短期融资，最终实现短期资本自由流动的目标。但20世纪80年代末，阿根廷、新加坡、委内瑞拉等国以激进模式完成了资本账户开放，仅用一两年时间便完成了从解除资本管制到资本账户可兑换的过渡。

(四)新兴市场国家在实行资本账户开放时多辅以利率自由化和施行间接货币控制工具等手段

越是金融自由化程度深的国家，越能够充分利用资本账户开放带来的收益。因此，多数新兴市场国家在选择资本账户开放前都进行了如取消利率管制或取消信贷限额制度的自由化措施，甚至会利用公开市场业务和国库券操作等间接货币控制手段。

(五)新兴市场国家实行资本账户开放过程中多配以汇率制度改革

实行资本账户开放之前，一部分新兴市场国家如秘鲁和委内瑞拉等用单一的、以市场供求为基础的浮动汇率制度代替原先的双重汇率安排或盯住汇率制度；印度尼西亚、马来西亚和新加坡属于出口导向型国家，为维持其出口部门的竞争力，则采取了管理浮动汇率制度。当然，也有一些国家如阿根廷等出于汇率稳定和控制通货膨胀的考虑，在实行资本账户开放时选择“货币局”制度。无论各国采用何种形式的汇率制度，都是出于对资本账户开放的考虑来提高国内经济稳定性而做的安排。

三、资本账户开放后带来的一些问题

世上没有免费的午餐。对于新兴市场国家来说，资本账户开放不仅可能在促进经济增长、技术进步和提高效率等方面产生各种潜在利益，也会带来诸多的风险和代价。根据国内外的理论研究和过去二十余年间一些新兴市场国家的相关经验，大致来看，这些问题主要表现在以下几个方面：

(一)金融体系的稳定性趋于下降

20世纪70年代拉美南锥体国家的金融危机、20世纪90年代的墨西哥货币危机和东南亚金融危机，表明新兴市场国家在资本账户开放过程中会面临一定的金融风险，付出一定的经济代价。这说明实行资本账户开放后，新兴市场国家金融体系稳定性会下降，并由此造成对实体经济的冲击和损害。

一旦资本账户处于开放环境下，将出现大规模短期资本流动和投机性袭击，并会加大包括中长期资本过度流入的可能性，这样一来，新兴市场国家的金融体系将面临较大的不稳定性。虽然从以往经验分析，短期资本易引起金融动荡，但事实上，资本的过度流入问题才是新兴市场国家在资本账户开放后金融不稳定的根源。20世纪90年代后，新兴市场国家发展的经验证明，资本过度流入会在短期内促使经济迅速发展，但一段时间后会引起通货膨胀率上升与实际汇率升值，并引起经常账户的恶化，最终可能导致金融部门流动性急剧上升并降低金融体系的稳定性。

(二)降低资源配置效率

在新兴市场国家，资本账户自由化通常会产生大规模的资本流入，能否有效地配置和使用资本关系到能否最终实现资本账户开放的利益，以及是否会给新兴市场国家造成额外的风险和成本。无论是发达国家还是新兴市场国家，国内市场或多或少会存在一些非市场化情况，即如私人垄断、价格管制和信息披露不完全等市场扭曲现象的存在，会影响市场价格的市场灵敏性并会在一定程度上影响资源的有效配置和使用。在此情况下，社会资源投入量与配置和使用效率成反比，并会造成整个社会资源的浪费。因此，资本账户开放后带来的外国资本在市场扭曲情况下不仅不能充分利用，而且可能急速降低资源配置效率，并浪费大量资源。

(三)制约宏观经济政策的独立性

新兴市场国家因自身条件限制，自身在汇率制度选择上就倾向于偏好固定汇率制度。因此在资本账户开放条件下，其货币政策的独立性将受到很大影响。“蒙代尔三角”早就对其进行了解释：完全的资本流动性、货币政策独立性和固定汇率制度等三个政策目标至多只能同时实现两个。新兴市场国家在资本账户开放条件下，只能在维持货币政策独立性和固定汇率制度两者中选择其中一项。若选择了固定汇率制度，那么由于国内外利率水平不同，将引起套利性资本向国内涌进，使该国货币政策随国际利率水平进行调整而丧失独立性。事实上，由于美国货币政策动向决定了国际利率水平，因此放弃货币政策独立性很大程度上意味着将自己捆绑给美国政府。从某种意义上讲，因为国内经济的关联性，财政和税收政策的实施也将会受到一定程度的制约。

尽管经济全球化某种程度上意味着经济主权的部分让渡，但在特定条件下，放弃宏观经济政策的独立性反而有利于国内经济的稳定和健康。但那需要国际社会协调机制的成熟，若缺乏具有足够约束性的制度，那么经济单边主义将在国际社会泛滥成灾。在这种情况下，丧失经济政策独立性意味着自身经济利益的损失。因此，着眼于当前，新兴市场国家应慎重决定资本账户开放的程度，使其能够及时对经济发展导向进行调整。

(四)冲击国内民族产业

新兴市场国家因其拥有的经济发展潜力而成为全球经济增长中的新兴力量，而新兴市场国家的民族企业则是该国能够长期保持经济增速的必要保障。一般在发展初期，新兴市场国家都会出于扶持本国产业的需要，为其提供政策性的保护以避免外界的冲击，并通过优惠措施鼓励国内民族产业的发展。这样的政策和措施能够促进民族产业在短期内迅速发展，生产规模、员工数量等都能达到一定的水平。但在长期的保护性扶持政策下，国内民族企业往往会忽视自身内部素质的提高，如技术水平、管理经验、高素质人才以及对市场信息的捕捉能力等。尤其长期的保护可能使民族企业失去应对危机的反应能力。当该产业领域产生竞争时，民族企业会没有足够的竞争手段来维持自己的市场地位。

资本账户开放意味着外国投资者可以直接进入国内市场。它们既可以直接投资设厂，也可以通过企业并购或资产收购的形式迅速融入国内生产领域。一般，国外投资者具备丰富的投资经验、管理经验和竞争经验，进入一个新的市场后能够迅速捕捉市场信息并发现竞争对手的缺陷和弱点。在这种环境下，国内民族产业前景堪忧。若国内民族产业没有必要的、有效的竞争手段，则很容易被外资企业击垮，导致破产或被其收购。因此，国内民族产业必须能够提高自身的技术创新能力，丰富企业经营管理手段，形成培养或挖掘高素质人才的合理渠道，建成一套既能抵抗外资企业又能增强自身实力的发展方法。只有这样，民族产业才能从容应对外资企业竞争，并继续作为新兴市场国家未来经济增长的中坚力量而存在。

第三节　资本账户开放与金融稳定
——基于几个典型新兴市场国家的经验分析

一、资本账户开放的风险

(一)风险资本涌入与宏观经济风险

从20世纪90年代后全球的经济形势看，发达国家基本早已完成国内的金融自由化，开放的金融市场使其形成了较为成熟的金融体系，并能够带动整个金融市场形成较开放且能自由竞争的环境。因此，相对于其他新兴市场国家，发达国家国内的金融机构在较激烈的竞争中最大限度地压缩其利润空间，从而在国内形成了相对过剩的资本。而新兴市场国家则因长期金融抑制，未能在国内形成较为完善的金融市场体系，而蓬勃发展的国内产业急需进行规模性融资。在这种情况下，新兴市场国家进行的资本账户开放大大增强了外国投资者的信心，导致大量的国际过剩资本涌入新兴市场国家。富足的资金缓解了新兴市场国家国内资金不足的尴尬局面，但同时也应该注意到，过度的资本流入对国内宏观经济会产生很大影响。一方面，新兴市场国家会由于前期资金不足使国内市场产生需求压力。资本账户开放后，这些压力能够得到充分缓解，使以前的需求压力变成现实的需求。但如果瞬间的缓解倾向不能被有效引导，或者对国内非外贸品产生强烈需求而给国内市场带来通胀压力，或者对国内贸易品产生强烈需求而给国内带来经常账户赤字的压力。另一方面，大量流入的资金与资金转化为现实生产力存在一定的时滞，若不能有效地处理未能迅速转化为生产力的资金，它们就会造成过度的流动性游走于各种投机市场。在新兴市场国家尚未建成足够成熟的金融市场时，这些资金可能会给国家带来额外的负担。

综上所述，资本账户开放引发的国内需求过旺易诱导更多的短期国际投资资本流入，造成经济过热并带来通货膨胀压力以及真实汇率升值和经常账户赤字等问题。若新兴市场国家实行浮动汇率制度，则过多的外债可能会导致货币贬值并引起国外价格调整和贸易流向转变。若新兴市场国家实行固定汇率制度，则可能会因外部失衡，导致公众信心丧失并引起货币贬值预期，增加金融的不稳定性（向文华，2004）。

（二）道德风险与银行系统的稳定

新兴市场国家的银行业曾经长期被政府扶持。政府以补贴或担保的形式促使银行业扩大经营范围。资本账户开放使大量私人资本进入东道国，导致国内银行业存款激增。过多的存款与政府扶持加大了银行业扩大经营的范围，促使其通过各种形式向外贷款，产生贷款膨胀现象，当贷款者良莠不分时，容易出现道德风险。同时，资本账户开放也意味着银行业经营的自由，银行业可以通过高利率水平吸引国外存款，同时辅以高风险项目贷款，为其提供消费资金，推动国内消费增长，但同时也加大了银行的经营风险。同时，私人资本在国内主要会以投机的形式存在于股票和房地产市场，引起资产价格上涨并产生“泡沫”，进而会影响国内消费，最终可能会出现通胀现象。

根据 Gavin 和 Hausman（1996）的研究，当一国贷款无序膨胀时将增加其发生金融危机的可能性。如上所述，银行业务的迅速扩张往往不能同时带来透明化的资产信息。若由于高风险对银行形成不良贷款，那么贷款膨胀将催化这种效应并最终形成银行业危机。在资本账户开放条件下，国外资本能够迅速抽逃，会引起本币贬值，甚至可能造成严重的国际收支危机。

可以看出，资本账户开放下，银行业可能会非理性经营，银行人员会出现逆向选择问题和道德风险，进而使银行业出现超贷和超借现象，最终将影响新兴市场国家的经济发展，增加金融市场的不稳定性。

(三)投机资本对国内市场的冲击

投机资本是指投机者在短期内为获得较多利润而投出去的具有极强流动性的资本。国际投机资本(或称国际游资)是指那些在各国金融市场之间游走，以追逐高额利润为最终目的，但没有固定的投资领域的短期资本。2007年，IMF 统计各国金融市场中国际投机资本约2万亿美元，相当于全球产出的20%。据美国联邦储备委员会估计，在纽约、东京和伦敦金融市场上的外汇交易中，用于支付国际贸易和投资与国际金融投机的比例分别为18%和82%。

一方面，新兴市场国家实行资本账户开放后，国际投机资本在世界各国金融市场间游走，使国际信贷流量愈发不可控制。另外，国际投机资本会带动衍生金融产品的发展，若该国实行浮动汇率制度又会引起汇率、利率的大幅振荡。这不仅仅增加了金融工具的风险，也增加了国际信贷市场风险。单纯以牟利为目的的国际投机资本无论进行何种投资都含有投机成分。在现代通信技术不断发展、金融衍生工具及投机技巧日益娴熟的条件下，游资可以轻易在股票、期货、房地产等金融市场上在较短时间内形成金融泡沫。新兴市场国家尚未成熟的投资理念往往会助长这种势头，并且在游资引发市场暴涨后不能及时脱逃，导致其在市场泡沫破灭后产生严重损失。在经济全球化的今天，危机很快会波及它地，引起市场连锁反应。可见，国际投机资本在不成熟的新兴市场中占据很大优势，并且最终会加剧其金融市场的不稳定性。

另一方面，国际投机资本的投机性质会妨碍东道国货币政策的制定和执行。国际投机资本的投机性使国际投机资本的流动方向往往与东道国的货币政策目标相反。在资本账户开放的条件下，一国为抑制通货膨胀，会采取如紧缩银根、提高利率等紧缩性货币政策，以此减少货币供应量。但利率的提高却会吸引国际资本的流入，导致该国货币供应量增加，加剧通货膨胀。而如果一国经济衰退，则央行会通过降低利率等扩张性货币政策以增加货币供应量的方式增加国内需求来带动经济增长，而这种情况下，国际资本会流出，反而加剧经济衰退。另外，如1997年东南亚金融危机的经验，投机性资本会在获利后迅速脱逃，造成相关国家货币贬值，使经济陷入混乱。

二、资本账户开放与金融危机——基于历史的经验分析

(一)世界各国资本账户开放与金融脆弱性之间的关系

作为贸易的载体，资本与商品一样，可以在世界各国流动。事实上，从某个角度分析，资本就是一种特殊的商品。但这种商品与真实商品的最大区别在于，该商品若不加限制地投入市场中，会引起整个实体经济的大规模的异常波动。20世纪60年代后，资本正式作为商品进入新兴市场国家流通体系，若能够与实体经济相辅相成则能使经济增长最大化。然而，资本天生的投机性使其自动搜索寻利空间，由于金融市场中存在信息不对称性，势必影响资本输入与流出的速度，进而可能造成局部资本过剩或缺失，反映在实体经济中则会以经济危机的形式体现。20世纪80年代后期的危机经验表明，资本账户开放与金融脆弱性存在必然性的联系。

(二)新兴市场国家资本账户开放的案例分析——以1974—1996年的智利为例

智利是较早开始资本账户开放的新兴市场国家之一，其开放过程大致可以分为两个阶段。1974—1984年是第一阶段。20世纪70年代中期，在智利国内金融自由化的带动下，短期内智利推出了许多实质性的经常账户和资本账户开放措施。但是1982年发生的金融危机打断了这一自由化进程，之后的3年为调整期。第二阶段是1984年至20世纪90年代中期。同上一阶段相比，这一阶段的整体设计和具体措施都显得更加渐进和谨慎，取得了相对可喜的成绩。

1. 1974—1984年：尝试性的资本账户开放

智利的资本账户自由化变革与其国内的政治环境联系密切。1974年在军政府上台实行经济自由主义政策之前，智利的资本账户基本处于管制较严格的状态。尤其在1971—1973年阿连德执政期间，智利对外资持绝对的排斥态度，并且国内金融压抑情况严重。新政府上台后，智利国际和国内经济环境均较为严峻，因此实行一系列经济改革措施，智利的资本账户开放道路就此开始。

1974年，智利开始尝试性的资本账户开放改革。从1974年到1976年间，智利政府放松对个人资本账户交易的管制，但仍限制金融机构的资本账户交易。如《外汇管制法》中规定由中央银行管理外资以及外资利润的汇回，但不允许外资通过商业银行自由跨国流动。1974年，智利颁布第600号法规（The Decree 600)，其中规定外商直接投资满3年后，可在外汇市场购买外汇并将利润汇回国内。通过两项法规的实施，智利对个人和除银行之外的企业采取了相对开放的资本账户开放政策，但严格限制金融机构的外汇活动。

1974—1976年间的尝试性资本账户开放行为迅速恢复了智利的经济。1977—1981年间，智利相对加大了资本账户自由化步伐。第一，智利政府允许外资银行在国内设立分支机构并开展业务，扩大外资银行在国内的市场份额。第二年，智利中央银行开设外汇窗口，进行小于1万美元以下的外汇买卖，加快了外汇流出速度。第三，1977年对《外汇管制法》第14条款进行修改，允许企业通过银行引入外资，但对银行的外资头寸仍然实行一定程度的限制。直到1979年，方放松银行外资头寸的限制，并在1980年彻底取消头寸限制。第四，实行控制短期外资的政策。银行2年以下的外汇存款需缴纳100%的准备金，期限2~3年的外汇存款需缴纳25%的准备金。到1981年，智利对外资进入的年限平均控制在5年左右。

1977年后的资本账户开放政策导致了资本的大量流入，并最终产生了一系列问题，使其陷入经济衰退和金融危机。一方面，资本流入引起比索实际汇率升值。另一方面，石油输出国组织提高石油价格恶化了智利的资本账户。从1981年开始，智利的GDP增速开始下降，到1982年更进入负增长。因此，1982年之后，智利采取了一系列措施改善国内经济环境，如进行债务重组和汇率制度改革等，最终在1985年成功恢复智利的市场信心。

2. 1985—1996年的智利

1985年之后，智利走出金融危机的阴影，国内经济状况回升。由于在危机发生期间，智利实行了较为严格的资本管制，1985年之后，开始重新进行贸易自由化和资本账户开放的改革。这一次的改革是在国内一系列改革措施的配合下进行的，以渐进的方式开始了新一轮的资本账户自由化。由于配合了成熟的宏观经济政策和国内金融体系改革，智利最终在20世纪90年代开始保持稳定的经济增长，并避免了受1995年墨西哥危机与1997年东南亚危机的影响，成为新兴市场国家中改革最为成功的一个。

这次的资本账户开放配合了一系列国内经济改革。吸取上阶段的失败教训，1985—1989年间，智利政府在金融体系的改革主要表现在：智利中央银行具有更大的自主权，其可以适时进行金融政策调整，重建完善的银行体系；建立间接的货币控制手段，保证经济政策稳健实行；建立灵活的汇率机制，控制国内的通货膨胀率，并逐步扩大汇率的浮动区间。在此基础上，智利的资本账户开放更加谨慎地展开。

在资本流入方面，智利采取了更为谨慎的开放策略并限制短期资本流入。1985年，智利要求只有在保证10年内不撤回资本并且利润也在4年后才能汇回的条件下，方准许外国直接投资以债转股的方式流入。对于本国居民和非居民，智利政府允许其用外汇买卖国内某些债券，但购买债券的外汇只能通过私人途径获得，不能从官方外汇市场获得。1987年，为方便外国投资者通过债转股对智利进行直接投资，智利政府成立“外国投资基金”。1990年，智利又发行“美国存托凭证”（American Depository Receipt，ADR）来吸引国外资金流向智利资本市场。在此期间，智利政府对短期外资流入持限制态度。如1991年、1992年分别规定对外债和外币存款实行无偿准备金制度。此后，智利政府不断对该制度进行调整，如1995年又将该制度延伸到美国存托凭证方面。通过无偿准备金制度，智利政府在保证吸引长期外资流入的同时，对短期资金通过制度性约束予以排斥，防止了短期资本的过度流入。

在资本流出方面，从1985年之后智利政府鼓励资本流入的政策发挥了作用，大量的资本流入对本币形成升值压力。从1991年之后，智利政府开始对资本流出实行谨慎开放。1991年，智利当局首次准许居民利用从非官方外汇市场购得的外汇到海外投资，外资撤回投资的年限也从10年降为3年。1992年，智利政府更允许养老基金在一定比例范围内进行海外投资。1993—1996年，智利政府缩短外资汇出利润年限，准许部分金融机构如人寿保险、银行和共同基金等投资国外，并逐步减少了在投资工具和投资地域等方面的限制。

可以看出，1985—1996年间，智利在一系列金融体系改革的配合下，适时开放了资本流出，又有效地限制了某种形式的资本流入。该阶段，智利外资流入逐年上升，短期资本在资本流入中的比重逐年下降。因此，智利的资本账户开放取得了良好的效果，形成了健康的资本流入结构和规模，既充分利用外资发展了国内经济，又防止了短期投资资本对国内经济的冲击。

三、资本账户开放对新兴市场国家金融稳定的影响——基于几个新兴市场国家的考察

国外很多学者对此问题做出了实证分析，如Grilli和Ferretti（1995）利用

横截面数据模型研究发现，没有足够的证据说明资本账户开放能促进金融发展和宏观经济增长，并且资本账户开放与金融稳定之间没有显著的关系。而Demirgüç-Kunt和Detragiache（1998）利用多元Logit模型研究发现，金融自由化和金融危机之间具有高度相关性。Henry（2000）利用事件分析法研究发现，在资本账户开放后8个月内，其研究样本国家的证券市场月均有3.3%的超额收益。Denizer（2000）发现，资本账户开放程度与宏观经济和金融体系的不稳定程度成正比，并且也会影响银行的效率。Klein（2001）利用横截面数据模型中对21个发达国家和66个发展中国家的情况进行分析，发现发达国家的资本账户开放能显著提高金融发展程度和加快GDP增长，而发展中国家的资本账户开放对金融发展程度和GDP增长无显著影响。艾辛格林（Eichengreen，2001）发现，不同的历史时期，在资本管制的影响下，金融危机发生的频率差异很大。

第十章　汇率制度选择对金融稳定性的影响

在开放经济条件下，汇率是调整和联系各种宏微观经济因素的核心经济变量，影响着国民经济的内外部均衡。而汇率制度是一个被长期争论的汇率政策中的重要问题。Krugman 指出，在“国际货币经济学中，一个重要的政策问题是关于适当的汇率体制的：固定汇率制好，还是浮动汇率制好，还是介于二者之间的某种体制好”。可以从许多方面分析汇率制度选择的优劣，其中对汇率制度选择与金融稳定的关系进行研究是较好的一个方向。1997 年东南亚金融危机发生后，学术界对汇率制度选择的研究日渐升温，关于汇率制度选择与金融稳定关系的研究也取得一定进展。本书从汇率制度选择的基本理论出发，以典型的新兴市场国家汇率制度选择为例，并辅以对汇率制度选择与金融稳定间的关系的分析做进一步探讨。

第一节　新兴市场国家汇率制度选择的理论探讨

一、现代汇率制度的主要类别

布雷顿森林体系崩溃后，无论发达国家还是发展中国家都开始寻找适合自己本国的汇率制度，因此，20 世纪 70 年代之后，世界各国的汇率制度呈现出多样化的趋势。而对汇率制度进行科学的分类，是研究汇率制度选择问题的基本前提。一些国际组织和学者对此作了深入研究，并采用不同方法对汇率制度进行了分类。

(一) IMF 的分类

传统上汇率制度分为固定和浮动两种。布雷顿森林体系崩溃后，各国不再拘泥于传统的汇率制度，而多根据本国的实际需要或基本国情而采用不同的汇率制度。传统的汇率制度分类已不能刻画各国的实际汇率制度，于是新的分类方法应运而生。

与其他国际机构相比，IMF 对汇率制度的分类更具代表性，世界上也较多以 IMF 的分类作为判断一个国家汇率制度形式的主要依据。1950年后，IMF把对世界各国汇率制度进行分类纳入工作日程，并根据各国发展趋势不断进行调整和完善。总体而言，在1982年之前，世界各国汇率制度基本上可划分为固定汇率制度与浮动汇率制度两种形式，仅仅可能因为各国实行的汇率浮动区间不同而略有区别。1982年，在新的国际货币体系下，IMF 根据各国官方宣称实行的汇率制度形式，把汇率制度分为钉住汇率制度、有限灵活汇率制度和更加灵活的汇率制度三类。但事实上，各国往往实行与官方公布不一致的汇率制度，因此 IMF 的这种分类方法并不能完全反映各国的实际情况。例如，一些官方宣称采用钉住汇率制度的国家，本质上要求汇率波动平稳，但却可能频繁地变动名义汇率，因此这类国家事实上实行的是浮动汇率制度；而一些官方宣称实行浮动汇率制度的国家，本质上要求汇率自由波动，但未能制定有效的货币政策，会利用各种政策手段来抑制汇率的波动，因此这类国家事实上实行的是钉住汇率制度。

1999年之后，欧元的诞生改变了整个国际货币体系。在新的形势下，考虑到原有汇率制度分类方法的弊端，IMF 依据实际汇率制度对各成员国的汇率制度进行了重新分类。新的汇率制度主要分为8种：无独立法定货币制度、货币局制度、其他传统的固定钉住制度、钉住平行汇率带制度、爬行钉住制度、爬行带内浮动制度、管理浮动汇率制度和自由浮动制度。根据汇率的波动幅度不同，IMF 又将上述8种汇率制度进一步分成三类：第一类为严格固定汇率制度，即无独立法定货币制度和货币局制度；第二类为中间汇率制度，包括其他传统的固定钉住制度、钉住平行汇率带制度、爬行钉住制度、爬行带内浮动制度以及管理浮动汇率制度；第三类则为自由浮动汇率制度。

（二）Frankel 的分类

Frankel（1999）利用 IMF 在1999年以前关于各国汇率制度选择的相关数据，重新对世界各国的汇率制度分类。Frankel 认为汇率制度变化应具有连续性和统一性，应按照政府是否带有一定目标性去干预外汇市场而区分中间汇率制度和浮动汇率制度。因此，他按照严格或超级固定、逐步放松、完全有弹性的制度的顺序，把世界汇率制度安排依次分为：货币联盟（包括美元化）制度、货币局制度、“真实固定”汇率制度、可调整的钉住制度、爬行钉住制度、一篮子钉住制度、目标区或目标带制度、管理浮动制度和自由浮动制度这9种。事实上，Frankel 的9级分类法与 IMF 在1999年后实行的8级分类法没有本质区别，仅仅把汇率目标区制度单独提了出来，并且他没有把各国的汇率制度进行详细归类。其后，Frankel（2003）又按照三分法对汇率制度分类作了调整和细化。按最具弹性到最具刚性的顺序，汇率制度分为：浮动汇率制度，包括自由浮动制度和管理浮动制度这2种；中间汇率制度，包括目标区或目标带制度、爬行钉住制度（细分为指数化的钉住制度和预先申明的爬行制度）、一篮子钉住制度和可调整的钉住制度这4种；严格固定汇率制度，包括货币局制度、美元化（或欧元化）制度和货币联盟制度这3种。

（三）Sturzenegger 和 Levy-Yeyati 的分类

Sturzenegger 和 Levy-Yeyati（2003）利用名义汇率的变动率、汇率变化的标准差和国际储备的变动率这3个变量对汇率制度进行分类。他们认为，在固定汇率制度下，为减少名义汇率的波动性，国际储备应有较大变化；爬行钉住制度下，名义利率变化较大，但通过外汇市场干预能增加其稳定性；弹性汇率制度下，名义汇率应该持续变动且国际储备保持相对稳定；肮脏浮动汇率制度下，3个变量都表现为较高的变动水平；无法归类的汇率制度下，3个变量表现为较低的变动水平。在此基础上，Sturzenegger 和 Levy-Yeyati 利用 LYS 分类法对1974—1999年154个经济体的汇率制度重新进行分类。他们通过观察3个宏观经济变量将汇率制度分为5类。他们认为，可以通过这3个变量的特征来判断某个特定国家在特定时间点上的汇率机制。

与其他方法相比，Sturzenegger 和 Levy-Yeyati 的分类有如下进展：利用聚类分析法使分类方法更具客观性；把政策变量加入分类方法的权衡中；分类过程中创造了综合数据库；从实际角度评估汇率制度；通过两次聚类，可以辨别不同汇率制度所面临的冲击强度，从而克服传统分类假设的偏差。

（四）Bubula 和 A-tker 的分类

Bubula 和 A-tker (2002) 认为必须利用定量数据和定性指标，综合有关汇率制度的多方面信息，才能对各国的实际汇率制度进行判断归类。他们首先肯定了 IMF 1999年的分类，进一步细分制度种类。他们将传统的钉住汇率制度细分为钉住单一货币制度和钉住篮子货币制度，增加严格管理的浮动制度，并按向前和向后两个方向细分了爬行钉住制度、爬行带制度。他们认为汇率稳定不能作为一国实施钉住汇率制度的证据，必须将定量分析与定性分析相结合，从政府各种文件中搜集相关信息并结合汇率和外汇储备等的相关数据，在此基础上能够证明该国政府正式或非正式钉住某一货币（或篮子货币）来稳定本币的币值；只有大多数交易实际适用的汇率才是多重汇率制度分类的主要依据；只有从政府是否存在为防止汇率出现过度波动而进行直接或间接干预才能判定政府实行的是管理浮动制度还是独立浮动制度。

(五) Reinhart 和 Rogoff 的分类（RR 分类）

Reinhart 和 Rogoff (2004) 认为，复汇率制贯彻布雷顿森林体系始终，并且一直延续至今。Reinhart 和 Rogoff 在取得 1946—2001 年世界 153 个国家由市场决定的平行汇率的月度数据（以 5 年为计算期限）的基础上，利用汇率变化、储备变化、利率变化幅度这 3 个指标对汇率制度进行深入研究。他们发现，人们对各国汇率制度认识有 2 个重要局限：一是官方公布的汇率安排与实际实施的不符；二是官方报告的汇率与实际汇率不符。他们得到以下几个结论：一是两重或多重汇率在各国的经济发展中发挥了巨大作用，如 20 世纪 70 年代的英国、20 世纪 90 年代的意大利等，并且平行市场（黑市）在世界各国普遍存在；二是布雷顿森林体系的瓦解仅仅是汇率制度的隐性转换，并没有对大多数汇率制度造成很大影响；三是钉住汇率制度在各国采用得最多，其中以爬行钉住制度和窄幅爬行水平钉住制度为主；四是把年通货膨胀率 40% 以上的极端的经济危机下的汇率体制单独分类（称为自由落体）。Reinhart 和 Rogoff 的实证得到了这个结论：布雷顿森林体系的瓦解对汇率制度的影响不大，在各国为自身利益而进行的汇率制度选择博弈中，都选择能让自己利益最大化的制度。

Reinhart 和 Rogoff 的分类克服了分类者主观判断的弊端，并且区分了汇率制度的细微差别，具有很高的科学性。他们通过分类，整理了汇率制度的整个发展脉络。

二、选择理论的发展评述

(一) 固定汇率制度与浮动汇率制度对金融稳定性的影响评述

单纯由汇率制度的性质区分，可以简单地将汇率制度分为固定汇率制度与浮动汇率制度。一般而言，大部分学者倾向于把布雷顿森林体系瓦解之前的汇率制度统称为固定汇率制度，而之后则意味着过渡到浮动汇率制度时期。事实上，关于固定汇率制度与浮动汇率制度优劣的争论在理论界一直没有停止，且 20 世纪 70 年代后，世界各国的汇率制度也多在固定与浮动之间徘徊，也衍生出不少新的汇率制度形式。而经济学家对汇率制度优劣问题争论的一个重要方面就是二者谁更能加强国家的金融稳定性。

1. **固定汇率制度与金融稳定性**

19世纪实行金本位制期间，固定汇率制度在理论上不存在任何异议。第一次世界大战后，金本位制崩溃，卡塞尔提出了购买力平价理论质疑固定汇率制度，关于二者之间的讨论开始逐渐热烈。尤其在20世纪70年代后，虽然浮动汇率理论进一步充实完善，但金融危机却频频发生，国际货币体系变得更加脆弱。赞同固定汇率制度的经济学家，如Eichengreen、Barry和Andrew（1998）认为，由于在固定汇率制度下政府对汇率盯住进行承诺，保持汇率名义锚的目标可以约束政策制定者做出反复无常的政策选择，因此可以将引发金融危机的国内冲击最小化，相对减少金融危机发生的可能性。Calvo和Vegh（1999）则认为，引起金融危机的冲击可能是汇率制度的某种函数，如果损失函数通过实际汇率的波动进行加权并使之最优化，则总是处于支配地位的汇率制度将是固定汇率制度。此外，固定汇率制度的支持者们还特别强调了其对发展中国家金融稳定的重要性。Calvo和Reinhart（2000）指出，在面对巨大的外部冲击时，发展中国家控制其汇率波动（特别是在发展中国家的汇率波动小于以本国货币表示的商品价格波动时）的事实表明，在发展中国家，作为冲击吸收器的汇率波动并不经常发生，这就是发展中国家普遍具有的特征，即“浮动恐惧”。发展中国家通常公信力不足，进入国际金融市场的机会有限，汇率波动对贸易更易于产生负面影响；同时，一些发展中国家的负债美元化程度很高，汇率波动很可能引发通货膨胀，因此浮动汇率制度并不适合发展中国家。

2. **浮动汇率制度与金融稳定性**

另外一些经济学家则赞同浮动汇率制度，认为汇率浮动有助于避免金融危机。Friedman甚至指出，由于浮动汇率制度的弹性使货币政策更具独立性，因此在浮动汇率制度下，永远不会发生货币危机。相应地，汇率的变化可以减弱一些真实冲击，减轻利率变动的压力，从而使得国内产出免受影响。当然，这种逻辑关系不适合那些有较多美元债务的发展中国家。而浮动汇率制度下货币政策更趋稳定的说法，也未得到发展中国家经验数据的检验。Goldstein和Turner（1996）作为较早研究发展中国家汇率制度选择与金融稳定问题的学者，认为在20世纪70年代和20世纪80年代，由于通货膨胀的不良记录和缺乏替代汇率名义锚的制度安排，许多新兴市场经济体采纳了基于稳定要求的固定汇率制度。固定汇率制度虽然在控制通胀方面往往是成功的，但在外部冲击发生时，却会增加银行体系的脆弱性。因为在固定汇率制度下，政府维持汇率的承诺会导致外债增多和资本的大量流入，从而使一国抵御外部冲击的能力下降；同时，在固定汇率制度下，由于中央银行必须保证在为流动性不足但有清偿能力的银行提供流动资金支持时，不能威胁其维持汇率稳定，因此中央银行的最后贷款人职能受到很大限制，由此增加了金融体系的不稳定。Chang和Velasco（1998）利用一个开放经济的模型对汇率制度和银行脆弱性之间可能存在的关系进行了研究，结果显示，不同的汇率制度对金融脆弱性的程度影响不同，效果相反，固定汇率制度会明显增强金融脆弱性；当银行挤兑发生时，中央银行将面临如下的两难选择：如果介入并向有问题的银行提供国内信贷，则对国际储备的巨大需求会严重困扰中央银行；如果不介入，银行破产和严重的经济危机可能就会发生。相反，如果实行灵活的浮动汇率制度，并将其和中央银行的最后贷款人功能进行适当的结合，则会实现最优的社会福利并消除自我实行型银行挤兑。

从现实看，布雷顿森林体系崩溃以后，美国出于自身的利益，不愿继续维持固定汇率制度，其他国家不得不面临汇率制度的选择，特别是拥有货币主权的发展中国家更是面临较大的挑战：一方面，汇率制度的选择必须适应国际货币体系的弹性化和市场化发展趋势，运用汇率工具解决内外部冲突问题；另一方面，必须立足自身弱势的经济金融现状选择合适的汇率制度，防止因投机资本和汇率大幅波动引发的冲击，以保证本国经济稳定发展和金融体系稳定。

(二) 20世纪90年代后汇率制度选择的理论发展

20世纪70年代后，各国关于选择何种汇率制度的焦点已集中到汇率制度的选择与国内经济特征和经济结构之间的关系上来。20世纪90年代以后，浮动汇率理论占据了绝对优势。在汇率决定理论方面，学者们从外汇市场的“投机泡沫”“风险贴水”和“新闻事件”等方面提出噪声交易者模型，试图检验外汇市场的有效性。在汇率自动调节机制方面，Krugman (1999)的“沉淀成本模型”、Dorbusch (1976)的“超调模型”等，都从不同方面证明汇率波动与贸易收支和国内价格水平无紧密的相关性。为了比较清晰地了解汇率制度选择的最新的理论，现将主要观点作一简介。

1. 原罪论

原罪论（Doctrine of the Original Sin）指一国或地区由于金融市场建设不完整，导致本国货币不能用于国际借贷，甚至也不能在本国市场上用本币进行长期借贷的现象。这导致本国企业或政府在用外币进行借贷或投资时，会面临一种“魔鬼的选择”（Hausmann，2000）。原罪论的实质就是因金融市场的不完全性而导致国内投资出现货币错配或期限错配的问题。这种原罪弱化了国家的金融体系：在出现货币错配的国家，一旦本币贬值，就会导致已借款的企业成本上升，并容易陷入财务困境，严重时可能破产；若出现期限错配，利率的上升也会增加借款成本。这样，若汇率或利率稍有波动，则会引起一批企业破产，并最终形成银行债务。

可以看出，存在原罪的情况下，汇率或利率的变动都会增加企业的成本，从而导致企业出现经营困难，并对经济产生较大的负面影响。因此，新兴市场经济国家往往采取固定汇率制度(或名义浮动、实际盯住的汇率制度)，保持汇率的稳定。在原罪论下，浮动汇率制度还是固定汇率制度都对新兴市场国家有不良影响。因为多数新兴市场国家的金融体制建设都不完善，因此上述两种汇率制度都不会改变原罪状况，因原罪引起的不良后果也不会得到妥善解决。为此，对于原罪论而言，实行完全的美元化是新兴市场国家最理想的选择。

2．中间制度论："BBC制度"

1997年东南亚金融危机让理论界再次掀起有关汇率制度研究的新高潮。其中，在爬行钉住和目标区理论路径（Williamson and Oliver，1965）基础上，有的经济学家提出了利用爬行带取代爬行钉住和汇率目标区。最后，Dornbusch（1999）将爬行钉住、目标区和爬行带统称为"BBC制度"，即B-Basket（一篮子）、B-Band（浮动带）、C-Crawling（爬行）。Williamson（2000）从防范危机的角度研究角点汇率制度（货币局和浮动汇率制度）和中间汇率制度的优劣，结果表明，角点汇率制度并不能避免危机形成，中间汇率制度中，参照汇率和监控汇率带比"BBC制度"更不容易受冲击影响。但若政府只设一个参照均衡汇率，则又可能引起汇率失调。因此，虽然"BBC制度"易受冲击影响，但政府干预可能使汇率保持在汇率带内。监控汇率带则具有两者的优点：虽然政府没有捍卫汇率带的义务，但其监控职能却暗含着一种假定行动来防止汇率偏离均衡汇率。至于中间制度中的管理浮动汇率制度，Williamson认为其具有缺乏透明度、没有预期的中心汇率这两大缺陷。据此，Williamson更赞同新兴市场国家实行监控汇率带制度。

3．中间空洞论

Obstfeld和Rogoff（1995），Summers（2000）以及Fischer（2001）等认为，资本的高度流动性使政府对于汇率的承诺变得缺乏可信性，在此基础上他们提出了"两极"或"中间空洞论"（Hollowing-out of Intermediate Regimes）假说，即介于严格固定汇率与自由浮动汇率之间的中间汇率制度已变得不可维持。"中间空洞论"认为，有管理的浮动汇率制度、爬行钉住制度和较大波动幅度的固定汇率制度等中间汇率制度都正在消失或应当消失，而只有完全固定汇率制度或独立浮动制度才是唯一可持久的汇率制度。Fisher在将IMF成员国官方汇率安排划分为硬钉住汇率制度、浮动汇率制度、中间制度这3类的基础上，对发达国家、新兴市场国家及其他国家的汇率安排分别进行了统计。他发现，发达国家和新兴市场国家中采用硬钉住汇率制度、浮动汇率制度、中间汇率安排的成员国占总成员国的比重分别由1991年的5%、29%、65%变动到1999年的25%、47%和27%。从统计结果看，世界各国汇率安排的变化似乎符合"两极论"观点。但在新兴市场国家普遍存在官方公布的制度与实际采用的制度不一致的现象，如IMF公布的韩国、泰国、菲律宾和印度尼西亚都属于实行"独立浮动"的汇率制度的国家，而这四国事实上采用的是中间形式的汇率制度。

4．恐惧浮动论

持"浮动论"者认为，固定汇率制度(尤其是软钉住制度)是引发20世纪90年代新兴市场经济的货币和银行危机的原因。他们建议新兴市场国家与美国等发达国家一致，实行货币自由浮动制度(Reinhart，2000)。而Chang和Velasco (1998)认为，对于新兴市场国家而言，主要的问题是如何让本币浮动，避免出现"恐惧浮动"。"恐惧浮动"是指一些被认为采用弹性汇率制度的国家，事实上实行的是将汇率在狭小的波幅内软钉住某一货币(通常为美元)的现象。Calvo和Reinhart (2000)的研究表明，新兴市场国家有意识地实施稳定汇率的政策性行为，使其汇率波动率较低；并且这些国家利用名义利率和实际利率作为干预外汇市场的手段。因此，尽管很多国家声称放弃了可调整的钉住汇率制度，但实际上由于"恐惧浮动"的存在，这些国家实际采用包括可调整的钉住、爬行钉住、汇率目标区在内的软钉住制度。

可以看出，新兴市场国家在汇率制度选择方面不断尝试，以期能够在较安全的汇率制度下发挥经济的后发性增长优势。但当前汇率制度的缺陷不断对新兴市场国家的经济进行冲击。下面将以新兴市场国家在现有汇率制度下的必然困境——货币错配为例进行分析，以望能够了解汇率制度选择对金融稳定的重要性。

第二节　新兴市场国家汇率制度选择的困境——基于货币错配的角度

一、货币错配对金融体系的冲击

(一)货币错配的定义

在开放的经济体系下，经济主体会面临期限错配(maturity mismatch)和货币错配(currency mismatch)的风险。所谓货币错配，指的是一国或地区的权益实体(包括主权国家、银行、家庭等)在进行国际经济合作和交易时，由于使用不同货币计值，导致资产负债表和损益表的净值和净收入对汇率变动比较敏感的现象。净值和净收入对汇率变动的敏感性同货币错配的程度成正比(Goldstein and Pauzner，2005)。从存量的角度解释，货币错配指的是资产负债表(净值)对汇率变动的敏感性；从流量的角度解释，货币错配则是指损益表(净收入)对汇率变动的敏感性。净值或净收入对汇率变动的敏感性越高，货币错配的程度就越严重。严重的货币错配情况很容易对经济产生严重冲击。当汇率的变动使净收入或净支出发生变化时，特别是净支出剧增时，很可能引发权益实体的流动性危机。

(二)新兴市场国家货币错配的成因

新兴市场国家的货币错配问题是国际因素和国内因素共同作用的结果，是新兴市场国家在经济发展过程中无法避免的问题，同时也反映了新兴市场国家在现行国际货币体系下和经济全球化进程中所面临的一种两难困境。总体而言，货币错配的形成主要有以下3个具有代表性的原因：

1. 原罪论

Eiehengreen (2001)、Hausmann (2000) 认为新兴市场国家自身的金融市场发育不完善导致了货币错配。由于金融体系发展不完善的原罪存在，导致新兴市场国家在国际上不能用本币借贷形成货币错配，在国内不能以本币进行长期借贷形成期限错配。新兴市场国家在经济发展过程中，不断进行自身制度的完善、大力发展国内债券市场等工作，并且实行稳健的政策保证经济的稳步增长。但即使如此，仍然不能解决其原罪问题。因此，Eiehengreen 和 Hausmann 更强调了这种原罪在新兴市场货币错配形成过程中的重要作用。

2. 制度缺陷

Goldstein 和 Pauzner (2005) 认为并不是原罪导致货币错配。他们强调由于新兴市场国家在政策制定和制度建设等方面存在缺陷，最终形成货币错配，如不完善的固定汇率安排和监管体系设计、错误的货币政策、货币错配信息不透明、较低的银行信用等级评估能力、无效的外债管理政策、忽视发展国内债券市场等。

3. 高储蓄两难综合征

McKinnon (2005) 用“高储蓄两难综合征”这一概念分析了亚洲金融危机发生之后东南亚新兴市场经济体的货币错配情况。危机发生以后，如韩国等东南亚经济体在经济复苏的同时积累了较大的经常项目顺差，使其从国际债务国变为国际债权国。然而，由于东南亚地区实际上是处于美元体系之中，因此它们增加的国外权益只能以美元计值，并形成流动性很高的美元资产。以韩国为例，其87% 的出口和81% 的进口都以美元定价。除日本外的其他东南亚各国与韩国相仿，对外贸易皆以美元定价。因此在全球经济失衡背景下，东南亚新兴市场经济体对美贸易持续顺差而累积的美元债权使它们面临两难：美元汇率的波动容易导致本国潜在的资产负债表损失，一旦本币升值，可能引发通货紧缩并使出口企业失去竞争力，而私人和机构持有的美元资产多未进行套期保值，这将使他们面临贬值风险；若保持美元相对本币的稳定，外贸对象如美国又会威胁实行贸易制裁。总之，本国国际地位的丧失使货币错配成为新兴市场国家的必然现象。但新兴市场国家采取了一系列的措施来降低货币错配风险，取得了较理想的成效。

(三)货币错配对新兴市场国家金融体系的冲击

新兴市场国家的货币错配是国际货币格局的自然产物，国际货币不对称是发展中国家货币错配的根源。20世纪末期以后，国际货币体系以美元和欧元作为“关键货币”，而美、欧之外的其他所有国家和地区的货币则无法在国际经济交往中使用。由此货币错配成为常态，对新兴市场国家的金融稳定和经济发展构成了威胁。从过去新兴市场国家的经历来看，货币错配不仅是引发金融危机的重要因素，也使解决这些危机的成本变得更高。

东南亚金融危机爆发之前，墨西哥比索危机已经暴露出货币错配对经济的不良影响。1989—1994年，墨西哥经济迅速增长的同时，其金融相关部门亦迅速膨胀。在1994年2月到12月的短短11个月时间，墨西哥的短期债券存量增长10倍。截至1994年12月，墨西哥以美元计值公债的数量已超过其外汇储备总量约100亿美元（Goldstein and Calvo，1996）。在1993年12月和1994年12月一年间，墨西哥银行业的外币负债总额增长近一倍，从890亿比索增加到1 740亿比索。其中，墨西哥大、中型企业存在相当严重的货币错配，具体表现为外汇收入仅占销售收入的10%，但外债却占总负债的60%（Goldstein and Turner，1996）。1995年危机爆发时，墨西哥债券市场大量抛售用本币计值的国库券，使墨西哥比索兑美元汇率大幅下跌。墨西哥当年实际GDP缩水7%。

二、新兴市场国家应对货币错配困境的举措

要避免货币错配，一个灵活、市场化程度高的外汇交易市场是不可缺少的。新兴市场国家多采取固定或隐性固定汇率制度，普遍采取较隐蔽的政府干预方式避免货币错配。但新兴市场国家的外汇市场多发展缓慢，使国内微观经济主体很难通过外汇市场进行充分有效的套期保值操作，进而能够有效解决期限错配问题并反映真实的汇率水平。

(一)不发达的外汇衍生市场

货币的期限错配某种程度上表现为外汇买卖时期限结构的不一致性。若

存在较为灵活的外汇衍生市场，可以对其进行自由买卖，那么利用外汇市场自身的调节功能自然可避免错配现象的发生。一旦外汇市场操作受制于外界因素，则可能出现错配问题。IMF 对新兴市场国家的外汇市场发展情况进行了调查评估，结果表明，大多数新兴市场国家的外汇市场已经取得了较大发展，但仍局限于只允许远期外汇以及其他外汇衍生品交易，而未能完全实现远期外汇交易的自由化。

(二) 市场集中度高

丁一兵(2005)认为，新兴市场国家(尤其是开放小国)自身金融资源和经济实力有限，金融市场不完善(尤其是债券市场欠发展)，其货币又尚未国际化，导致其货币具有内在的脆弱性。一旦新兴市场国家国内借款人不得不借入外币资金并难以进行套期保值操作，就构成了外部融资的内在风险。这会使本币具有更大的潜在不稳定性，使得本币在国际市场上的使用受到极大的限制。因此，只有新兴市场能够提供一个多元化经营的外汇市场，利用市场自身的操作灵活性，可能化解自身由于货币错配导致的风险问题。但从新兴市场国家外汇市场当前的发展来看，其市场集中度较高，一般仅仅由几家银行开展外汇业务。另外，在很多国家中由少数机构来集中管理大量的外汇和金融交易。参与兑换的金融部门虽然增强了市场竞争能力，但其交易占该国总体的交易份额较小。一旦形成这种高度集中经营的外汇市场，不利于本国货币的国际化，更增加了操作外汇降低风险的难度，也不能提供较为灵活的外汇融资方式。在这种条件下，势必增加本国货币错配的风险。

(三) 市场透明度低

完善的外汇市场能充分体现外汇交易的公平性、市场性以及流动性。只有外汇市场实现充分的信息传递，才能让外汇交易实现市场定价。只有外汇市场具有完善的市场结构，才能保证外汇在国际上的流动性。新兴市场国家的外汇市场基本是分散的交易商市场结构。这种结构便于国家的规划与管理，但容易造成外汇市场交易透明度较低。从总体上看，新兴市场国家现有外汇交易规模较小，这样在外汇市场上的流动性较差，并容易形成较高的外汇市场集中度。这种市场结构下，外汇交易的交易成本较高，透明性差，市场深化程度不足，并且市场形成的外汇价格不足以完全体现其真正的价值。这种市场结构下的问题会增加汇率的波动幅度，这样新兴市场国家的货币错配问题很容易激化并造成危机。

三、新兴市场国家的外汇储备对汇率制度的影响

(一)稳定的汇率制度管理货币错配

新兴市场国家外汇市场发展不足，无法通过外汇交易反映出国家整体的经济和金融水平。从这个层面考虑，新兴市场国家只能依靠相对稳定的汇率制度，利用政府对外汇的宏观管理能力为微观主体提供风险保护来应对货币错配。

为尽量减少因货币错配给国家经营带来的风险，新兴市场国家倾向于选择相对稳定且国家便于管理的汇率制度。在经济全球化的今天，固定汇率制度在多数国家失去市场，越来越多的新兴市场国家采取有管理的浮动汇率制度来保证汇率相对稳定地波动。与传统的固定汇率制度相比，管理浮动汇率制度在管理汇率方面较具弹性。与固定汇率制度明确规定货币兑换比率不同，在管理浮动汇率制度下，货币当局可以根据国内经济形势自主选择适当的汇率水平来控制汇率波动幅度。一旦汇率波动出现异常，新兴市场国家则会动用政策手段干预外汇市场，控制其在一定范围内波动。该制度最明显的优势在于可以避免固定汇率制度下明确的汇率目标带来的国际资本冲击。若实行固定汇率制度，一旦本币过于高估或低估，则投机资本会加大对该国汇率制度的冲击。在管理浮动汇率制度下，国家能够有效避免国际投机资本单向的货币冲击。另外，由于该制度体系下没有固定的汇率目标区，所以有进一步阻碍外来冲击的可能性。

根据上述分析，可以看出货币错配带来的经济风险可部分通过采用较灵活的汇率制度方式加以解决。当然，是否有足够的实力维持该项汇率制度，与该国总体经济实力密切相关。

(二)外汇储备对维持稳定汇率制度的保证

平稳的汇率制度需要政府的有效干预，而政府对外汇市场的干预则要以雄厚的外汇储备为基础。外汇储备数量与国家偿付能力成正比，外汇储备越丰富则政府干预汇率的能力越强。因而，国家面对国际投机资本的冲击时，会认真考虑外汇储备规模。同等经济基本条件下，国际投机资本会对外汇储备数量多的国家采取较为谨慎的态度。

IMF的相关研究表明：危机发生国的短期外债与外汇储备比率在发生危机前要远高于未发生危机国。这表明，外汇储备在稳定经济形势、防止金融危机爆发等方面具有重要作用。但外汇储备量也要有一定限度，过高或过低的储备都不利于经济稳定。充足的外汇储备能够让国家稳定外部货币的冲击，但这也证明有过多的富裕资本闲置。一方面，这会给国家带来不必要的外汇损失，另一方面，也会给本国带来较严重的本币升值压力。1980年后的日本的情况就说明了这个道理。当然，过低的外汇储备不足以防止本币贬值，外汇储备的枯竭也意味着该国丧失了直接抵御本币冲击的能力。总体来看，新兴市场国家非常重视外汇储备在抵御货币贬值危机方面的作用。

保持足额的外汇储备、防止国际支付危机以稳定对本币的信心，既是新兴市场国家维持自身经济金融稳定发展的内在需要，也是当今国际货币体系的基本特征或基本运行机制。进入20世纪90年代后，新兴市场国家各项外汇储备管理指标都远高于发达国家。新兴市场国家的危机意识越来越强，均通过增加国际储备来为可能突袭的危机提供蓄水池，起到适当缓冲的作用。

第三节　新兴市场国家汇率制度变迁与金融稳定

一、新兴市场国家汇率制度的选择

汇率制度选择与融入世界经济的程度密切相关。进入20世纪后，整个世界经济发生了翻天覆地的变化，国家与国家之间的交往越来越密切。经济全球化的过程也成为世界各国汇率制度选择的过程。新兴市场国家也积极地选择适合本国的汇率制度来满足自身经济发展的需要。

(一) 亚洲新兴市场国家汇率制度的变迁

事实上，亚洲各国汇率制度的主要变迁发生在20世纪70年代布雷顿森林体系崩溃之后。第一次世界大战之前，世界各国基本实行固定汇率制度，区别仅在于货币盯住标准不一致。如印度尼西亚等国实行金汇兑本位制，与金本位制国家一样选择同英镑保持固定。另外一些国家实行银本位制，根据国际市场上金银比价的变化来确定汇率的稳定性。20世纪30年代，出于霸权争夺的需要，世界主要货币进行竞争性贬值，亚洲主要国家采取分别钉住英镑、法郎和美元的固定汇率制度。

第一次世界大战后，美元确定了世界关键货币地位，在布雷顿森林体系下，世界主要国家均实行了盯住美元、美元与黄金挂钩的固定汇率制度。20世纪70年代，美元为应对世界各国的汇兑需要，强迫本币两次大幅度贬值，美元不再充当盯住黄金的角色，世界各国的汇率也发生了变动。1973年后，亚洲主要国家实施外向型经济发展模式，为适应增加的贸易需要，在20世纪80年代以后基本陆续放弃钉住单一货币的汇率制度，从固定汇率制度过渡到有管理的浮动汇率制度。如马来西亚在20世纪80年代之前实行货币与英镑挂钩的固定汇率制度，而后顺应经济发展形势，改为实行浮动汇率制度，逐步实现本币的升值。泰国在1954—1984年的30年间，实行固定汇率制度。1984年泰铢贬值以后，泰国改为实行钉住以美元为主的一篮子货币汇率制度。印度尼西亚对汇率制度的调整比较频繁，1971—1978年间采取卢比与美元挂钩的汇率制度。但印度尼西亚的发展与美国长期不同步，导致其通货膨胀率相对高于美国，本币被高估。因此，印度尼西亚在1978年到1986年间3次主动将其货币贬值。之后印度尼西亚实行有管理的浮动汇率制度，并且仍然保持贬值的趋势，其贬幅年均4%左右。同一期间，菲律宾也采取了有管理的浮动汇率制度。

进入20世纪90年代之后，亚洲各国对汇率制度的调整趋于谨慎。1990—1996年间，在各国政府的干预下，亚洲主要新兴市场国家的货币波动幅度都不大。根据IMF的分类，截至1997年3月31日，泰国实施的是钉住一篮子货币汇率制度；印度尼西亚、马来西亚实施有管理的浮动汇率制度；菲律宾实施独立的浮动汇率制度。1997年7月东南亚金融危机爆发后，危机波及的国家对汇率制度进行适当的调整，如泰国等开始实施全面的浮动汇率制度。该时期亚洲主要新兴市场国家对于危机的认识不足，同时没有足够的外汇储备，也缺乏危机防范意识，最终在国际投机资本的冲击下，以泰国放弃钉住汇率制度标志着危机在亚洲全面爆发。此后亚洲主要国家货币开始大幅度贬值。危机之后，亚洲各国根据各国需要重新对汇率制度进行调整，并加大政府对于危机的防范力度。至今，除中国在2005年实行汇率制度改革外，其他国家无实质性的变化。

(二)拉美新兴市场国家汇率制度的变迁

与亚洲国家相比，拉美国家的汇率制度变迁基本与国际货币体系中汇率制度的演变保持同步。1972年之前拉美国家以实行固定汇率制度为主。到20世纪80年代中期以前，多数拉美国家实行与美元挂钩的汇率制度。到20世纪80年代后期，拉美新兴国家不断进行经济改革，调整对外发展策略。随着与外界接触的逐步增多，它们由固定或盯住制度逐步向浮动或相对浮动汇率制度转变。甚至有部分拉美国家在近年来出现美元化的汇率变动趋势。IMF认为拉美国家主要存在4种固定汇率制度。事实上，多数拉美国家以对外汇市场进行各种形式的干预，控制或减缓市场汇率的波动，实行有管理的浮动汇率制度。

细数20世纪90年代拉美汇率制度的选择情况，阿根廷实行货币局即钉住单一货币汇率制度，玻利维亚、哥斯达黎加和尼加拉瓜实行钉住一揽子货币汇率制度，智利、哥伦比亚、乌拉圭和委内瑞拉等国实行有限的浮动汇率制度，巴西、墨西哥、巴拉圭、秘鲁等实行有管理的浮动汇率制度。该阶段除墨西哥和巴西外，多实行介于固定汇率制度和浮动汇率制度之间的偏向固定汇率钉住汇率制度。盯住汇率制度在20世纪90年代新兴市场国家危机爆发之前，很大程度上稳定了拉美国家经济。1994年墨西哥金融危机和1997年东南亚金融危机改变了拉美国家对盯住汇率制度的看法，它们开始重新考虑新的汇率制度。Mishkin（1999）指出，新兴市场经济体不适合有利于控制通胀的钉住汇率制度。

从拉美新兴市场国家汇率制度变迁过程可以看出，拉美国家从原来的盯住汇率这种中间性的汇率制度，分别尝试了浮动汇率制度与美元化。在制度选择过程中，总体来讲，拉美国家更偏向于选择固定汇率制度。

二、新兴市场国家汇率制度转换的案例——以泰国与智利为例

（一）泰国固定汇率体制的崩溃

1．泰国汇率制度的转换

1984年，泰国开始实行钉住一篮子货币汇率制度。一篮子货币中，美元所占权重最大，因此，泰国事实上实行的是钉住美元的汇率制度。之后，泰国经济发展状态良好，保持着较高的经济增速和温和的通胀率。从1977年开始，泰国就一直存在严重的经常账户逆差。到1995年，美元的升值更恶化了泰国经常账户。到1996年年底，泰国经常账户赤字达到126亿美元，约占GDP的8%。为缓解贸易压力，泰国决定在不改变汇率制度的条件下开放资本账户，希望通过资金流入平衡国际收支水平。该政策吸引了大量国际资本，到1996年，泰国外债总额达到867亿美元，人均外债1 562美元。但无节制的资本流动带来了更多的短期资本，也使国内经济增长过热，表现为房地产与股票市场虚拟泡沫严

重。1997年年初，国际投机资本开始对泰铢发起了连续攻击，泰铢贬值压力极大。危机爆发初期，泰国利用外汇储备对外汇市场进行干预，希望能够稳定汇率水平。但大势已去，随着市场惊恐性地抛售泰铢，泰国最终无法维持原有汇率制度。1997年7月2日，泰国政府宣布放弃钉住一篮子货币汇率制度，实行有管理的浮动汇率制度。之后，泰铢大幅度贬值。到1998年，泰铢对美元贬值了60%左右(操君，2007)。至此，东南亚金融危机全面爆发。

2. 汇率制度转换的原因

(1)长期的经常账户逆差，对泰铢产生贬值压力。事实上，从20世纪70年代后期开始，泰国经常账户就出现了逆差。到20世纪90年代，该问题愈加明显。泰国经济发展初期，从发达国家吸引大量投资扶植本国高新产业。但发展的短视导致泰国中间产业发展乏力，并且高新产业多建立在进口的基础上，因而形成了较为畸形的产业结构。另外，泰国一直依赖于自身廉价的劳动力优势发展对外贸易。从出口产品的价值构成看，劳动力价值与资本投入的比例大概为1∶2。经济发展后，工人工资增加，产品成本增加。其他新兴国家的兴起也为国际产品加工提供了廉价劳动力，对泰国出口贸易产生了一定的替代效应。此外，出口导向型的国家受外界因素的干扰较大，1995年后美元汇率升值，实行固定汇率制度的泰国更进一步地降低了出口产品竞争力。

(2)盲目的资本账户自由化，致大量投机资本流入。20世纪90年代中期，泰国政府感觉经济增长乏力，为此加速开放资本账户。此举一方面可以吸引外资促进本国经济发展，另一方面可通过资本账户顺差平衡国际收支。该项措施为泰国筹集了大量资金，从1990年到1996年，泰国资本流入量翻了一番，从97亿美元增加到195亿美元。同时，实行资本账户自由化之后，每年资本账户顺差都超过经常账户逆差，缓解了国际收支压力。但泰国国外经济形势与国内采取的政策手段导致向泰国国内流入的资本多为短期投机资本。从国外看，进入20世纪90年代后，西方发达国家经济增长缓慢，甚至出现衰退迹象。因此，它们普遍降低利率以刺激经济增长，但与新兴市场国家相比，其国内资本收益过低，反而促使资本向新兴市场流动。而泰国国内长期保持较高的经济增速，汇率稳定，放松了金融管制，利率较高，因此吸引了大量国际资本。但1993年泰国建立的曼谷国际银行设施（Bangkok International Banking Facilities，BIBF），最终导致泰国的短期外币借款大量增加。从1993年到1996年，BIBF靠短期信贷来维持持续长期放贷，吸引大量短期资本，并促使短期外债增加。从1990年到1995年，泰国短期外债比重从36%上升到52%。高比例的短期外债比重，增加了经济的不可控性。另外，从外债总体规模判断，1993年到1997年泰国外债规模增长超过100%，从521亿美元增加到1 093亿美元。外债过多增加，要求高估本币才能减少债务成本，因此，也增加了对固定汇率的压力。

(3)膨胀的经济泡沫强化了国内金融风险，减弱了对固定汇率的市场信心。金融自由化给泰国带来了丰厚的收益，国内资本盈余后开始搜寻高风险、高收益的投资项目。以泰国国内金融机构为首，市场资金广泛向房地产和股票市场集中。1993—1994年，泰国房地产和股票价格飙升，仅仅一年时间，股票指数翻了一番。短期看，繁荣的资本市场为银行等投资者创造了丰厚的收益，但同时也恶化了资产结构并增加了整体的金融风险。1995年，房地产市场和股票市场的泡沫开始破灭，房市供大于求，股价与房地产价格首次大幅下跌，泰国金融市场开始动荡。从1996年开始，因投资泡沫的破灭，泰国国内金融机构的许多贷款转为呆坏账，部分银行甚至出现信用危机。至此，泰国金融市场开始恐慌，并强化了对货币贬值的市场预期，股票市场开始出现恐慌性的抛售行为，而国外投资者在国内资本市场的比例很高，过多的抛售行为造成大量国外资本流失，增强了外汇市场的需求并加大了泰铢贬值的压力。

(4)外汇储备结构不稳定，稳定外汇市场的能力不足。1996年之后，泰国的经济形势趋于恶化，经济泡沫的破灭引起市场恐慌并使泰铢大幅度贬值，整个国家的资本流向发生逆转。固定汇率制度下，泰国中央银行必须进入外汇市场，利用外汇储备维持固定汇率。但一方面，泰国外汇储备总额较少，进入外汇市场后很容易枯竭，另一方面，短期资本构成份额较大，加快了外汇储备的消耗速度。市场信心的丧失加上外部投机资本的攻击，快速消耗掉外汇储备，最后泰国只能选择放弃固定汇率制度。

(二)智利汇率制度的顺利转换

相对于许多新兴市场国家的汇率制度改革，智利的汇率制度市场化过程具有很好的借鉴意义。

1. 退出固定汇率制度的背景

20世纪70年代至20世纪80年代初期，智利国内经济发生一系列变化，最后促使智利进行汇率制度改革。智利政府在1973年推行市场化改革，经过两年的发展，到1975年摆脱了经济衰退。1978年2月，智利公布包含汇率日贬值率的"汇率表"。1979年6月，智利实行固定汇率制度。之后，智利进行了一系列金融自由化措施，其中包括放松对外资银行的管制等。金融自由化带来大量金融资本，但也给智利带来一些问题。

1979年，世界石油价格上涨加上由金融自由化引起的比索实际汇率升值，减少了智利的产品出口，恶化了智利的整体经济形势。1981年智利GDP增速放缓，仅达到5.5%。到1982年，智利GDP出现负增长，降至-14.5%并引起大量失业。严重的经济危机迫使智利在1982年6月最终选择放弃固定汇率制度，并使比索贬值15%。1982年8月的墨西哥经济危机使投资者丧失了对智利市场的信心，进一步恶化了智利的经济形势。为此，智利政府进行了全面的结构改革来改变经济形势。1982年9月底，智利采用爬行钉住的汇率制度。为吸引国际资本，提高产品竞争力，智利政府对实际汇率进行操控，不定期进行贬值。另外，智利政府加强对资本的管制，关闭外汇出售窗口来阻止资本外逃。同时，智利成立外汇调剂市场，在国内形成两个平行的外汇市场，加大对外汇的控制力度。

2. 退出固定汇率制度的过程

经历了不断的摸索和实践，智利完成了从退出固定汇率制度到逐渐走向浮动汇率制度的过渡，整个过程可分为3个时期。

第一个时期是1985—1989年，智利实行爬行钉住区间制度。在1989年之前，其名义汇率和实际汇率在窄区间内缓慢贬值。为提高出口竞争力，智利在1989年将汇率波动区间扩大到 ±5%。总体看，1985—1988年的3年间，比索实际贬值约33%，这段时间的贬值大大提升了智利的对外竞争力。同一时期，智利利用稳健的经济政策辅以偏紧财政政策，稳定国内通货膨胀水平，加大金融监管力度，改革卓见成效。该阶段智利经济增长稳定，其经济年增速均为5.7%。另外，智利的经常账户赤字占GDP的比重下降幅度较大，达到10%，至1988年仅为1%的水平；财政账户也由亏转盈，财政赤字占GDP的比重从1985年的3.5%，转为1988年的财政盈余占GDP的2.5%。但此期间通货膨胀率仍然较高，徘徊在15%~30%。但因通胀的年增速低于比索的贬值率，故未对智利的经济增长起到阻碍作用。

第二个时期为20世纪90年代初期到中期，鉴于流入国内的资本过剩，外汇市场压力过大，智利的经济政策趋向于管理资本，并将汇率制度转向爬行钉住一篮子货币制度。在此期间，智利的名义汇率和实际汇率持续升值。20世纪90年代后，智利的开放资本账户政策加大了外汇市场压力，智利汇率开始升值。据智利央行统计，1990—1995年外资的净流入量占国内生产总值的比重年增长约6%。外资猛增，给智利带来了通胀压力，因此，其政策目标取向调整为以控制通货膨胀为主。

这一阶段，智利政府除利用收缩银根、对冲干预、资本管制等管制性政策外，对汇率制度进行了调整：第一，控制汇率有序稳定升值。1990—1996年的6年间，比索实际汇率年均升值4.6%。1992年和1994年，智利政府分别把比索名义汇率升值5%和10%。第二，扩大比索浮动区间。从1989年开始，比索浮动区间从 ±3%调整为 ±5%；1992年区间调整到 ±10%；1997年更扩大到 ±12.5%。宽松的汇率浮动区间可以增加投机成本并减少投机机会。第三，为避免汇率高估，智利实行钉住一篮子汇率制度，进一步增强汇率不确定性，保持本币升值。1992年7月，智利改变汇率制度，实行了钉住美元(权重为50%)、德国马克(权重为30%)和日元(权重为20%)3种主要国际货币的一篮子汇率制度。

经过这一阶段的汇率制度改革，智利政府实现了控制通胀的目标，并在维持汇率稳定升值的条件下，有效减少了投机资本对本国的冲击，减少了金融动荡。

第三个时期为20世纪90年代末期，智利国内金融市场稳定，正式实行浮动汇率制度。1997年的东南亚金融危机引发的俄罗斯、巴西金融危机，对同为新兴市场国家的智利也产生了很大影响。当时，尽管智利的汇率波动区间较宽，为±12.5%，但汇率的实际波动范围远远小于中心汇率以下的区域。出于对控制通货膨胀的考虑，智利改变了汇率浮动范围，将其波动幅度调整为在中心汇率+3%与−2.5%之间。受金融危机的影响，智利的货币贬值并没有带来高通胀，国内市场也无剧烈反应。之后，外汇市场发展平稳，汇率在事实上接近中心汇率，不再贬值。因此，1999年2月智利政府开始使用自由浮动汇率制度，取消了过去的爬行钉住汇率制度。

(三)泰国与智利汇率制度转换的经验分析

1. 新兴市场国家多面临汇率制度调整的问题，在进行制度转换时，选择恰当的时机至关重要

一般而言，若因国家内部发展的原因导致货币处于严重的贬值压力时执行退出盯住汇率制度，强大的外部投机资金会虎视眈眈，并借机对货币进行攻击，加速货币贬值，并最终形成危机。同时，市场会对政府的公信力丧失信心。这样会加剧投机活动的出现，并增加货币危机发生的可能性。泰国与智利是两个典型的例子。泰国处在强大的货币贬值的压力下，国内外市场都能预期到政府会执行退出钉住汇率制度，因此投机资金会在短期内聚集，并迫使政府放弃原有的汇率制度。而智利则选择当面临资本流入和货币升值压力时，主动及时地采取退出战略。二者比较，一个是在危机膨胀时被迫行动，而另一个则选择在危机萌芽阶段主动出击，因此，泰国和智利得到了不同的改革结果。

2．在进行制度转换时，要稳住脚步，坚持稳定渐进的退出战略

新兴市场国家在实行制度改革时，要明确制度改革的目的以及可能带来的后果，必须在有针对性的防范和准备过程的指导下，循序渐进，才能最终实现制度的平稳转换。与泰国相比，智利在进行制度转换之前，逐渐增加货币的利率弹性。如先实行狭窄的爬行钉住制度，一方面使市场对未来的汇率方向有良好预期，另一方面能保证市场对新体制的适应性。条件成熟后，实行较宽区间的爬行钉住汇率制度。在确定实行浮动汇率制度之前，智利利用通货膨胀目标制稳定市场。二者相结合能够稳定市场信心，并增加政府控制通货膨胀的信誉。目标明确后，缓慢的升值过程会减少投机货币的攻击。因此，最终只能在控制通货膨胀的前提下，实现汇率制度转型。

3．汇率制度转换时要注意资本账户开放水平与金融监管水平的协调

比较世界各国汇率制度转换史，成功转换的国家都有着强大的控制资本流动能力和足够的金融监管能力。发达国家与新兴国家比较，前者基本在转换汇率制度之后才实行资本账户开放，即在资本账户完全管制的情况下实行汇率制度改革，而后者的成功经验同样证明，只有在转换汇率制度之前控制好投机资本的流动性，防止本币被冲击，才能保障制度的稳步转换。如智利在转换过程中，充分利用无偿准备金制度对短期资本的流动进行了较好的管理。

4．稳健的银行体系是成功化解金融危险和防止金融危机的关键

银行系统中，外汇负债是最不稳定的因素之一。为防范和化解汇率波动引起银行负债的变化，进而冲击国内银行业，从汇率制度改革中期开始，智利通过法律法规的制定对其进行防范。1986年，智利政府修正银行类相关法案加强金融市场的自我约束能力，并对银行等金融机构进行审慎管理。这些法案从多方面对金融业进行了改革，内容主要包括严格限制关联贷款，加大银行公布其资产质量的信息的透明度，提高资本充足率，限制银行活动，建立现场考察制度等（Velasco，1991）。1997年智利又通过了新的《银行法》，使国内银行业的发展向《巴塞尔协议》靠拢，提高自身建设能力。此外，为了保证社会资金流通体系的正常运行，明确制定了银行存款保险制度，即对活期存款进行全额保险。上述这些稳健措施，保证了智利银行业能够在资本账户开放时有效控制信贷扩张，有效制止不良贷款的形成，并减少对冲汇率变动的风险头寸。与智利相比，泰国银行业则在实行资本账户开放后，过度实行信贷扩张，使过剩资金流向房地产和证券市场，最后形成了巨额不良资产，引起社会动荡。

5. 转换过程中要注意加强货币和财政政策的相互协调

20世纪80年代末，由于资本流动的加大，智利外汇储备大量增加。从1989年12月到1995年12月，智利外汇储备额从30亿美元增加到148亿美元。外汇储备的巨额增加引起货币供应的膨胀，也加大了通货膨胀压力。为此，智利央行采用多方面政策对过剩资金进行控制。1990—1995年，智利均保持财政盈余。通过货币政策与财政政策的配合，智利有效地对外汇储备增加而引起的货币增加进行控制，避免汇率制度转换过程中的风险，并创造了较好的国内经济环境保障。

三、关于汇率制度选择与金融稳定的历史经验分析

对于新兴市场国家，其汇率制度选择的目标具有多重性，包括稳定国内宏观经济、稳定国内物价水平、促进对外贸易和投资以及保持区域内汇率水平相对稳定等。

除上述目标之外，能够保持国内金融市场稳定，也是汇率制度选择时不可忽视的一个重要方面。不同的汇率制度选择下，汇率会呈现不同的波动幅度并进一步影响国内的投资以及金融行业的稳定。

实行何种汇率制度一直是纠缠整个新兴市场国家的一个问题。布雷顿森林体系瓦解后进入所谓的浮动汇率制度时代，与之前相比，在基础设施完善、制度体制健全以及金融创新迅猛发展的带动下，经济蓬勃发展，创造了以前从

未有过的经济奇迹，也出现了经济强国。但对于后发优势兴起的新兴市场国家而言，因其借助了发达国家已有的技术、管理等方面的先进经验，能够充分利用自身的资源优势，使经济迅速发展。然而，对于如汇率制度选择等方面的金融体系难题，甚至包括发达国家也仍然处于探索阶段，新兴市场国家自身缺少更好的经验积累，更缺少发达国家所拥有的雄厚的经济基础，很难做出比较正确的选择。

20世纪80年代后，金融自由化的浪潮席卷全球，除开放资本账户等自由化措施外，各国纷纷采用了不同的汇率制度模式：有实行独立浮动汇率制度的国家，如阿根廷和1992年后的秘鲁；有实行固定汇率制度的国家，如1997年之前的新加坡、泰国和韩国等；也有一些国家实行实际意义上的固定汇率制度，如“汇改”前的中国等。但20世纪90年代在新兴市场国家爆发了一系列的危机以后，它们对汇率制度有了重新的认识。有些国家在经历危机之后，完全改变了原来的汇率制度状态。如1994年的墨西哥、1999年的巴西，从预见性的爬行盯住汇率制度转换成独立浮动的汇率制度；韩国则实行了独立浮动汇率制度。也有一些国家并没有改变原来的汇率制度状态。如1990年的阿根廷继续保持独立浮动的汇率制度；智利、印度、葡萄牙和尼日利亚等，也都没改变原有的制度形式。

发生危机的一些新兴市场国家由相对固定的汇率制度向相对浮动的汇率制度转变，但也有一些国家从相对浮动向相对稳定的汇率制度转变。如1992年之后的秘鲁从独立浮动汇率制度转换成有管理的浮动汇率制度，韩国由管理浮动汇率制度变成独立浮动汇率制度等。事实上，实行何种汇率制度与国家自身的经济状况有直接关系。在自身金融体系不健全的情况下，贸然地实行浮动汇率制度，可能会引起热钱的进攻，投机行为会操纵资金流动造成汇率市场紊乱，进而形成严重的金融危机。

第十一章　开放经济条件下新兴市场国家的危机传导

1980年以后，新兴市场国家频繁发生金融危机，且金融危机多会迅速从一国蔓延至很多国家，很少单纯局限于一国经济体内部的经济动荡。在经济全球化的时代，各国的经济金融联系日益加强，休戚相关，世界经济已经形成了近乎一荣俱荣、一损俱损的发展模式。金融危机的传导过程，其实就是一个多国投机者、公众、政府和国际组织等各方参加的多边非对称信息的动态博弈过程。而危机的形成和传导也将导致参与者间的利益格局、实力对比和信息搜集的变化，从而进一步导致博弈均衡的变化，促使危机在各国间迅速传播与扩散。现代金融危机的蔓延是各种传导机制综合作用的结果，因此，我国有必要对新兴市场国家金融危机的传导机制进行深入研究，从而提供避免和应对危机的更有效的策略，减少危机中的风险和损失。

第一节　开放经济条件下金融危机的传导机制分析

一、贸易溢出效应

在经济一体化的时代，国家间的经济交往和相互依存关系日益深化，国际贸易则是其中最重要的组成部分之一。国际贸易在1980年之后日益呈现高速增长趋势。这不但有利于推动各国经济的共同发展和紧密联系，也使得国家间的经济贸易依存度快速上升。紧密的经济联系促使世界各国实现了较充分的经济信息共享，从而能够加速产业结构调整与国际转移。但是，贸易依存度的提高也促使国家间经济联动性增强，日益暴露在国际经济波动的冲击下。一旦贸易伙伴国的经济发生波动，那么这种波动将通过国际贸易这种传导渠道将不稳定性传递给贸易竞争国或者贸易伙伴国。如果一国的贸易竞争国或者伙伴国出现货币贬值，那么该国为了保持竞争力特别是出口竞争力就不得不进行货币贬值。另外，如果该国中央银行在别国贬值的情况下不采取贬值措施，则很可能使本国经济遭受流动性资本的投机性攻击（Gerlach and Smets，1994）。

概括而言，贸易溢出效应（Trade Spillovers）是指当一国经济遭受投机者的投机性冲击时，本国的金融条件会恶化，从而削弱与其贸易关系密切的一个(或几个)国家的经济基础，进而导致这些国家遭受投机性冲击的压力(安辉，2003)。贸易溢出效应主要体现为价格效应和收入效应两种实现途径。这两种效应不仅发生在有直接双边贸易关系的国家之间，而且更主要是体现在第三方市场上有价格竞争的国家间(刑毓净，2003)。因此，笔者将贸易溢出效应按照直接双边贸易型和间接多边贸易型两种情形来考察。

(一)直接双边贸易型的贸易渠道

直接双边贸易型传导是指如果两个国家是重要的贸易伙伴国，那么当其中一国发生金融危机并导致其本币贬值后，会造成另一国的出口的下降和国际收支状况恶化，进而导致另一国遭受投机性攻击。这种基于高度相关的直接双边贸易而导致的金融危机溢出效应主要通过以下4种途径得以实现：

(1)金融危机发生国因本币贬值而使得国内的商品和劳务的价格相对其伙伴国而言出现下降趋势，从而提高了其出口竞争力，导致其对贸易伙伴国的出口增加、进口减少，进而使得贸易伙伴国的贸易状况恶化、外汇储备减少，并因为经济基础的损害而受到货币投机性冲击。

⑵金融危机发生国因本币贬值而使得其出口到贸易伙伴国的商品、劳务价格水平下降，从而引发贸易伙伴国的国内物价价格水平下降，居民对本国货币的需求量随消费价格指数的下降而减少，于是贸易伙伴国居民兑换外币的数量增加，进而导致中央银行的外汇储备减少，诱发投机性的冲击。

⑶金融危机发生国因本币贬值而损害国内经济基础，造成国民收入减少，进而影响了其对贸易伙伴国商品、劳务的进口需求，造成其贸易伙伴国的出口量下降，贸易状况恶化，进而诱发国际游资对该国的投机性冲击。

⑷金融危机发生国因本币贬值而导致贸易伙伴国的竞争力相对下降，从而使得该贸易伙伴国的出口部门的失业率相对上升。此时，贸易伙伴国政府如果采用扩张性的货币政策和财政政策来降低失业率，则可能会导致资本流入量增加，进而诱发投机性资本冲击。

(二)间接多边贸易型的贸易渠道

间接多边贸易型传导发生在高度相关的在同一市场竞争的贸易联系国之间，主要是指一个国家国内金融危机的发生导致该国货币贬值，从而相对降低了与其竞争同一国际市场的其他国家的竞争力，进而诱发了国际游资对这些国家的货币投机性冲击。

二、金融溢出效应

信息与金融全球化加快了全球金融市场的资金流动，改变了国际金融资源的配置方式，增强了国际投机资本对一国政府宏观经济政策和微观投资主体决策的影响程度。资本能够迅速在各国流动，改变以往金融交易的供求关系和价格信号，这样一来，国际资本流动渠道就成为危机传导、输出的重要渠道。

简单地说，金融溢出（financial spillovers）是指当一国遭受投机性冲击发生金融危机时，通过国际资本流动渠道给其他直接相关或非直接相关国家带来的投机性冲击压力。现代国际金融市场把各个国家的金融紧密联系起来，一旦甲国发生货币冲击，该国在冲击下会利用金融中介机构等清算其他国家的金融资本，并通过直接投资、银行贷款以及资本市场渠道，把该国的流动性不足传染给乙国，引起该国资本抽逃。当然，该冲击也可能由甲国传导至乙国，乙国势必重新进行市场清算，进而可能会引发与乙国直接相关的丙国国内发生流动性不足，增加其遭受投机性资本攻击的压力。无论如前者的直接传导抑或如后者的间接传导，金融溢出机制都是因投资者将投资分散在世界各地的资产引起的。一旦投资者基于风险管理、流动性管理等重新组合资产，一国的金融问题就会通过金融溢出机制而形成较大规模的金融动荡。因此，当代国际投资组合一般会将投资分散于发达国家与各新兴市场国家和发展中国家，也关注地区构成，尽量减少区域间的连带效应。但与发达国家相比，多数新兴市场国家和发展中国家拥有较少的金融工具种类，其市场流动性低，因此该国投资者不得不选择经济情况类似的国家，利用现有金融工具对国家的投资头寸进行套期保值（李小牧，2000）。从某种意义上说，这种工具的缺失性造成金融危机更容易在同一类国家爆发。

三、季风效应

Masson（1998）把因发达国家经济政策的变化以及世界主要商品价格的变化等导致的新兴市场资本的流动形成的经济冲击称为“季风效应”（monsoonal effects）。全球化程度高、各国经济波动同步和金融波动的全球化条件则成为金融危机国际传导的助推器，一旦中心国经济政策或相关因素如物价等经济指标发生变化，则立刻会给它国造成影响。

“季风效应”的传导主要通过产业联动与政策冲击两条途径实现。一方面，由于世界各国都在采取措施加强本国产业的国际竞争力，并鼓励出口产业的发展，导致各国的出口产业急剧扩大和全球生产能力的急剧提高，并把各国经济紧密地联系在一起。这样，若一国出现金融危机也会因为产业联动效应的存在传向其他国家。产业联动效应的传导机制是通过“存货的加速原理”和产业的“结构性震荡”两条途径发生作用的（范爱军，2001）。当前区域化经济发展在全球经济中占着越来越重要的份额，而区域化经济体内部一般会形成依赖性或梯状产业链结构。这种发展模式确实对经济体的经济增长起到了重要的支撑作用，但也因此为金融危机在国际上的快速传导埋下了隐患。当一国政府不能主动采取措施对本国的产业结构进行调整时，就表现为由经济危机、金融危机进行破坏性调整。另一方面，在金融全球化背景下，由于各国经济通过多种渠道联系在一起，一国经济政策的变动构成对世界经济均衡状态的一种冲击，即政策性冲击。一国宏观经济政策的变化将通过国内吸收机制、资本流动机制和相对价格机制扩散等3个关键性的传导机制对本国国内需求产生影响（李小牧，2000）。当一国发生经济危机时必然通过政策手段对国内经济进行调节。当本国需求受到政策的调控时，会对相关国家的产出和需求产生影响，导致该国被迫采取与经济危机发生国协调的政策。就这样，经济危机通过政策传导至其他国家。

四、净传染效应

20世纪90年代后，国际金融市场关联程度更高，国际货币危机与以前相比传导性更强，简单利用上述危机传导机制不能很好地对其进行解释。净传染效应应时而生。

事实上，当一国发生经济危机时（如新兴市场国家中的一国发生危机），国外投资者会对其他类似国家（其他新兴市场国家）产生同样的心理预期和投资信心危机，随着投资者情绪的改变，对该类国家会造成投机攻击的压力，由此产生净传染效应。事实上，净传染效应主要用于解释当甲国与乙国无实质性的经济联系，不存在传统危机传导理论的宏观经济基础，但甲国发生危机会导致乙国也发生经济危机的现象。该效应以投资者心理预期作为主要传播途径，甲国发生金融危机，会导致投资者对乙国这样的类似国家重新进行评估，一旦乙国出现如货币贬值、资本外逃、资产价格下降等金融现象时，投资者对该类国家的整体评价状况会发生转变，使得该类国家出现资本抽回进而形成经济危机。

这种非接触性传导称为传染效应（Masson and Bayoumi，1995）或者真正的传染（Kaminsky and Reinhart，2000）。若危机通过传统传播途径对其他国家形成冲击，投资者会对与被冲击国经济形式类似的国家产生不良预期，即使危机并未真正影响该国，投资者也会抽回资金将危机传染至该国。一般认为，传染效应发生在有着相似的经济基本面、相似的发展史、相似的固定汇率体制、相似的文化背景等同类国家。

第二节　新兴市场国家之间的危机传导分析——以东南亚金融危机为例

一、新兴市场国家危机传导诱因

（一）金融体系的内在脆弱性

1. 货币的不稳定性

货币的产生加快了经济发展速度，而货币则成为金融系统各部门相互联结的主要工具。货币最初出现是作为一般等价物存在的，在市场上充当流动手段，对商品起到价值尺度的作用。当货币发展到近代，社会生产大幅度提升。为配合其发展，信用货币出现了。信用货币依赖政府或者货币发行单位的信任而存在，分离了以往货币的代表价值和内在价值。虽然信用货币的出现适应了经济迅速发展的需要，但同时也因信用货币的内在不稳定性而导致经济不稳定。一方面，货币的发行依赖于货币发行单位对经济增长的预测，因而货币量不一定能准确适应经济的整体波动情况。这样一来，一日信用货币发行过量则可能造成通货膨胀，进而扭曲货币价格的体现——利率。货币购买力下降会影响金融产品价格，并进一步增加价格波动的不确定性，进而增加金融系统风险。另一方面，信用货币自身应与现实货币一一对应，但事实上，在交易市场上存在的信用货币量要远远大于真实货币量。因此，在经济发生衰退时，一般情况下会增加货币提现量，一旦现金量不能满足需求，则会动摇货币的信用基础，进而引发一系列的金融危机。

2．金融资产价格的波动性

市场经济的最大优点就是可以利用价格的波动情况反映资源稀缺性，能够实现资源在全社会的有效配置并达到利用最大化。对于金融资产也是如此，资产价格的上下波动，一定程度上反映了投资者对于该资产的价值取向，也反映了该金融资产透露出的经济信息。因此，股价、汇率价格以及房地产价格等在现实中经常出现波动情况。与其他商品相比，金融资产具有更高的流动性，同时也受到投资者心理预期和政策取向的影响。在现代金融市场上，外界信息的变化可以迅速通过价格的波动得以体现。Stiglitz 与 Minsky 等对金融资产价格的波动从短期供求不平衡、市场预期不稳定性以及投机或资产投资形式的变化等进行解释。无论如何，金融资产价格在现代金融体系中表现出强烈的波动趋势，其波动能够影响投资者对于市场的信心，一旦金融资产价格出现异常波动，则很可能快速在真实经济市场上体现出来，并表现为金融危机。

3．新兴市场国家固有的缺陷

新兴市场国家均采用市场经济制度。该制度为新兴市场国家带来了高速的经济发展，但由于其特有的经济特征，也存在一些缺陷。其一是政府过度介入经济体系。作为 Keynes 主义经济学的忠实拥护者，政府对经济进行干预并促使其快速平稳增长已经成为世界各国普遍奉行的原则。但在新兴市场国家，政府对经济的干预程度远大于发达国家。以金融业为例，政府企图通过对少数垄断性银行的控制实现控制金融体系的目的，导致银行的独立性差，且由于过度的政府支持，使其不具备抵抗外来风险的能力。其二是市场垄断性较高。经济初期的发展，往往是在国家特有的经济发展安排下进行的。但经济高速发展形成某些支柱产业的同时，也使国家对市场过分垄断。垄断在发展初期较利于资源配置，但长期则不利于经济的平稳增长。其三是市场透明度低和有效性差。新兴市场国家多起步较晚，市场建设不完善，缺乏成型的市场机制和完善的市场制度，同时也没有形成完善的信息采集和传播渠道，造成其信息不对称性远落后于发达国家，进而形成道德风险和逆向选择等不利于金融稳定的风险因素。

(二)外部市场的不确定性

金融市场是一国经济增长不可或缺的重要元素，因此它往往更容易受到外界因素的关注，也因此在发展过程中充满了不确定性。不确定性指撇除金融市场自身的波动因素外，由于外部因素对其随机影响而导致的脱离正常运行轨道的变化情况。只要金融市场存在，它势必融于这种难以预期并很难通过分散化或抵补方式进行改变的客观经济环境中。在竞争性的金融市场中，更容易由于外生变量突然进入打破原有市场均衡而带来高度不确定性(杨德权，刘旸，2006)。一方面，现代金融市场采用的是相对自由开放的竞争性市场模式，因此不断会有新参与者进入其中。而新参与者会改变现有金融市场的产业结构，并能因为其自身行为对现存市场的不完全预期而使现行金融市场出现不确定性。现存的金融市场参与者很难利用现有市场知识和经验准确预测新参与者的行为，所以很难做出正确的反应。而新参与者对市场不熟悉，无法预见金融市场准确的变化趋势，并有可能不会利用分散风险的方法进行投资。在瞬息万变的金融市场中，会出现新参与者很容易面临的不确定的风险性。另一方面，金融市场也是政策制定者通过政策工具调节经济发展的重要渠道，政策的制定导致金融体系的变化，并可能产生外部市场的不确定性。为迎合经济发展需要，政府可能通过变化的政策手段，如货币政策、汇率政策、财政政策等，改变短期的经济发展方向；也可能通过较大的金融体制改革，如金融自由化、汇率制度改革等，对未来宏观经济的发展进行彻底改革。若金融市场不能对这些外来因素进行很好的预期，或者不能及时适应市场变化，则会影响金融市场的稳定发展，并可能对其造成冲击。

(三)金融自由化

新兴市场国家普遍在20世纪80年代后加速了金融自由化进程。金融自由化主要体现在资本价格、汇率、银行业务经营、金融机构进入和资本流动等方面减少了制度性的约束。当信息技术与金融自由化相结合，本已无序的生产要素跨国界流动有了迅速流动的性质。一旦这种跨国界的资本流动对一国经济产生不良影响，则金融自由化会增加其传染性和易发性。通过利率、汇率等中介质，金融信息能够迅速传递，同时建立在它们基础上的金融创新品更加大了金融波动的杠杆效应，且容易在新兴市场国家内部出现危机相互交叉传染的情况，最终形成全球性危机。1997年爆发的东南亚金融危机就是由以泰国为首的新兴市场国家过度金融自由化所引发，并最终在整个东南亚地区爆发后传染到全球。

事实上，若实行全面的金融自由化并能辅以国内配套的经济基础设施，那么在完全的金融市场流动条件下，最终有助于实行自由化的国家抵御外部冲击或金融危机的威胁。但多数新兴市场国家实行较为激进的自由化策略，国内经济以及对外贸易未能跟上自由化进度，尤其在国际资本流动和国际金融市场较发达的今天，98%的资本都属于信用创造或金融创新的衍生产品，这种资金的迅速膨胀若没有相适应的经济结构对其进行消化，则很容易出现问题，并且短期的资本流动尤其是投机性资本会迅速演化为金融危机的传播载体。投机资本以利用各国体制漏洞追求高收益为目的，会对受其波及国经济产生强大的破坏力。因此在金融全球化的今天，尽管各国金融市场日益发达，但这种无国界的资本流动很容易恶化金融条件，并使危机迅速蔓延。

二、新兴市场国家间的危机传导性——以东南亚金融危机为例

(一)东南亚危机概述

东南亚金融危机前，韩国、泰国、印尼、马来西亚等东南亚新兴市场国家保持着较快的经济增速。1990—1995年，韩国、泰国、印尼、马来西亚和

菲律宾的实际 GDP 年增速分别达到7.8%、8.9%、7.2%、8.8% 和4.7%。1995年后，东南亚国家的经济结构已不适应快速的经济增长，长期的经常项目逆差开始给国内经济造成相当大的压力。为保持快速的经济增长，东南亚各国竞相实行金融自由化，放松金融管制，希望通过国际资金的流入形成的资本账户顺差来缓解经常项目压力。

据国际金融协会（Institute of International Finance，IIF）统计，1996年亚洲新兴国家吸收的国际私人资本净额为1 418亿美元，其中75% 为国外直接投资和证券投资，改变了以往以银行贷款为主的投资方式。吸引国际私人投资的主要原因是新兴市场有着较高的投资回报率预期，这种预期在初期阶段会促进当地经济过热，并进一步影响投资预期。但当经济发展到一定程度时，按国际惯例，资本回报率会因竞争的增加而趋向回落到真正的利润水平，于是私人资金抽逃，继续寻觅高于平均回报的投资。事实上，在东南亚新兴市场国家开放资本账户初期，国际游资早已对东南亚市场虎视眈眈，并寻机进行抽逃。

1997年2月，蓄谋已久的国际游资开始展开对东南亚经济体的货币攻击。泰国首当其冲，泰铢成为游资第一轮攻击对象，面临很大的贬值压力。到1997年7月2日，泰国最终选择放弃固定汇率制度，实行自由浮动制度来释放压力。对泰铢的成功攻击，使投机者把矛头转向了其他东南亚新兴经济体。因为泰铢的贬值已经摧垮了投资者对该类国家的信心，他们的资金脱逃行为更为投机提供了便利条件。国际投机者向菲律宾、马来西亚等国进行了强烈冲击。到7月25日为止，东南亚货币泰铢、菲律宾比索、印度尼西亚盾、马来西亚林吉特和新加坡元分别贬值29.5%、11.9%、8.3%、6.4% 和3.3%，其中泰铢受波及最为严重。在这种形势下，亚洲各国政府纷纷出面入市干预或采取金融管制等方式打压投机者。同年8月11日，IMF 联合亚太主要国家在日本东京就危机问题进行协商，并承诺联合向泰国提供160亿美元的经济援助。但上述措施未能挽回局面，整个东南亚大势已去。这次投机对菲律宾、马来西亚、印尼、韩国及日本等国的经济冲击极其严重，东南亚经济体的货币多大幅贬值，股市和楼市狂跌，金融机构纷纷倒闭。就这样，由对泰国展开的投机性冲击所引发的货币危机传导到其他东南亚国家，并逐渐演化为一次全面的金融危机。

(二)东南亚金融危机中新兴市场国家的危机传导机制分析

1. 以汇率与贸易为途径的传导机制

从汇率变动的角度分析，东南亚金融危机中，泰国首先实行浮动汇率制度后，泰铢贬值幅度很大，这自然会增强泰国出口商品的竞争力，但同时也要求其他国家只能通过贬值才能保证本国的商品出口。另外，由于东南亚各国经济结构失衡、金融体制薄弱，各国央行很难通过干预市场维持本国汇率，顶住贬值压力。因此，各国最终只能选择贬值，进而影响到整个世界贸易和国际金融市场的正常秩序。

从贸易角度看，汇率的变化必然影响国家对外贸易的发展，并且通过国家之间的贸易联系将危机传染到贸易相关国家。危机发生后，东南亚各国经济发展停止或衰退，严重影响了对外贸易。一方面，金融危机下的东南亚各国受经济衰退的影响，必然减少对外的商品需求。另一方面，东南亚各国实行紧缩性的金融政策来配合其他国家一起打压国际投机资本，又降低了国内购买力。因此，对于以东南亚国家为主要出口地的国家而言，将严重恶化其出口贸易。对于以东南亚国家为主要进口地的国家而言，则需要承受东南亚各国大量廉价商品的冲击，并导致东南亚的衰退和失业。可以看出，通过汇率和贸易机制，东南亚各国把危机输送给了贸易相关国家。

2. 以国际直接投资为途径的传导机制

新兴市场国家经济发展初期，通过吸引外资弥补国内资金需求不足，中后期通过向外投资扩大经济规模。因此，各国经济联系日益紧密，而国际直接投资可能把经济危机输送到相关国家。20世纪90年代以来，国际投资对于东南亚新兴国家的经济增长起到很大作用，投资占经济增长的比重为30%~35%，远高于15%~20%的世界平均水平(范爱军，韩爱华，2000)。这导致无论是东南亚国家内部还是投资于东南亚的国家，金融危机的爆发很容易通过“羊群效应”和国际投资途径在各国传导。

在爆发金融危机之前，东南亚各国的股市以及房地产泡沫已经非常严重，加之不良债权比重过高，以及在国际贸易环节中过多的经常项目逆差，整个经济体系已经处于一种相对高的风险等级。泰国危机是整个东南亚金融危机的导火索，投资者纷纷撤离的“羊群效应”最终导致整个东南亚的金融危机迅速袭来。在东南亚内部国家陷入危机的同时，其他大量投资于东南亚的投资国也受到了不同程度的冲击。举例来看，日本的对外转移基本以东南亚为主，导致东南亚与日本的经济联结性较强，东南亚危机很容易便引起了日本的经济衰退。

3. 以趋同的产业结构为渠道的传导机制

进入20世纪90年代以后，技术革新不断涌现并被广泛投入生产领域，导致产品的生命周期和技术的生命周期同时缩短，然而此时，在供给能力不断提高、供给数量不断增加的前提下，全球的市场需求却并没有太大改变，全球产能过剩现象不可避免地产生了。这在很大程度上为后来经济危机的爆发埋下了伏笔。就单个国家来看，若无法尽快地主动调整相关产业结构，缓解经济的结构性矛盾压力，必然会在整个经济体不堪重负之时如井喷式爆发。东南亚作为内部失衡最为严重的地区，危机首先在这里爆发也就成为一种偶然中的必然。

作为世界工厂性质的新兴国家，东南亚各国是各发达国家的产业转移目标，吸引了大量的中低技术产业，导致其经济结构和产业结构的内部矛盾现象比较突出。一旦产品需求情况发生变化，很容易冲击到其相关产业，并直接影响其整个经济体的稳定性。当国际游资首先冲击了泰国之后，东南亚各国马上受到影响，经济状况迅速恶化。危机过后，东南亚各国产业结构相应进行了目的性较明确的调整。可以看到，此次东南亚金融危机一方面是局部矛盾激化的结果，另一方面是全球经济结构合理化调整的内在要求。

4. 区域经济一体化的传导机制

区域经济一体化的初衷是在加强区域内各国经济合作的基础上实现个体及整体经济的稳定、快速发展。东南亚各国在地理位置上一衣带水，加之政治和文化较为相似，为加强国家间的交流合作形成东盟区本在情理之中。然而，高度关联的贸易、投资甚至财政货币政策导致了各产业的高度相关以及各个产业链条的高度相关，最终形成了高度关联的经济整体，这也为后来的危机传导埋下了伏笔。一旦区域内某一经济体受到来自经济体外部的冲击，将会迅速传导给区域内其他经济体，形成整个区域内部的一种恶性影响链条。通过投资、对外贸易等渠道，一国之危机影响相关国家间以及相关国家与区域体外部国家之间的汇率大幅波动，从而动摇投资者的投资信心，产生资本外逃现象，股票市场和房地产市场价格迅速下跌，最终导致整个区域内部的金融危机，甚至经济危机。

第三节　发达国家的危机向新兴市场国家传导——以次贷危机为例

美国次贷危机被称为继20世纪30年代危机以来最大的危机，甚至有过之而无不及。这次危机的形成原因，包括其传导形式与20世纪80年代后各新兴市场国家爆发的金融危机都有明显区别。前文已经分析了次贷危机对新兴市场国家的不良影响，本节主要从危机的传导机制进行分析，以期能为新兴市场国家未来的金融发展提供借鉴。

一、次贷危机的国内传导

次贷危机的演进从逻辑上概括为3个环环相扣的风险链条，即房地产市场繁荣导致抵押贷款标准放松和抵押贷款产品创新，证券化导致信用风险由房地产金融机构向资本市场传递，以及基准利率提高和房地产价格持续下跌成为危机爆发的导火索。从总体分析，该危机在美国国内主要通过从信贷市场到资本市场、从资本市场到信贷市场以及从金融市场到实体经济等3个途径进行传导(张明，2008；雷良海，2009)。

(一)美国次贷危机传导路径之一：从信贷市场到资本市场

1．信贷危机爆发

受“9•11”事件后市场信心减弱的影响，为缓解市场压力，美国政府不断采用宽松的经济政策刺激经济发展。到2004年，美国市场恢复信心，整体经济蓬勃发展。为避免经济过热，美联储连续17次调高利率，以控制过多的市场投机行为。但由于次级抵押贷款利率采取浮动利率的形式，调高的利率势必会增加还贷人的负担，这就为次贷危机的爆发埋下了伏笔。2006年后，美国房市逐步降温，借款人还贷压力剧增，且很难再以出售房屋或者抵押贷款的形式获得新的融资，次级贷款人形成的拖欠债务比率和丧失抵押品赎回权比率攀升。次级贷款人无法应对恶劣的经济环境，最终导致次贷融资链条断裂。而次级抵押贷款公司因为次级借贷人的呆账、坏账，成为危机的第一批受害者。因此，从2006年后期到2007年5月，美国次贷危机主要以波及次级抵押贷款公司的信贷市场危机形式体现。

2．信贷危机向资本市场的传导

与次贷相关的美国衍生金融品市场中，主要参与者由链条底端的次级抵押贷款公司，处于链条中端的对冲基金和投资银行，以及处于链条顶端的商业银行等机构投资者构成，其中这个市场的整体信用情况由信用评级机构确定。信贷市场危机爆发后，投资的信用等级下降，就此诱使整个危机蔓延到资本市场并沿着链条的底端一直冲击到顶端，直至危机在整个资本市场爆发。

第一次冲击主要波及对象是对冲基金和投资银行。在资本市场上，对冲基金和投资银行购买信用评级较低的 MBS、CDO 以及基于 CDO 的各类衍生产品。当信贷危机出现之后，信用评级机构根据次级抵押贷款的信用风险水平，降低了与其相关的MBS和CDO的信用评级。这样一来，风险由次级贷款的提供者处过渡给次级贷款的债权发行者，如对冲基金和投资银行等相关机构投资者身上。由于信贷市场上次级借贷者的整体违约率的上升，导致中间级或股权级MBS和CDO的持有者的收益减小，进而使抵押债权资本市场的市场价值出现较大程度的缩水，恶化了对冲基金和投资银行的资产负债表，由此形成信贷危机对资本市场的第一次冲击。

第二次冲击的主要波及对象则是养老基金、保险基金、共同基金和商业银行等。养老基金、保险基金、共同基金和商业银行等机构投资者购买信用评级较高的MBS、CDO以及基于CDO的各类衍生产品。它们与投行、基金等的区别在于：该类机构投资者的投资范围有严格的投资标准，不能从事一定信用级别以下的债券产品投资。从基金市场来看，对冲基金的信息不对外公开，所有的经营活动属于内部运营。因此，当它们承受信贷危机对资本市场进行的第一次冲击之后，因为对冲基金的运营模式导致市场投资者不能了解对冲基金在次贷方面的损失范围和规模，从而促使投资者对整个证券投资市场的信心发生动摇，他们开始担忧如养老基金、商行等高投资级别券商的信用风险。对于养老基金等的机构投资者而言，尽管它们从事较高信用级别债券的投资，但鉴于有严格的投资标准，由于资产组合中次级贷款信用级别的调低，它们只能通过抛售变现的形式处理信用级别低的产品。这样一来，由于该层次投资者整体进行投资组合整理并进行市场抛售行为，导致此类证券的价格大幅下跌并降低持有此类证券的投资者的收益。最终信贷市场危机完成对资本市场的第二次冲击。

第三次冲击的主要波及对象为股票市场等虚拟经济。商行等作为资本市场的顶级链条受到冲击后，引起资本市场信心的大幅度动摇。由于资本市场的关联性，抛售低级别衍生品造成部分基金价格下跌，会引起资本市场投资者信心缺失，进而引起相关或不相关金融衍生产品价格的下降。这与市场信心成螺旋式的互相促进，最终导致投资者进行基金套现行为。在市场的驱使下，一些基金出于投资者赎回基金的胁迫或出于主动缩减资产负债表而采取去杠杆化行为以提高自身信誉，纷纷变现其他金融市场的资产来增加自身流动性需求并试图恢复市场信心。这样一来，由于金融市场的联动性，完成了信贷危机传导的第三次冲击，即引起与各种基金投资领域相关的股票、黄金市场的振荡，尽管它们与次级债市场没有直接联系，但也通过市场信心的传递被信贷市场危机所冲击(孟辉，伍旭川，2007；范俏燕，2008)。

(二)美国次贷危机传导路径之二：从资本市场到信贷市场

次贷危机爆发后美联储秉承注资和减息的救助逻辑，积极地推行宽松货币政策。一方面，美联储以减息政策为主，在不足12个月的时间内将联邦基金利率由5.25%降至2%，降低了325个基点；另一方面，美联储首次动用联邦储备法紧急条款的特殊工具为国内资本市场注入流动性(沈明高等，2008)，包括期限拍卖工具(Term Auction Facility，TAF)、扩展的公开市场操作(Expanded Open Market Operation，Expanded OMO)、期限证券借款工具(Term Securities Lending Facility，TSLF)和一级交易商贷款工具(Primary Dealer Credit Facility，PDCF)。这些特殊工具的核心内容是：美联储延长贴现贷款期限至28天；采取金融机构竞争报价的方式确定贷款利率，降低金融机构的融资成本；美联储扩展贴现贷款对象，由原来的商业银行扩展至投资银行；扩大抵押资产的范围。美联储实施了前所未有的宽松货币政策，以期望能够缓解次贷危机造成的国内流动性短缺和信贷紧缩问题。然而截至2008年4月底，上述措施并没有解决金融市场上的信贷紧缩和流动性缺失问题。

张明(2008)认为未能解决上述问题的关键在于，以美国的商业银行为主的机构投资者投资了大量的如MBS、CDO以及基于CDO的各类衍生产品的次级抵押贷款支持证券。如上文所述，次贷危机引起整个虚拟经济市场的震荡，次级抵押贷款支持证券的市场价格迅速下降。这导致商业银行的账面资产严重亏损，并造成商业银行资产的严重缩水。美国商业银行有非常严格的投资标准并实施以在险价值为基础的资产负债管理，因为投资于次级抵押贷款支持证券，导致整个银行投资的资产组合风险加大，为此商业银行若降低投资组合中风险资产的比重，就会产生“惜贷”行为。同时，《新巴塞尔协议》中对商业银行的资本充足率有较高的规定。美国商业银行在协议的约束下，一方面要缓解商业银行在次贷危机下的亏损，另一方面又不能不引入新增股权融资的基础，两方面的约束导致商业银行只能以“惜贷”的形式控制风险资产在资产组合中的比重。在美联储及各国央行普遍注资提高流动性的时候，流动性的终端输出部门——商业银行却实行了“惜贷”行为，二者操作行为的背离导致不能增加市场流动性，也无法改变资本市场上的信贷紧缩与流动性缺失的状况。

另外，信贷市场的主体商业银行还承担着给资本市场投资者以资产证券化来规避风险的责任，如购买次级抵押贷款支持证券的投行、对冲基金等机构投资者会以之向商业银行进行杠杆融资。这些次级抵押贷款公司在爆发次贷危机后，因组合性风险的增加又增加了商业银行的危险。

根据上述分析可见，次贷危机爆发后引起的金融资产价格下跌完全通过资产组合渠道传递到信贷市场，造成信贷市场的萎缩和货币政策的失效。

(三)美国次贷危机传导路径之三：从金融市场到实体经济

次贷危机通过房地产投资、资产价格泡沫破灭对居民消费与企业投资、信贷紧缩对居民消费和企业投资等的影响使危机从金融市场传导至实体经济(张明，2008)。

(1)次贷危机直接打击了危机形成的导火索产业——房地产业。对于次级抵押贷款支持证券，美国政府从规避风险的角度，多采用“2+18”或“2+28”式的可调整利率抵押贷款政策。可调整的利率随市场利率的波动而变化。美国政府实行的高利率政策，导致借贷人的还款压力趋增。对于部分借贷人而言，提高了的利率水平可能会超过其最大承担额度，最终导致提升抵押贷款的违约率，并加剧了美国房地产市场的衰退。根据中金公司2008年的研究报告显示，美国整体房价在2008年下跌了17%。2008年3月，因房地产市场的下跌，美国的新房开工数已减少至100万套，与2006年年初的高峰期相比，已经累积下降了60%，跌至17年来的最低值。而且美国住房投资占GDP的比重从2005年下半年到2008年，已经从5.5%下降到3.7%，为1991年经济衰退以来的最低点。房地产开发投资已经成为连续7个季度制约美国经济增长的因素。

(2)次贷危机后，美国房地产价格泡沫迅速破灭，住房资产价值萎缩，股市价格和基金价格从高位也经历了深度调整，这些都影响了美国居民的财富积聚水平，并通过财富效应导致居民消费水平下降。20世纪90年代后，美国居民消费模式基本上变成因资产价格上涨而导致的家庭财富上升所造成的引致消费形式。受次贷危机的影响，资产价格下降引起的居民消费恐慌将严重影响居民消费。同时，次贷危机后，以信用卡贷款、助学贷款、汽车贷款为主的零售贷款规模出现不同程度的萎缩，同样减少了居民的消费信贷能力。据统计资料，一直占美国GDP的2/3以上、对经济增长起决定作用的个人消费支出当时出现下滑趋势。2007年第一季度增幅为3.7%，到第二季度则仅增长1.4%，达到2005年以来的最低值。而且，个人消费对GDP的贡献率也开始下降，2007年第一季度为2.56%，到第二季度则下降到1.0%。住房和汽车等耐用消费品的增速的下降幅度很大，第二季度增长仅为1.7%，比第一季度的8.8%下降7.1个百分点，对GDP的贡献率也从第一季度的0.67%下降至0.14%。对于美国这种主要依托消费支持经济增长的实体经济而言，如此大的变化会严重影响美国的经济增速。

(3)美国企业增长所需要的资金主要从内部融资和外部融资两个渠道获得。美国次贷危机爆发后，由于个人消费的锐减导致美国企业的现金流减少、资产净值下降，削弱了内部融资途径的作用。另外，整个美国资本市场的信贷紧缩等流动性缺失情况，严重削弱了外部融资途径，并通过金融加速器（Financial Accelerator）效应削弱了企业新增投资的能力（王明，2008）。另外，次贷危机也给股市造成较大震动，引起股票价值大幅下降，显著降低托宾Q值，也减小了企业进行新增投资的动力。从美国商务部的资料可知，因美国整个实体经济的投资动力和能力削弱，制造业增速明显放缓。以美国制造业为例，2007年8月份其耐用品装船价值总额与非耐用品装船价值总额分别为2 166亿美元和2 014亿美元，比7月份减少1.6%，而8月份未完成订单价值则有所增加，增幅为1.2%。

综上所述，次贷危机由信贷市场、资本市场通过多种渠道向实体经济传导，冲击到了美国的居民消费和企业投资，最终拖累了美国宏观经济的增长（张明，2008）。至此，次贷危机完成了对实体经济传播的过渡。

二、次贷危机向新兴市场国家传导的机制

在经济全球化与金融全球化日益加深的背景下，次贷危机已经从美国金融市场传导至全球金融市场，从美国实体经济传导至全球实体经济。新兴市场国家在危机刚刚爆发之际，成为世界经济增长的主要动力。但随着全球经济形势的放缓，新兴市场国家也不能独善其身，以美国次贷危机为导火索而形成的全球经济危机早已将触角伸向新兴市场。这次危机向新兴市场传递的主要渠道包括：

（一）全球流动性关联传导机制

2007年美国爆发的次贷危机很快演化成为全球性的金融危机，进而对世界各国的实体经济造成冲击，并进一步转化成为全球性的经济危机。国内外学者对这次危机进行了广泛研究，认为危机演化和升级的核心问题在于信贷紧缩和流动性缺失，而流动性的需求是次贷危机国际传导的最主要路径。在金融衍生品全球化的时代，机构投资者往往在世界各国都拥有金融资产，其中包括很多的衍生产品组合。在这次美国次贷危机中，由于流动性下降的压力，持有MBS、CDO以及基于CDO的各类衍生产品的美国次级债机构投资者不得不调整其资产组合，通过出售在其他国家的资产以保证在美国资本市场上的流动性，以此来避免遭受巨大资本损失。这种资产组合的调整引起很多关联国的金

融市场共振，而在“羊群效应”和“蝴蝶效应”的影响下，市场的预期可能会进一步改变，从而加倍扩大了美国次贷危机的危害，并引起整个国际金融市场的长期震荡。

流动性短缺的压力促使危机在全球范围内传导。据彭博社的统计显示，在全球IPO市场中，2007年1月份有近30家公司宣布取消或者延期在香港的IPO计划，从而使得整个亚洲市场的IPO都遭受了不同程度的创伤。

同年1月到2月中旬，新加坡市场仅有3家IPO募得资金2 830万美元，与上年同期相比，金额几乎下降了近90%。而在股票市场上，美国次贷危机发生后，跨国金融机构为了追求流动性需求，在全球范围内进行降低风险资产比重的调整行为，从而在2008年上半年引发了新兴市场国家股市与美国股市同步下跌的情况。

美国爆发次贷危机导致其国内流动性紧缩，但是，美国政府为了应对危机所采取的宽松货币政策却很可能加剧全球流动性过剩的格局。在美国经济疲软的情况下，这些流动性资本很可能会流入投资回报率更高的新兴市场国家，从而使得这些国家的资产价格泡沫进一步扩大。而自2008年下半年起，大量热钱涌入中国等国家已经证明了这一点。如果之后美国经济复苏，那么热钱很可能会突然撤出新兴市场国家，从而导致资产泡沫破灭，使得这些新兴市场国家爆发下一轮金融危机。

(二)全球货币贬值预期的传导机制

美国次贷危机发生之后，美联储为了应对危机，采取了宽松的货币政策，即通过注资和减息，为金融市场注入流动性。这不仅导致了一些新兴市场国家因自身盯住美元的汇率政策而不得不增发货币，从而加剧了全球流动性过剩的格局，而且可能也会导致新兴市场国家因大量热钱的涌入而在未来热钱撤离后引发金融危机。而事实上，美联储实施的这些简单的货币政策对于控制危机并没有起到它想要的作用，不但没有将危机扼杀在萌芽状态，还使得危机进一步转化升级为全球性的经济危机。除此之外，由于中国等新兴市场国家拥有巨额的美元外汇储备，因此由宽松货币政策导致的美元大幅贬值造成了这些国家美元储备的大幅缩水。这在减轻美国对外债务负担的同时，也造成了新兴市场国家国民财富的大量损失。因此，在美国次贷危机进一步升级的背景下，新兴市场国家一方面要应对美元流动性的膨胀和收缩，预防由热钱大量流入和流出而导致的新一轮金融危机，另一方面要对本国的外汇体制和外汇投资组合及方向进行改革(雷良海，2009)。

(三)市场信心新闻效应性传导机制

前文介绍的 Masson 提出的“净传染”能够很好地解释此次危机的扩散和传导。当国家之间在宏观经济基础、经济政策、经济形势以及货币政策等方面存在相似性时，投资者或者市场参与者会利用现有信息对未发生危机的国家进行评估，他们往往会出于对危机的恐惧而采取比较保守的抽逃投资资金的方法。美国次贷危机通过这种心理暗示性的“示范效应”和“规避效应”在各国传导。上文中分析了美国危机的国内传导机制，可判断房地产市场、资本市场与信贷市场之间的紧密结合，加上各个市场较为激进的发展方式，最终形成国内危机。如今，各国金融体系似乎均以美国为样板，因此在那些具有相似金融市场发展状况的国家，投资者就会产生恐惧式的市场预期，进而可能导致国内次贷危机的爆发。许多著名大型金融机构的破产，严重打击了投资者的市场信心。心理暗示与市场信心破灭相结合，加快了危机在全球蔓延的速度，加大了危机蔓延的广度。对于中国等新兴市场国家而言，采取适当的金融政策压制资产泡沫，同时加强信息披露等措施，可以适当抑制由市场预期传导的危机。

(四)实体经济关联性传导机制

与以往危机传导不同，此次危机很大程度上是由世界各国同美国实体经济的密切联系传导引起的。同东南亚金融危机的起点——泰国相比，美国具有更强的经济影响力。可以说，美国对商品的需求状况直接影响全球对该商品的需求程度。现阶段，美国作为全球的“市场提供者”，对商品吸纳能力的变化会直接影响世界多数国家的商品生产状况。美国经济的停滞或衰退不仅仅减少了美国国内消费需求，更减少了美国的进口需求，从而影响了贸易伙伴国出口行业的生产行为。另外，危机虽然不能改变美元作为全球“关键货币”的角色，但其大幅贬值，也会大幅度提高以美元标价的战略性物资(如石油、矿石和粮食等)的价格。对能源型物资的消耗会为其他国家增加通膨压力和经济发展成本，抑制该国的投资与消费，并导致该国经济下滑或减缓。在资产价格泡沫、通货膨胀预期和经济增速放缓的前提下，除非国家能够为自己创造足够的市场，否则不可避免地会因为与美国实体经济的紧密结合而导致经济陷入滞胀困局。对于中国等新兴市场国家而言，合理的汇率制度体系、完善的产业结构是其发展的基础，并且也只有通过调整内部经济结构并提高内需才能使美国次贷危机对新兴市场国家的风险传导降至最小化。

第四篇

金融创新视角下金融稳定性的优化机制设计

第十二章　金融创新视角下中国金融稳定优化机制

第一节　稳定机制优化的指导思想和基本原则

一、指导思想

任何事物都有两面性，金融创新也一样。积极的金融创新为金融系统注入了活力，促使中国金融系统迅速发展、金融效率不断提高。但如果处理不好，金融创新有可能引发金融系统出现非理性繁荣，甚至引发金融危机。金融创新对中国金融稳定性的冲击主要来源于金融监管体制改革滞后以及金融系统自身处于非稳定态势，即由于金融创新不足而导致的金融结构性失衡，致使金融系统在面临严峻的外部宏观经济冲击时表现出不稳定性。因此，笔者认为，在金融创新是当代中国金融发展的必然趋势的背景下，中国金融稳定机制优化的重点应该放在推进金融创新、继续深化金融改革、构建逆周期的金融宏观审慎管理制度、强化中央银行的系统性风险管理职能等方面。

二、基本原则

对金融创新视角下中国金融稳定机制进行优化必须坚持以下几个原则：

(一)系统性原则

金融系统作为一个复杂的巨系统，不仅包括银行系统，还包括资本市场；不仅包括各类金融中介机构，还包括公司、企业以及各种投资者。一项稳定措施的实施往往会引起诸多因素共同发生改变，因此，这里涉及的金融稳定机制必须是尽量兼顾多方面的、从全局出发的、动态的、复杂的和系统的稳定机制。

(二)一致性原则

用于维持金融稳定的政策性工具众多，且分布在不同的金融子系统中。这就有可能导致同一时期不同部门实施的金融稳定政策出现冲突现象。所谓金融稳定机制设计一致性原则就是指不同金融子系统金融稳定政策的实施应该保持逻辑上的一致性，当个别金融机构或金融子系统的目标与维持金融整体稳定性的目标发生冲突时，金融稳定性目标应具有优先性。就制度设计而言，应该加强各职能部门之间的信息交换和政策协调机制优化。

(三)动态性原则

如前所述，金融稳定是一个介稳状态，与此相对应，金融稳定机制应该是能够促进金融系统具有趋向于稳定状态发展和演化的动力，当其处于危机状态时，能够通过自组织能力或外在力量使金融系统重新恢复到介稳状态。此外，通过这次美国的次贷危机不难发现：金融监管滞后于金融创新的步伐是导致危机爆发的深层次原因。因此，在金融创新视角下，金融稳定机制及相关稳定政策也必须随着金融发展而不断地变化。

(四)可操作性原则

优化的金融稳定机制必须要具有现实的可操作性。中国正处在金融深化的初级阶段，如果直接照搬国外先进的金融监管经验，反而可能抑制金融系统的健康发展，加大金融系统的脆弱性。优化金融稳定机制的最终目的在于促进金融系统更好地发挥资源配置功能，提高金融效率，促进实体经济的发展。因此，在实施金融监管时必须注意金融监管边界问题。监管者在设定边界时，既要兼顾前瞻性、动态性，也要兼顾可操作性和激励金融系统发展的原则。

第二节　稳定机制优化设计

通过前面的分析不难发现，中国金融的系统性风险主要来自两个方面：一是来自于金融系统内部，即由于金融自身的脆弱性以及金融创新不足导致的跨部门、结构性的风险；二是来自于外部宏观经济变化跨时间、周期性的冲击。针对前者，我们需要继续深化金融改革，构建多层次、多功能的金融系统，从而实现分散风险、提高金融运行效率的目的。对于后者则要进一步完善金融监管机制，建立逆周期性的金融宏观审慎监管机制，强化中央银行监管职能，优化金融稳定机制。

一、继续深化金融改革

金融创新是金融促进实体经济运行的“引擎”（Merton and Bodie，2006）。中国的金融结构缺陷十分突出，与金融创新需求相比，金融创新供给明显滞后和不足，单一的层次结构和金融服务产品极大地制约了企业，尤其是中小企业在发展过程中对融资和股权交易的需求，已成为制约实体经济发展的瓶颈，同时也构成了金融内在的不稳定性。在投资行为趋同的情况下，尤其是在外部宏观经济变动的冲击下，容易引发金融市场价格的急剧波动。因此，推进金融创新，完善金融市场结构、产品结构，是充分发挥金融资源配置功能、提高市场效率、降低金融系统性风险的关键因素。然而，中国是典型的“新兴加转轨”国家，其宏观经济和金融系统的发展模式都具有自身的特殊性，如果仅仅采用“拿来主义”，照搬成熟市场的创新模式，就会造成“水土不服”。因此在积极推进金融结构性深化改革的过程中，必须坚持自主创新之路，大力推进金融创新理念，完善创新环境，加快金融制度创新，完善金融市场创新，丰富金融产品。当然，创新并不是盲目的，必须符合中国金融发展的规律，在市场的承受能力之内，必须做到监管先行，把防范风险放到首位，防止因过度创新而引发金融动荡。

(一)丰富金融产品创新

美国次贷危机爆发后，金融衍生产品高风险的特性引起人们的关注，甚至出现了谈衍生产品、金融产品创新色变的情况。然而相对于美国、欧洲等成熟市场，中国的金融发展尚处在初级阶段，可交易的金融产品和服务品种非常少，存在结构单一、发展不平衡和同质化问题。因此，需要研发出新的金融产品，特别是资产类和以防范风险为目的的金融产品，以改变中国金融市场以银行信贷产品为主的产品结构。同时，虽然此次美国的次贷危机是由金融衍生产品过度创新而引发的，但其根本原因是金融监管不足。我们不能因噎废食，要进一步稳妥地发展金融衍生产品，增加交易品种，使之与现货市场相互补充，起到分散风险的作用。

当然，我们这里强调的金融产品创新也并不是无节制的创新。首先，所有的金融产品创新必须遵循前瞻性原则，创新的产品应该具有强大的生命力和良好的成长性。其次，必须结合实际市场需求制定发展计划，尤其针对中小企业融资难的问题，应该更多地开发相关产品，为中小企业提供更多的融资渠道。最后，必须加强金融产品的自主创新。当前中国的产品创新大多为直接引进，自主创新的比较少，很难真正满足中国市场的需求，有可能出现水土不服的情况，反而会引发金融风险。

(二)完善金融市场结构

多样化的金融产品需要以多元化的金融市场为依托。自改革开放以来，中国经济结构发生了根本性的转变，传统产业转型升级，国有企业改革进一步深化，民营经济逐步成为推动经济发展的原动力。经济结构、企业组织架构，发展模式多样化、国际化，要求相应的投融资机制必须是多样化和市场化的，即金融市场的层次结构必须多元化，以满足不同时期、不同规模、不同类型企业的投融资需求。这种金融市场结构的多层次发展过程本身就是对原有单一模式的突破和制度创新，有利于增强中国金融市场在开放经济条件下抵御外来风险的能力。

在进行中国金融市场结构创新的过程中，我们首先应该积极拓展债券市场，鼓励符合条件的企业通过发行债券的方式筹集资金，改变债券市场相对滞后的局面；完善资本市场运行机制，进一步扩大创业板市场规模，加快新三板交易市场的建设，引导资本市场健康发展；加快中小企业融资平台建设，为中小企业，特别是高成长性的中小型高科技企业和中小民营企业提供更好的融资场所和机会，从根本上解决中国中小企业融资难的问题。其次，考虑到中国金融发展呈现东强西弱，资金分配严重不合理，资金和机构大多集中在长三角和珠三角等经济发达地区，造成中西部地区资金匮乏，甚至出现了资金向东部地区积聚的现象，在进行金融组织结构创新时，应按照合理布局、重视基础环境的原则，加快培育区域性金融市场和机构的步伐，推动中西部地区，特别是民营中小型企业实现跨越式发展，促进中国整体经济结构均衡发展。

(三)加快金融制度创新

相对于产品创新和市场创新，中国金融制度创新的供给存在明显不足，以政府为主导的金融监管制度是目前中国金融创新主体动力不足、缺乏激励的重要因素，也是造成中国金融系统面临潜在风险的主要原因。要改变中国金融创新“倒逼式”的发展现状，就需要实施金融制度创新，优化金融政策环境和法律环境，放松过于严格的金融监管。但金融制度创新并不意味着要完全放松金融监管，我们需要建立的是一种有效率的宽松的政策环境，既为金融创新提供一个良好的竞争环境，又要防止无序竞争的出现。随着金融创新的发展，尤其是金融网络的发展与完善，各种综合性的金融机构、金融服务不断涌现，传统机构之间的界限越来越模糊，金融的功能已从传统的“资金配置”向“资源的跨时空配置”发展。因此，优化金融创新政策环境的一个重要策略就是实现从“分业监管”向“功能监管”的转化，从功能的视角而非微观机构的视角制定不同的金融监管政策，从而避免在综合化经营条件下因界限不清而出现的监管真空或重复监管问题，同时也可以更好地促进跨区域、跨市场、跨机构金融创新的涌现。

金融制度创新还应与制度化问题相协调，完善金融创新的法律环境。金融制度化是指群体和组织的社会生活中的金融行为从特殊的、不固定的方式向被普遍认可的固定化模式的转化过程。金融制度创新强调的是金融制度的创建、更新和变革，而制度化所要确立的是金融制度的系统性、规范性和长期性。两者是金融制度建设的辩证统一体。虽然近些年来中国在金融制度创新方面取得了很多成就，但往往由于缺乏中长期的整体规划和预见性，一些刚刚实施不久的制度又被推翻，这种反复不仅增加了金融创新的机会成本，也会导致微观金融主体的无所适从，进而可能引发金融风险。因此，我们必须克服金融制度创新中的盲目性和随意性，科学地处理好制度创新与制度化的关系，既要大胆地进行金融制度创新，以满足经济、金融发展对制度的需要，又要以金融制度化为后盾，维持金融制度相对的稳定性和统一性。就目前来说，应继续改善金融创新主体的法律制度，尤其是明确新兴金融投资主体，如证券投资基金、私募股权基金等的地位，从法律层面构建充满活力的、多元化的创新组织体系，规范投资者行为。尽快出台银行业金融机构破产法规，提高金融的执法效率，防止出现“大而不能倒”的金融机构对金融稳定造成冲击。出台存款保险、农业保险、上市公司监管条例、证券投资者保护基金等救助性条例，为维护金融稳定创造良好的运行环境。

二、建立健全逆周期金融宏观审慎管理制度

如前所述，一个功能齐全、职责分明的宏观审慎监管体系有利于维护一

国的金融稳定。然而，中国2010年提出的逆周期的金融宏观审慎管理制度框架设想依然存在着监管主体不明确、监管手段单一等问题，需要进一步地予以改进。

(一)完善金融监管主体结构

当前的监管主体结构明显落后于金融发展的需要，监管职责过于分散，不同职能部门之间的协调程度低，在监管过程中存在重复监管或监管真空问题。鉴于中国人民银行负有防范和化解金融风险、维护金融稳定的职责，本书认为，可以考虑对现有的金融监管主体结构进行调整，将分散在各监管主体的监管职能重新进行调整和整合，在中国人民银行下增设金融政策委员会和特殊处置部两个部门。

金融政策委员会主要负责监控识别系统性风险、制定宏观审慎监管政策，并向其下属机构发布引导性指令。同时，它还负责协调金融监管主体行为，在实施宏观审慎监管的过程中保持与财政部、银监会、证监会和保监会之间的信息沟通，以确保货币政策与财政政策，宏观监管政策与微观监管政策之间的协调一致，避免因信息沟通不畅而导致的不确定性。

金融政策委员会下设宏观审慎监管局和消费者行为保障局两个部门：宏观审慎监管局专门负责对系统重要性金融机构实施审慎监管；消费者行为保障局负责制定存款保险制度、农业保险制度等监管制度，规范金融机构行为，为消费者提供适当的保护以增强公众对中国金融系统的信心。

特殊处置部则主要负责运用各种特殊处置手段处置问题金融机构。当金融机构出现风险时，特殊处置部根据危机评估结果采取适当的救助措施，并在发现金融机构破产的同时，及时对破产机构进行处置，防止危机扩散。

(二)加强金融系统性风险监测预警系统建设

及时发现金融创新视角下影响金融稳定的关键因素，并对相关数据进行收集、分析、评估，及时发现金融风险并发出预警信号是维持中国金融稳定性的关键。就目前来看，中国金融系统性风险监测预警系统仍然以传统的银行业为主，中国人民银行进行的宏观压力测试范围仅包括17家主要商业银行，所涉及指标也主要是以监控社会信贷规模为主，远远不能全面体现金融创新视角下中国金融系统发展的特性。因此，本书认为在加强金融系统性风险监测预警系统建设方面至少可以开展以下几个方面的工作：一是不断扩大统计涵盖的范围，提高金融统计的准确性和及时性。构建银行、证券、保险、衍生品市场以及境内外业务相互协调的统计体系，并将民间信贷机构、担保公司、私募投资基金等具有金融功能的非金融机构纳入风险监测范围。二是进一步完善系统性风险预警评估体系。既要加强宏观经济环境变化与金融发展关联性的监测，也要关注金融创新发展对金融稳定、宏观经济环境以及金融要素的冲击。尤其是随着中国金融经济国际化的发展，还必须密切关注国际经济金融环境的变化。同时，在加强对商业银行、证券公司、保险公司等传统微观金融主体的风险预警的基础上，还要将其他新兴非银行类金融机构(如投资银行、基金公司等)纳入监测体系中，以提高金融稳定性预警评估指标体系的全面性和系统性。

(三)强化对系统重要性机构的监管

一直以来，四大国有银行在中国金融系统处于关键地位，也是中国实施系统重要性金融机构监管的重点。然而，随着中国金融体制改革不断深入，越来越多的金融机构规模日益壮大，组织结构和业务类型也更加复杂。因此，需要依据中国宏观经济发展的需要以及金融结构性特征，从规模大小、可替代性以及关联性出发，重新确定需要纳入系统重要性机构监管的金融机构。尤其应注意那些规模可能并不大，但其业务范围呈现跨市场、跨行业、高杠杆率性质的机构。

(四)丰富宏观审慎监管手段

近年来，中国人民银行已经开始采用差别准备金动态调整制度来实施逆周期资本缓冲政策。2016年商业银行的拨备覆盖率已经达到278.1%的历史最高点。针对金融潜在风险不断加大、银行信贷增长过快的情况，在8%的最低资本充足率基础上，实施差别准备金制度，分别对大型银行和中小型银行实施了3%和2%的逆周期资本缓冲率。这些措施无疑有效地阻止了全球经济衰退对中国银行业的冲击，但与同时实现资本有效性和安全性的宏观审慎监管目标相比，还存在很多不足。一是要不断完善稳健性调整参数。实施差别准备金动态调整政策的关键在于对一国信贷规模和市场流动性的正确判断。目前我国主要以商业银行信贷规模占GDP的比重为重要的衡量指标，尚未将具有信贷功能的非银行金融机构纳入其中。指标过于单一且涵盖面不广可能造成金融监管主体对宏观经济的误判。因此，首先要拓宽统计范围，将民间融资机构、信托公司、典当行等具有信贷功能的金融机构纳入信贷规模的统计范畴；其次，应将金融系统所处的经济周期景气程度、不同金融机构的系统重要性等因素纳入对杠杆率偏离长期趋势程度和市场流动性的判断中，从而使稳健性调整参数更具可信度。二是针对金融系统顺周期性的特点以及在金融创新视角下呈现的高杠杆率特点，进一步丰富相应的调节手段：完善动态杠杆率指标体系和差别准备金动态调整措施；建立和发展逆周期资本缓冲、动态流动性缓冲、动态拨备制度、存款保险制度等监管制度，充分发挥中央银行在公开市场业务中的作用，结合传统货币政策工具的运用，达到“烫平”或分散金融系统性风险的目的。三是在政策实施过程中要兼顾公平性和差异性。由于各国政府对金融风险的承受能力不同，导致各国所制定的稳定性调整参量、逆周期资本缓冲标准也不同。跨国金融机构可能会利用国际金融市场调整在不同国家的风险暴露，从而实现较低的逆周期资本缓冲，导致信贷资金流向风险较高的地区。同样，对于国内市场而言，近两年来，为确保银行系统的稳定，银监会不断提高拨备覆盖率，虽然在一定程度上缓解了信贷过度扩张对金融稳定性的压力，但在宏观经济下行的压力下，银行业，特别是中小型银行盈利的压力也越来越大，可能导致逆向选择，更倾向于开展高风险、高收益的信贷业务或其他表外业务。因此，在实施差别化逆周期资本缓冲政策时需要关注如何兼顾稳定和效率，既避免金融系统因过度扩张而出现风险，也防止因过度承担风险引发盈利能力下降才可能出现的风险，从而在整体上控制系统性风险的生成和积累。

(五)建立有效的处置机制

从欧美主要发达国家应对此次国际金融危机的过程看，有效的救助措施将有助于防止金融危机的扩散，提高消费者对维持金融稳定的信心。因此，中国需要不断加强危机管理和系统性风险处置机制的建设：完善以中央银行为核心的救助机制，丰富专项借款、紧急贷款和风险处置再贷款等救助手段；尽快推出功能完善、权责统一、运行有效的存款保险制度；积极推进和完善上市公司市场化退出机制；尽快出台《银行业金融机构破产条例》等以市场机制为依托的处置机制，避免出现因过度救治而产生的风险积累；完善金融风险处置中的成本分担机制，加强部门之间和政策工具之间的协调配合。此外，中国人民银行下属的消费者行为保障局还应该认真评估消费者行为偏好、风险认知和承受能力的变化，强化金融产品信息披露和风险揭示，加强金融消费者风险教育，避免因金融机构滥用权力而导致的风险。

三、强化中央银行管理职能

通过前面的分析我们不难发现，维护和加强中国人民银行在实施逆周期宏观审慎监管中的核心地位，将有利于其根据金融与实体经济的运行情况实施有效监控和调节，正确处理金融稳定、金融监管与促进经济发展的关系。就目前而言，需要进一步完善中央银行作为最后贷款人的职能，明确功能定位，发展公开市场业务，丰富中国人民银行作为监管主体可以采取的监管手段和政策，降低处置成本，防范道德风险。

第三节　稳定机制优化模式运行的保障措施

金融是经济发展的核心力量，而宏观经济环境的变化也极大程度地影响着金融稳定。中国金融系统尚处在初级阶段，在内部脆弱性和外部宏观环境的双重冲击下，要想维持中国金融稳定，除了优化金融稳定机制外，还需要为整个金融系统的发展创造良好的外部环境和保障措施。

一、加快产权制度改革进程，完善公司治理

一个有效的金融市场除了为企业提供多种融资渠道外，还可以通过市场的定价机制、并购机制等方法从公司内部和外部对企业经营者进行有效的激励和监管，实现公司治理机制的优化。同样，一个完善、有效的公司治理机制也可以起到消化风险、稳定金融市场的作用。虽然近些年中国企业在股权分置改革、国有股解禁等方面取得了较大的改善，但从总体上看，中国企业信息披露状况依旧不容乐观，企业上市责任不明确、资本结构不合理等问题依然存在，尤其是民营企业组织结构不合理、家族式经营模式依然存在。

一方面，对于原有的国有股份制公司，股权分置改革并没有从根本上解决中国上市公司“一股独大”的问题，“内部人控制”问题导致公司经营者更加注重追求短期利益，甚至出现公布虚假信息、操控股价、占用上市公司资金等问题。另一方面，作为金融市场另一个重要的参与者，中国大多数的民营企业依然以家族式的经营方式为主，公司资本在产权上带有强烈的血缘、亲缘和地缘特性，股权过分集中于一个或少数几个股东，明显不利于对多元化产权主体实施监管和约束，大量中小股东的利益无法保障。同时，由于相对于债权融资，直接融资成本较低，导致中国企业更偏爱股权融资，将上市看成获取资本甚至是“一夜暴富”的最佳途径。在信息披露环节不畅通的情况下，这些问题往往会进一步增加金融市场的波动性。

由此可见，合理的公司治理机制是保证中国企业合法经营、提高经营业绩和维护金融市场长期稳定发展的基础。因此，在加快产权制度改革进程的同时，还要进一步完善公司治理结构。首先，通过完善经理人市场，引导上市公司，尤其是民营上市企业经营者的经营行为从追逐短期利益逐步向重视企业的长期成长性转变。其次，通过大力发展票据市场和债券市场，鼓励符合条件的企业进行债务融资，加强相关的外部约束机制，以实现优化企业的融资结构、降低信用风险的目的。

二、完善征信制度，创造良好的信用环境

规范化的市场经济应该是道德经济，在一个以信用为中心的市场环境下，市场中所有的参与者都会自觉地、及时地和全面地公布真实信息，所有的交易都建立在公开、公平、公正的基础上。而现实生活中的道德危机增加了金融脆弱性，妨碍了宏观经济长期健康稳定的发展。从国际经验来看，一个有效的信用体系将有利于维护金融稳定，防范和降低信用风险。因此，自国际金融危机爆发以来，大多数国家都在不断加强建立和完善强制征信制度，希望通过提高市场交易行为，特别是金融衍生产品交易的透明度，为金融系统营造一个公开透明的市场环境，以维护金融稳定。

中国自1998年启动企业征信系统建设以来，在征信工作中取得了明显进展，建立健全了征信法规、制度和标准，社会信用体系建设也在加快发展。但是强制征信的目的不在于管控，而是通过制定一系列的法规、采取一系列手段规范人们的行为，达到改善中国整体信用环境的目的。然而由于中外文化背景不同，要想重塑一个以诚信为基础的市场信用环境，除了要继续遵行中华民族传统道德价值观外，还必须吸纳发达国家成熟市场信用机制中的一些合理因素。但这一过程是相当漫长的。就目前而言，我们首先要依托纳税人信用数据库、产品质量数据库等的建设推进行业信用建设；通过改善地方信用环境，减少重复建设和资源浪费，增加地方政府信息透明度等方法推动城市信用建设。

其次，要加快征信体系的建设，提高征信平台的使用效率。在现有成果的基础上，以中国人民银行为核心，整合银行系统、证券业、保险业以及外汇管理等信息管理平台，促进全国性信用信息的整合与共享。最后，进一步规范社会中介以及大众媒体行为，培育理性的消费者，为金融系统的稳健运行创造一个良好的舆论环境。金融系统是一个信息处理系统，各个金融参与主体会根据自己从市场中获取的信息对整个市场做出判断。然而，当前中国金融市场的参与者大多风险意识淡薄，缺乏成熟的心理素质，投资行为极易受到市场信息和社会舆论误导。尤其在显性金融风险下，各种悲观消息会被投资者的非理性行为无限放大，导致市场波动加剧，甚至出现流动性风险。因此，相关政府及中国人民银行应加大对相关社会中介机构(如各类民间信用评级机构)和大众媒体的引导力度，推进政府信息公开制度，避免因虚假信息泛滥而可能引发的非理性恐慌甚至是系统性金融风险。

三、推进计算机及网络技术在金融领域的应用

计算机和网络技术的迅猛发展和使用，极大程度地推动了金融的整体发展，提高了金融机构收集、存储和处理信息的能力，并在金融产品定价等方面发挥了重要的作用。尤其进入21世纪以来，以数字化为特征，以网络建设、系统集成化、信息化、智能化建设为主要手段的金融电子网络建设将全球金融系统发展推向了一个新的高潮。

然而，计算机技术和网络技术的使用在提高金融交易速度、降低交易成本的同时，也加大了金融系统的虚拟程度。尤其是电子货币、电子支付交易系统等的出现从根本上改变了货币的内涵和传导机制，使货币流通速度大幅提高，加大了中央银行实施货币政策的难度。同时，由于网络黑客技术的出现，现代计算机技术成为一种风险性极强的现代科学技术，威胁到整个金融系统运行的安全性和稳定性。当然，我们不能因噎废食，要充分认识到计算机及网络技术在当代金融系统发展中的核心地位。当前中国计算机网络技术主要被用在金融

市场的交易中，且普遍存在各个金融机构的计算机系统各自为政、互不兼容的现象，严重阻碍了资金流通和信息的传递，造成资源的浪费。因此在加强对计算机软件系统的管理、提高金融机构数据的保密性的基础上，我们需要不断加大对金融科技的投资力度，以中国人民银行为核心，协调并完善银行业、证券业、保险业以及其他非银行金融机构在电子化建设中的种种关系和矛盾，形成一个全国一体化的金融网络系统，使客户可以通过该系统在全国甚至全球范围内方便及时地完成转账、查询、支付等各项金融交易活动。此外，中央银行还应利用该系统建立经济金融发展动态数据库，收集系统内各金融交易主体的实时信息，开发金融动态监管软件，将相关数据输入金融统计系统中，并对国内外经济发展数据进行动态监管，便于相关机构及监管部门及时了解国内外经济总体发展状况，对可能存在的金融风险做出及时、准确的判断。

在金融创新视角下，中国金融稳定性处于低度风险状态的根源在于金融创新不足导致的金融结构性失衡以及金融监管体制改革严重滞后等制度性问题。为此本章在系统性原则、一致性原则、动态性原则和可操作性原则的前提下，结合中国国情对金融稳定机制进行了优化设计，提出针对来自金融自身脆弱性和外部宏观经济剧烈波动的冲击，我们需要继续深化金融改革，推进金融创新，构建多层次、多功能、高效率的金融系统，并进一步完善金融监管机制，从完善金融监管主体结构、加强金融系统性风险监测预警系统建设、强化对系统重要性机构的监管、丰富宏观审慎监管手段和建立有效的处置机制等几个方面建立健全逆周期性金融宏观审慎监管机制，强化中央银行监管职能，以增强中国金融系统自身抵御风险的能力。

此外，为确保中国金融稳定机制有效运行，避免其受到外部宏观经济的冲击，本章还构建了稳定机制运行的保障机制。具体而言，本章认为应该从加快产权制度改革进程，完善公司治理；完善征信制度，创造良好的信用环境；推进计算机及网络技术在金融领域的应用等方面加强中国金融系统平稳运行的外部保障。

第十三章　金融创新视角下中国金融体系稳定性优化战略

中国属于发展中的大国，对世界经济具有举足轻重的影响。尤其在近几十年来，中国政府加快金融自由化步伐，从资本账户与汇率制度等方面都进行了卓见成效的改革。在当前次贷危机对经济的影响尚未完全显现之际，对中国的金融体系状况进行剖析，在此基础上分析问题并相应提出战略展望具有较重要的现实意义。

第一节　中国金融市场体系发展概况

一、中国资本账户开放的历程回顾：从管制到逐步开放

（一）1949—1978年：无严格意义上的资本账户

在1978年中国实行改革开放之前，国内经济百废待兴，国家的首要任务是恢复生产，与国外的经济交流较少。因此，该时期中国基本上实行对外汇进行严格管理的政策，且事实上没有区分资本账户和经常账户。

1949—1952年，刚刚建立的新中国金融体系不健全，市场上通货膨胀和价格紊乱并存，外贸停顿，外汇资源奇缺，国家经济发展急需大量外汇。在

此背景下，国家实行外汇垄断制，以“扶植出口，沟通侨汇，以收定支”等手段来积聚外汇，支持国家经济发展。期间，中国政府指定中国人民银行为国家外汇管理机关，进行外汇的调配工作，杜绝外汇投机，维持对外经济稳定。1950年10月，《外汇分配使用暂行办法》由中央人民政府政务院颁发，并规定全国各地的外汇使用原则。到1950年年底，在一些外汇管理措施的配合下，中国基本上肃清了在国内流通的外币，人民币成为国内唯一的流通货币，外汇储备量增加，外汇收支由以往的逆差转为顺差，并基本实现了稳定国内物价的目的。

1953—1978年，中国进入社会主义改造和建设时期，实行全面的计划经济体制，对外汇也进行高度集中的计划管理。该时期外汇管理以“集中管理、统一经营”为指导原则，加强对国有企业贸易用汇和非贸易用汇的管理，由对外经贸部所属外贸专业公司统一经营进出口业务，外汇业务则由中国银行统一经营，对外汇收入实行“以收定支，以出养进”的原则，依靠指令性计划和行政办法管理国际收支平衡，保持外汇收支平衡并努力增加外汇收入。1953年后，进出口都按照国家的指令性计划进行，实行出口收购制和进口调拨制，国家统负盈亏。各单位持有外汇必须申报，由财政部和中国人民银行清理处理。此阶段，对于外汇控制相当严格，不允许国外对华投资，机构或个人拥有的外汇除生产必备外均须向国家申报。直至20世纪60年代至20世纪70年代，为发展对外贸易和航运事业，中国开始逐渐以贸易融资和中国银行吸收国外存款的方式利用西方国家资金，外资引进形式单一且金额很小。实际上，这段时期国际收支的资本项目是一个空白区（李婧，2002）。

（二）1979—1993年：经常账户逐步放开，资本账户严格管制

1979年，中国进行改革开放，逐步加快了向国外学习的步伐。这种形势下，必须改变以往高度集中的外汇计划管理体制。就此，国家根据经济发展的实际情况，有步骤地推进外汇体制改革，加强市场调节的作用，逐步缩小指令

性计划与指导性计划的比例。中国政府结合计划调节和市场调节两种手段，通过改革外汇分配办法、人民币汇率形成机制、外汇经营体系，扩大指导性外汇计划比例，建立调剂外汇市场，健全外债和外商直接投资的外汇收支管理方法等一系列措施，为人民币实现经常项目下的可兑换作了充分的准备。1979—1993年间，中国通过建立外汇管理机构，并出台如《中外合资企业法》和《中华人民共和国外汇管理暂行条例》等一系列的外汇管理法律法规，依法对外汇收支进行管理。一方面，实行外汇留成制度，鼓励外贸主体增加外汇收入。另一方面，提高外贸企业自主经营能力，进一步完善和扩大外汇调剂市场，使外贸企业能在国家指导下在外汇市场买到所需外汇，部分保证了企业经常项目用汇的需求。

在1993年召开的十四届三中全会上，中国政府通过的《关于建立社会主义市场经济体制若干问题的决定》确立了社会主义市场经济体制基调，并决定进一步推进外汇体制改革，逐步使人民币成为可兑换货币。从1994年1月1日起，对除个别企业外的中资企业，国家实行强制结汇，对于经常项目下的外汇需求，除个别商品外，贸易项下可凭交易凭证到外汇指定银行兑付；非贸易用汇，除与贸易有关的附属费用和一定金额内的私人用汇外，要经国家主管部门审批。同年，中资企业退出外汇调剂中心。外商投资企业的外汇管理维持原来的市场调剂方式不变。各地的外汇调剂中心继续运营，主要为外商投资企业服务。同年4月，中国外汇中心系统正式运营，形成一个银行间的外汇市场。至此，中国实现了人民币在经常项目下有条件的可兑换。

1996年，中国为推进经常项目可兑换，消除对经常项目中非贸易、非经营性交易的汇兑限制，并放宽对因私用汇的汇兑限制。1996年3月1日起，中国在上海、深圳、江苏、大连等4个地区进行了外商投资企业的结售汇试点。少数符合条件并经国务院授权部门批准的非金融企业法人也可对外直接借用国际商业贷款。对于境外投资资金的汇出及中方投入外商投资企业的外汇资金，须持项目审批部门的批准文件和合同向外汇管理局申请，凭其批准文件到指定银行购买外汇。由此，1996年后中国形成了“人民币经常项目可兑换，资本项目实行严格管制”的外汇管理体制框架。

（三）1997年之后：逐步放宽资本账户

从上面的分析可以看出，中国对于资本账户一直实行管制政策。一方面，中国通过管制来达到稳定国内金融市场的目的；另一方面，由于境内资本外逃的现象严重，数额甚至超过了通过合法渠道引入的外资数额，也期望能够通过管制控制国内资本外逃现象。但在经济和金融全球化的背景下，对中国这种开放型新兴市场国家而言，依靠资本管制来实现控制资本外逃以及“热钱”流入几乎是不可能的。因此，从长期来看，中国应该在稳步建设国内金融市场的同时，逐步进行资本账户开放。

在1997年7月东南亚金融危机爆发后，危机对经济的破坏力使各国更重视资本账户开放的重要性。危机发生过程中，中国政府针对逃、套、骗汇和外汇黑市等非法活动比较突出的情况，在坚持对外开放和人民币经常项目可兑换的前提下，加强金融监管，完善外汇管理法规，加大外汇执法力度，保证守法经营，打击非法资金流动，维护了人民币汇率稳定和正常的外汇收支秩序。东南亚各国的金融风暴成为中国的前车之鉴，循序渐进地推进资本账户的开放成为我国学术界和决策者的共识。

2001年12月11日，中国正式加入WTO意味着扩大境内市场准入。根据中国加入WTO的承诺，在3~5年时间内，中国境内的银行业、保险业等金融产业将逐步实现基本对外开放，证券业、信托业等金融产业也必须加速对外开放。

2002年后中国明显加大资本账户开放力度。2002年10月，中国开始在部分省市进行境外投资改革试点。2002年12月，外汇管理局联合证监会共同推出了“合格境外机构投资人”（Qualified Foreign Institutional Investor，QFII）制度。获得中国证监会资格批准和国家外汇管理局额度批准的QFII，可以投资中国境内证券市场上包括股票、债券和基金等多种以人民币标价的金融工具。

2003年10月14日，党的十六届三中全会正式提出“在有效防范风险的前提下，有选择、有步骤放宽对跨境资本交易活动的限制，逐步放宽资本项目可兑换”。

2004年8月，中国保监会联合中国人民银行共同发布《保险外汇资金境外运用管理暂行办法》。其中为使保险公司和保险资产管理公司能够拓宽保险公司资金运用渠道和分散投资风险，允许其利用自有的外汇资金进行境外投资。2004年11月，《个人财产对外转移售付汇管理暂行办法》发布。《个人财产对外转移售付汇管理暂行办法》允许移居境外的中国公民向境外转移其境内资产，并允许境外居民将继承的境内财产转移至境外。2004年年底，经财政部批准，3家国际金融机构可以在中国境内发行总额为40亿元的人民币债券。

2005年1月1日起，中国公民和外国人出入境每人次携带人民币限额由原来的0.6万元上调到2万元。2005年3月，中国人民银行等四部委联合发布《国际开发机构人民币债券发行管理暂行办法》，其中规定国际开发机构可作为发债主体，但要求其具有AA级以上的人民币债券信用评级，且已为中国境内项目或企业提供10亿美元以上的贷款和资金。2005年5月，国家外汇管理局发布《关于扩大境外投资外汇管理改革试点有关问题的通知》，所有地区都开始进行试点。2005年，境外投资购汇总额度达到50亿美元，各地区外汇管理局分局对境外投资外汇资金来源的审查权从300万美元增加至1 000万美元。另外，新的《境外投资外汇管理规定》取消赴海外投资企业的用汇额度限制。2005年10月11日，党的十六届五中全会进一步明确指出：“稳步进行利率市场化改革，完善有管理的浮动汇率制度，逐步实现人民币资本项目可兑换。”

2006年4月，中国人民银行、银监会、外汇管理局共同发布《商业银行开办代客境外理财业务管理暂行办法》，标志着实施“境内合格机构投资者制度”（Qualified Domestic Institutional Investor，QDII）的开始。2006年8月，中国证监会首先批准了华安基金管理有限公司进行QDII试点。同年9月，国家外汇管理局批准了该公司5亿美元的境外投资额度，并发布了《关于基金管理公司境外证券投资外汇管理有关问题的通知》。到2006年年底，共有15家商业银行、15家保险公司和1家基金管理公司获得QDII资格，并分别获批134亿美元、51.74亿美元和5亿美元的总投资额度。

2007年2月1日起，个人年度购汇额度由2万美元提高至5万美元。同年8月20日，国家外汇管理局宣布批准中国境内个人直接对外证券投资业务试点。天津滨海新区作为首个试点地区，境内居民被允许以自有外汇或通过人民币购汇直接投资海外证券市场。香港证券市场为私人海外证券投资的初期选择市场，并且投资规模可以高于年度5万美元的购汇总额限制。这成为中国资本账户开放进程中一个具有里程碑式的举措。2007年10月15日，党的十七大报告再次强调"逐步实现资本项目的可兑换"方针。这些方针表明了我国以循序渐进模式实现资本项目可兑换的立场。

二、中国汇率制度改革的历史回顾

中华人民共和国成立之前，中国经历了银本位下的浮动汇率制(1935年以前)和法币汇兑本位制度(1935—1948)。中国设立以白银为本位货币最早可追溯到明朝(麦迪森，2007)，之后中国汇率制度在国际贸易环境、国际政治环境等多重因素的制约下，几经演变，一直到1935年国民政府迫于国内与国外的双重压力废除银本位，开始实行法币汇兑本位制度。从铸币本位到法币本位，可以避免贵金属铸币材料的限制，降低国外冲击的力度，但由于管理措施的缺失导致法币的钉住汇率制度难以维系。1948年12月1日新中国统一货币——人民币发行，揭开了人民币汇率制度的新篇章。从1950年政府公布人民币汇率、确定人民币汇率制度至今，人民币汇率制度经历了多重演变。按照中国开放程度不同以及人民币汇率制度在效率与安全方面的表现，可将人民币汇率制度改革大致划分为四个不同时期：第一个时期为中华人民共和国成立初期至改革开放初期(1949—1980)；第二个时期为1980—1994年(改革开放至外汇体制改革)；

第三个时期为1994年至2005年7月21日；第四个时期为2005年7月21日以后。

（一）改革开放前的汇率制度

1949—1954年，中国政府面临国民经济遭到破坏严重、国内物价水平波动幅度大、侨眷的生活困难等问题，处于国民经济恢复时期。因此，在当时的国民经济条件下，人民币汇率制度仅仅处于起步阶段。人民币汇率的制定与变动主要是为了调节进出口和促进侨汇，保证私商有一定的盈利。如果从性质上考虑，此时的人民币汇率属于自由市场汇率，它随着国内外物价的变化而调整，即国内外物价水平是此时期制定人民币汇率的主要依据。具体而言，人民币汇率的制定参照了75%~80% 大宗出口商品的加权平均换汇成本，加上5%~15% 的利润，同时考虑到侨眷五口之家国内外生活消费品指数的对比。而津、鲁、沪、穗四大口岸定期计算的进出口商品理论比价及闽、粤计算的华侨购买力比价均作为决定汇率的重要参考依据。由于中华人民共和国刚成立时，各地物价水平不一致，汇率水平也不尽相同，直到1950年随着全国经济秩序的全面恢复，人民币才实行统一的汇价。另外，由于1950年12月美国因抗美援朝战争联合其他西方国家对中国进行联合封锁禁运，并且冻结中国在美资金，同时限制华侨汇款，因此于1952年1月1日中国停止对美元的汇率，改为以人民币对英镑的汇率为主，其他汇率以此为基础进行套算。

1955年中国人民银行发行了新人民币，以1：1 000的比例兑换旧人民币，以解决旧人民币面值过大给经济造成的不利影响。从新人民币的发行到1967年人民币实行对外计价的这段时间，我国对工商业的社会主义改造已经完成。此时的中国处于社会主义建设时期，物价由国家统一规定并保持基本稳定，人民币汇率不再反映市场的供求关系。外汇收入必须售给国家，需用外汇按国家计划分配和批给。人民币汇率也不再作为调节进出口的工具，对外贸易由外贸部所属的贸易公司按照计划，统一经营、统负盈亏。同时，按国内外消费物价对比，汇率已适当照顾了侨汇和其他非贸易外汇收入，无调整的必要。所以此时的人民币汇率仅仅作为非贸易结算和编制计划的工具，已基本上与物价脱钩。此时期的人民币汇率始终坚持稳定的方针，这不仅符合我国经济发展的需要，同时也是当时国际环境的客观要求。其中国内的国际收支平衡政策实行“以收定支、以出定进”的原则，依靠指令性计划和行政办法保持外汇收支平衡。另外，从国际形势分析，这一时期的国际货币体系以美元与黄金相挂钩的布雷顿森林体系为主，在固定汇率制度下，各国汇率不再经常变动，人民币汇率也保持相对稳定。此时的汇率政策既维护了人民币的稳定，也有利于非贸易核算和计划的编制。1967年以后，国际经济环境发生了巨大的变化：布雷顿森林体系崩溃，国际金融市场动荡不定，西方国家的经济出现衰退。为了避免西方国家转嫁衰退的影响，我国对人民币汇率的制定原则又进行了新的调整。

1967年11月英镑出现的大幅度贬值，促使人民币于1968年开始实行对外计价结算，即将人民币汇率的制定原则调整为参照国际市场各国汇率变化的情况进行经常调整，以避免英镑贬值给我国出口收汇带来的汇率风险。1972年西方国家开始实行浮动汇率制度，国际市场上的各国汇率更是频繁波动，致使我国相应调整了人民币汇率的制定方法。该时期人民币汇率的制定原则参照国际市场各国汇率变化的情况进行经常调整，同时采取了钉住货币篮子的汇率制度，人民币汇率随着篮子中的货币及权数的改变而不断做出调整，并且基本上稳定在各国汇率的中间偏上水平。1971—1980年间，人民币对美元的汇率基本跟随国际货币市场变化，从1971年1美元兑换204 618元人民币逐步调整至1980年7月的1美元兑换1.452 5美元，人民币升值69.5%。这一时期，我国在贸易结算和非贸易兑换方面都使用了同一汇价。这种以货币篮子作为制定依据的单一汇率在一定时期确实起到了维护货币稳定和保值的作用，但其制定的目的重在保值，人民币必然存在着高估。可见，此时期的人民币汇率依然严重脱离国内外市场，不能起到有效调节对外经济发展的价格杠杆作用。1978年以后，我国进行了经济体制改革，由计划经济向市场经济转变。这使得与原有的计划经济相适应的人民币汇率的弊端不断暴露出来。比如，进出口贸易严重失衡，贸易逆差不断扩大。为摆脱这些不利影响，新的汇率机制改革逐渐被提上日程。

1949—1978年，中国的汇率体制经过了数次变化，但究其根本，无论从最初属于自由市场汇率性质的浮动汇率，还是仅仅作为非贸易结算及统计工具，或者是采取人民币计价的钉住货币篮子的汇率制度，都是在政府的统一行政干预下具有集中管理性质的汇率制度。

（二）1979—1994年：汇率制度频调时期

1978年中国实行改革开放，在长期的计划经济管制下的物价基本处于被严重低估状态，因此经济搞活后物价飞速上涨。为满足经济发展的需要，汇率政策也要与之相适应。在这一阶段，我国经济处于经济转轨时期，市场经济的选择意味着我国经济必须从封闭走向开放，而不能反映市场变化的僵化的人民币汇率制度也需要向市场化转变。所以这一时期的人民币汇率制度实质上都选择了具有过渡性质的双重汇率制度。这一时期人民币汇率制度的演变也可划分为两个阶段：

1．人民币“内部结算价”与“官方汇率”双重汇率并存时期（1979—1984）

该阶段为了发展对外贸易、促进经济核算并适应外贸体制改革的需要，人民币汇率实行了双重汇率制度：在进出口贸易外汇的结算方面实行“内部结算价”。这种“内部结算价”是按照1978年全国出口平均换汇成本再加10%的利润进行计算的，当时规定1美元约合2.8元人民币；而在非贸易外汇的兑换和结算方面，我国采取了公布牌价的“官方汇率”方式。这种牌价沿用了原来的一揽子货币加权平均的方法计算和调整，汇率基本维持1美元兑换1.5元人民币。随着国际市场美元汇率的上升，我国逐渐下调官方汇率，到1984年年底官方汇率已接近“内部结算价”。制定这种以贸易政策为中心的双重汇率的目的是促进出口创汇。尽管“内部结算价”的存在对促进外贸出口起到了一定的积极作用，但它的实质是一种变相的财政补贴，必然受到国际上一些国家的反对。而且“内部结算价”与外汇牌价在使用范围上出现了混乱，造成了对外经济交往中的被动。另外，“内部结算价”没有根据国内物价的上涨做出相应调整，致使外贸亏损上升，国家财政补贴的负担加重。所以从1985年起我国取消了外贸“内部结算价”，恢复了对外单一牌价，这时美元对人民币的汇率为1：2.8。

2. “官方汇率”与“调剂市场汇率”并存时期（1985—1993）

1985年1月1日，我国取消了外贸“内部结算价”，恢复了名义上的单一汇率制。但由于外汇额度留成制度的存在，实际上又形成了“官方汇率”与“调剂市场汇率”并存的双重汇率。这里的外汇额度留成制度是指外贸公司可以通过自己的创汇收入得到一定比例的外汇额度，在经过行政审批的前提下，用外汇额度配上人民币向国家按照外汇牌价购买美元。1988年外汇调剂市场设立，企业可以在外汇调剂市场上自由购买外汇额度，形成近似市场价格的外汇调剂价格，从此人民币也开始正式实行计划牌价和调剂价格并存的汇率双轨制。两种价格之间的关系可以这样表述：调剂价格 = 计划牌价 + 外汇额度。可以看出外汇额度的实质仍然是一种出口补贴。这样的汇率制度不仅增加了我国自身管理的难度，也不符合关贸总协定的原则，必然遭到国际上一些国家的反对。为了恢复关贸总协定的席位，1994年我国采取了人民币汇率并轨的措施，将人民币官方汇率与外汇调剂市场汇率合二为一。

另外，该段时间人民币汇率基本维持稳定。尤其是1998—2004年间，人民币对美元汇率一直在8.268 0~8.280 0之间浮动，其波动幅度仅仅在1%左右。一旦越出这个区间，中央银行就会干预市场，使汇率重新回复到该区间内。

总体而言，1979—1993年人民币汇率制度属于行政指导下的贸易性汇率制度。为了满足改革开放初期的外汇需要，我国以发展外贸、鼓励出口为主要目标进行创汇来缓解因外汇短缺而限制经济发展的压力。这个时期无论实施外汇留存制度，建立外汇调剂市场，还是实行汇率双轨制，都是以国家外贸政策为主要依据，通过国家外汇管理局对相关外汇政策的制定以及汇率水平调整进行管理。

(三) 1994—2005年实行钉住美元的汇率制度

该阶段从1994年人民币汇率并轨到2005年7月参考一揽子货币汇率制度的出台为止。1993年，中国明确提出建立社会主义市场经济的目标，并且在党的十四届三中全会通过的《中共中央关于建立社会主义市场经济体制若干问题的决定》中明确要求："改革外汇管理体制，建立以市场供求为基础的、有管理的浮动汇率制度和统一规范的外汇市场，逐步使人民币成为可兑换货币。"人民币汇率制度以此为指导进行改革和变更。

1994年1月1日，我国正式进行汇率制度改革：取消了牌价汇率，实现了人民币汇率并轨。新的汇率制度是一种以市场供求为基础的、单一的、有管理的浮动汇率制度，但实际上它属于一种钉住美元的固定汇率制度。具体而言，人民币汇率作为名义上的管理浮动汇率制度，应该基本由外汇市场的供求状况决定。中国人民银行的任务是根据银行间外汇市场交易情况公布汇率，规定银行间市场汇率浮动幅度及银行结售汇市场的浮动幅度，并通过中央银行外汇公开市场操作，对人民币汇率实行有管理的浮动汇率制度。但实际上中国人民银行只是按照前一营业日外汇市场形成的加权平均汇率，公布人民币对美元、港元、日元三种货币的基准汇率，而三种货币以外的其他外币汇率，则按美元基准汇率进行套算。这说明人民币实质上采取的是钉住美元的汇率安排。而此期间人民币汇率始终和美元汇率保持在一个狭窄的区间内浮动也说明了这一点。如并轨时人民币的汇率为1美元兑换8.70元人民币，其后的汇率仅仅在一定幅度内浮动，并略有上升。

从1994年到2005年7月，中国政府采取了多项汇率制度方面的改革措施以向国际靠拢。1994年1月后，中国政府指定银行作为外汇交易主体，当年4月成立银行间外汇市场，并最终在年底实现了人民币经常项目的有条件可兑换。1996年中国政府取消经常项目下尚存的其他汇兑限制，并在当年12月1日宣布实现人民币经常项目可兑换，进而取消了对所有经常性国际支付和转移的限制，达到了《国际货币基金组织协定》第八条的要求。至此，中国初步建立了适应社会主义市场经济体制的外汇管理体制，并在此基础上不断完善和巩固，尤其在2001年加入世界贸易组织之后，继续深化改革以求融入经济全球化中，积极培育和发展外汇市场，减少行政性审批，完善汇率制度。中国汇率制度改革的历程，使中国向世界敞开了怀抱并加快了进入世界经济圈的速度，同时也为2005年7月之后的汇率制度变革奠定好坚实的物质和实践基础。

（四）2005年“721汇改”后实行有管理浮动制度

为建立和完善我国社会主义市场经济体制，充分发挥市场在资源配置中的基础性作用，建立健全以市场供求为基础的、有管理的浮动汇率制度，经国务院批准，中国人民银行于2005年7月21日公开发表2005年第16号《中国人民银行关于完善人民币汇率形成机制改革的公告》，其主要内容包括自2005年7月21日起，我国开始实行以市场供求为基础、参考一篮子货币进行调节、有管理的浮动汇率制度。人民币汇率不再盯住单一美元，形成更富弹性的人民币汇率机制。同时，美元对人民币交易价格调整为1美元兑8.11元人民币，作为次日银行间外汇市场上外汇指定银行之间交易的中间价，外汇指定银行可自此时起调整对客户的挂牌汇价。公告中还对外汇市场的基本规则做了说明，如中国人民银行于每个工作日闭市后公布当日银行间外汇市场美元等交易货币对人民币汇率的收盘价，作为下一个工作日该货币对人民币交易的中间价格。另外，每日银行间外汇市场美元对人民币的交易价仍在人民银行公布的美元交易中间价上下千分之三的幅度内浮动，非美元货币对人民币的交易价在人民银行公布的该货币交易中间价上下一定幅度内浮动。

这个公告表明从此中国人民银行将根据市场发育状况和经济金融形势，适时调整汇率浮动区间。同时，中国人民银行负责根据国内外经济金融形势，以市场供求为基础，参考篮子货币汇率变动，对人民币汇率进行管理和调节，维持人民币汇率的正常浮动，保持人民币汇率在合理、均衡水平上的基本稳定，促进国际收支基本平衡，维护宏观经济和金融市场的稳定。

“721汇改”揭开了人民币汇率真正市场化的序幕，尽管尚处于摸索阶段，但日益成熟和完善的外汇市场，不断放开的人民币汇兑业务，逐步走上正轨的金融衍生产品，都昭示了人民币未来的光明前途。

三、中国与其他主要新兴市场国家的金融稳定性对比分析

(一)金融市场发展简况

20世纪80年代后，中国正式步入快速发展的国家行列，其经济增速举世瞩目。经济发展需要市场和制度建设的支持和完善，其中金融市场的建设尤为重要。20世纪90年代后，中国政府开始对银行业进行重组和改造，并且大力进行证券市场和股票市场的建设。至今，四大国有商业银行基本改制完毕或已万事俱备，深市与沪市遥相呼应，创业板块也蓬勃发展。但发展往往会掩盖存在的问题，因此将中国金融市场的现行发展状况与整个新兴市场国家或者发达国家进行对比，更容易发现问题和不足。

1. 股票市场

股票市场形成的早期，学者多认为股市具有促进储蓄转化为投资、提高资本配置效率、加快资本积累速度、提供流动性和技术创新等方面的功能。20世纪90年代后，经济学家又从不同视角对股市促进经济增长的机制进行了系统研究。他们认为股市通过风险分担或风险细分功能增加生产资本的投资资源，进而有利于其选择更具专业化的技术提高生产率，提高资源配置效率。事实上，随着金融发展的不断深化，股市与实体经济的互动关系越来越密切。实体经济的波动周期势必会影响到股市的波动，而股市又能反过来为实体经济提供必要的资本补充和动力。因此，一国股票市场的发展情况可以从某个角度映射出该国金融市场发展的整体状况。

根据股市表现，整体而言，新兴市场国家作为全球股市的发动机，带动其稳步增长，但个别新兴市场国家的自身发展有待完善。如中国股市尚处于萌芽状态，与实体经济有所脱离。若不能利用股票市场，使其成熟稳定地发展，

那么其在未来的经济发展中将会严重影响中国增长的稳健性。一旦股市由于快速的膨胀形成虚拟泡沫，最终将在泡沫破灭的时候瓦解整个市场的信心，对整个经济造成极大的破坏。

2. 外汇市场

从某种意义上讲，外汇市场与国家经济主权息息相关，因此国家出于国内贸易政策和政府执政影响的考虑，会干预外汇市场。依据以往经验，除了日本外的其他发达国家都未积极地干预外汇市场，而新兴市场国家和地区则普遍存在干预外汇市场的行为。新兴市场国家多为出口导向型经济增长模式，汇率的波动对其影响较大。因此，政府通过干预外汇市场创造稳定的外部环境，维持国内经济的稳步发展。

除中国外的其他新兴市场国家早已在名义上实行了钉住或在一定浮动区内有管理的汇率制度。2005年中国进行汇率制度改革后，汇率发生变化并一直保持升值状态，从2005年的8.28一直升到2007年的7.3，其升值幅度在两年内达到11%左右。而其他新兴市场国家如阿根廷、印度尼西亚等也均维持稳定的升值状态，较少出现较大规模浮动。

从外汇市场的发展来看，除马来西亚外，中国对汇率制度的改革基本晚于其他新兴市场国家。从汇率的总体波动情况看，中国更能较为平稳地维持升值状态，波动区间不大，因而有利于国内出口企业形成一个良好的预期，保证其出口业务的发展。其他如泰国，汇率升降幅度则较大。

(二)对外融资情况

近几十年由于新兴市场国家经济增长态势强劲，基础设施不断改善，全球流向新兴市场国家的资本数量激增。资本的流入能够增加国内投资，缓解国内投资不足的情况；能够深化金融中介，促进金融机构自身的完善发展，进而促进经济增长。但短期内资本的迅速流入，又会对新兴市场政府的政策体制提出挑战，并可能带来一系列的金融风险。从以往经验看，外国直接投资一直是新兴市场国家规模最大和较稳定的资本流入方式。这部分资本多用于新兴国家实体经济建设，风险性较小，贡献度较高。然而近年来，资本流入开始由官方转向私人，从债务转向股本融资（World Bank，2007）。

1. 对外融资总体情况分析

从总体上分析，新兴市场国家对外融资规模不断扩大，从2002年到2007年其融资总额增长约500千亿美元，增加4倍多。在这期间，中国一直处于新兴市场国家中融资较多的位置，融资总量增加近6倍。2002年，其对外融资总量落后于韩国，而到2007年，则超过韩国融资总量的20%左右。但从总体增速上分析，印度最为迅速，7年间融资总量增加约50倍。至2007年，虽然印度融资总量少于中国，但也已经超过韩国。另外，俄罗斯与巴西的对外融资也颇具规模。2007年俄罗斯和巴西的对外融资总量均超过中国，其中俄罗斯的融资总量比中国高25%左右。

2. 债券发行情况

在新兴市场国家中，俄罗斯利用发行债券的方式获得的融资最多。从2002年到2007年，其债券融资总量超过韩国和巴西，成为债券融资最多的新兴市场国家。中国通过该种方式的融资在2002年仅仅为2.4亿美元，到2007年为止，虽然总体增长情况较为显著，但其数量尚未达到巴西2002年的水平。在广大新兴国家中，泰国的债券融资较少，基本一直处于最低水平。智利的情况则较为特殊，2002年后，其债权融资总量呈现逐年下降状态，到2007年，其融资总量仅为2.5亿美元。同一期间，秘鲁虽然在2006年融资较少，仅为2.2亿美元，但2007年则猛增200倍。

3. 股票发行情况

整个新兴市场国家总体呈现递增的状态，其中从2002—2007年，中国利用发行股票获得的融资总量一直居于全体新兴市场国家的首位，并且年均增速超过全部新兴市场国家的年增速。该期间，印度的增长速度较快。该国在6年之内使融资总量增加近50倍，在新兴国家中较为突出。但韩国通过发行股票获得的融资数量则较少，7年间，融资无太大变化，到2007年其融资总量仅超过2002年的中国。

4．银行贷款

银行贷款一直是新兴市场国家的重要融资手段。新兴市场国家以此方式获得的对外融资总量在2002—2007年的6年时间里增长了3.5倍左右。其中，中国在该期间的银行贷款总量仅翻一番多。而其他国家如俄罗斯、印度、巴西和土耳其则迅速增加。2002年，这几个国家的银行贷款额均少于中国，但到2007年则均超过中国，其增速均远大于新兴市场国家总体平均增速。而泰国的融资数量除2004年略有上升外，从2002年开始逐年降低，到2007年下降到9.08亿美元。而秘鲁虽然一直稳步增加且增速较快，但其融资总量较少，到2007年为止，总量仅仅达到7.079亿美元，远落后于其他新兴市场国家。

第二节　中国实现金融稳定的阻碍和优化对策

一、近年来中国资本账户开放与汇率制度选择面临的问题

(一)资本账户开放遭遇的困难

1．增加中国金融稳定的潜在风险

随着经济全球化程度的不断提高，各国对外经济发展的联系不断增强，从而使得全球跨境资本流动的规模迅速扩大。从理论上分析，跨境资本流入对于发展中国家来说是有利的，可以弥补国内储蓄资金的不足，从而促进一国投资和经济的快速增长。但是也必须看到，跨境资本在短期内的频繁流入和流出对于一国经济金融而言，会造成较大的冲击，从来可能引发一系列不稳定的因素，并构成潜在的威胁。例如，跨境资本的大规模流入可能导致一国出现货币扩张过快、实际汇率升值、通货膨胀压力加大、金融部门风险增加以及经常项目逆差扩大等各种问题。与此同时，大规模的资本流入也可能会导致一国金融

市场的波动性增大。如果一国金融市场中公众对资产收益率的预期出现变化，就会引发“羊群效应”，那么此时跨境资本的流向很可能会受到投机因素的诱导，出现突然断流或者流向逆转，即大规模的跨境资本流出，这将引发一国整个经济和金融市场的剧烈动荡。

中国的金融市场发展还处于初级阶段，市场规模小，流动性不强，体制建设不完善。在这种状况下，全面开放资本账户很可能会引发金融资本在短期内大量流入，进而对中国的金融市场的稳定性造成较大的冲击。特别是当一些机构投资者成为非居民投资的主体时，对金融市场的冲击将表现得更为明显。因此，资本账户的加大开放，会潜在地加强中国与国外金融市场之间的联系，导致二者的相关性明显上升，使中国金融市场波动性增大。

2008年的国内外经济形势都表明开放资本账户的时机并不成熟。在国际市场上，石油、粮食和其他大宗产品价格均在高位运行。国际原油期货价格曾一度突破100美元/桶，2008年6月更是飙升到139美元/桶，并一直在高位徘徊。石油价格的上涨引发了全球开发生物燃料的热潮，从而带动了玉米等农作物价格的上涨，这又通过市场价值规律的作用造成了其他农作物种植面积的减少和价格的上涨，进而引起了全球粮食价格的上涨。中国一直实行双轨制的石油价格机制。但是，在国际油价大幅上涨的前提下，国内的石油价格也被迫调高。2008年6月19日，中国上调了成品油的价格，汽油、柴油每吨提高1 000元人民币，航空煤油价格每吨提高1 500元人民币。与此同时，中国国内的经济形势也不容乐观。在2008年，除了南方雪灾、汶川地震等自然灾害造成的巨大负面冲击外，美国次贷危机也对中国经济造成了一定影响。在人民币单边升值压力增大的情况下，美元的疲软使得国际社会对人民币升值的预期进一步增强。由于中国的金融市场建设还处于初级阶段，金融监管还不完善，因此，伴随这种预期驱动，国际游资开始大量流入中国，中国金融稳定面临严峻考验。此外，鉴于美国经济的综合实力和美元的国际货币地位，这次美国次贷危机并不代表美元霸权的终结，而在很大意义上正是对美元霸权的一种印证。美元的疲软只是暂时的，它具有自我恢复的能力。美国整体实力的支撑和现存的国际货币体系都会使美元逐步恢复坚挺，这很可能在未来引发热钱大量流出中国，从而促使中国金融市场的潜在不安全因素被激发，进而增强金融危机爆发的可能性。中国政府必须加强对资本大规模流动的监管，稳定金融市场，预防由于游资逃离而引发的国内金融动荡。因此，中国资本账户的完全开放尚需等待时机。

2．资本管制政策工具面临新的调整和升级

随着中国资本市场的不断开放，资本管制政策工具也将面临新的选择。目前，中国已经实现了经常项目的可兑换，资本项目也已经实现了部分的可兑换。与此同时，随着金融创新的开展，资本市场上的金融工具种类也不断增加，一方面有利于活跃资本市场，减少资本市场上的“管制屏障”；另一方面，增加了国际环境对中国经济造成冲击的渠道，增加了资本管制的难度。随着中国国内金融市场和国外金融市场关联度的提高，原有的以行政管理为主的直接管制模式已经不能够满足中国金融市场发展的需要，因此必须寻找更为有效的资本监管模式，而欧美发达国家在该领域为中国提供了一定的借鉴。尽管美国爆发了次贷危机，但是其仍然是世界上金融监管体制最为完善的国家，它的很多金融监管经验都值得中国学习。例如，建立由中国人民银行、证监会、银监会共同合作的、监控和调节跨境资本流动的管理中心，或者建立一种以市场为主导、以政府管理为辅的资本管理模式等，这些问题都需要进一步的探讨。建立更为完善的资本管制政策工具将是未来中国亟待解决的重大问题。总体来说，遵循的主要原则是既要符合中国的资本账户渐进开放的整体战略，又要具有实际的可操作性和灵活性。

3．促进跨境资本双向流动的进程趋缓

中国一直致力完善外汇市场的建设，采取鼓励企业“走出去”的战略，并出台了 QFII（合格的境外机构投资者）和 QDII（合格的境内机构投资者）制度。同时，鼓励个人持有和合理使用外汇，放宽个人外汇资金使用限制，并于

2007年成立了中国外汇投资公司，探索和拓展外汇储备投资渠道和方式，经营国家外汇储备资产。这些措施为中国资本账户开放提供了一定的前提条件。

但是，随着2007年美国次贷危机的爆发，美元持续走弱，人民币相对美元不断走强，从而使得人民币升值的压力不断增大，中国原有的促进跨境资本双向流动的进程必须放缓。张明(2008)对2003年至2008年第一季度的热钱流入规模进行了计算，结果显示，流入中国的热钱已经累计达到了12 032亿美元，其在中国的累计收益为5 510亿美元，二者之和相当于2008年3月底中国外汇储备余额的104 070亿美元。这充分表明，中国目前的大量外汇储备并不足以应对巨额热钱抽逃所引发的金融危机。因此，笔者认为，目前推进中国资本账户开放的时机并不成熟，必须放缓跨境资本双向流动战略的实施，采取有效手段加强资本流动监管，这才是在全球金融动荡背景下的理性选择。

4. 人民币汇率仍缺乏灵活性

符合实际的汇率水平可以保证外汇供给和外汇需求的平衡，从而控制资本账户开放后汇率剧烈变动的风险(李蜻，2006)。2005年7月21日，中国实行汇率形成机制改革，提出“参考一篮子货币”，但汇率制度的主体，仍然是有管理的浮动汇率制度。正如巴曙松所言，“汇改回到1994—1997年之间”。未来如果要推进资本账户开放，根据Krugman (1999)提出的所谓“三元悖论”，继续保持固定汇率制度和独立的货币政策目标不可能同时实现。因此，为了保持独立的货币政策，中国必须继续改进现行的人民币汇率形成机制，增强人民币汇率的灵活性。具体而言，需要在扩大人民币汇率的波动区间和改进央行对外汇市场的干预两个方面进行改革。

(二)现行汇率制度安排存在的问题和缺陷

2005年“汇改”让人民币更趋向于按市场需求浮动，不再实行央行单一定价，更新的定价手段与更多的参与主体丰富了人民币的价格形成机制，进一步促使其转向市场价格。在“汇改”同时，中国政府也相应地增加外汇投资品种和投资手段，促进金融衍生产品的发展，进一步完善外汇市场建设，从理论、技术和知识结构等方面对外汇市场进行完善。这次改革也提高了中国政府的行政水平，使政策调控更符合市场要求，加大政府信息公开力度，能够及时地为外汇市场建设、健全与规范创造条件。近几年，中国政府也加强了外汇市场与国际市场的联动水平，使人民币的市场价格不断取得国际认同，在一定程度上缓解了西方各界对人民币升值的舆论压力。不能否认"汇改"取得的成绩，但同时也要认识到现阶段人民币汇率安排存在的问题依然很严峻。

1. 人民币汇率持续被高估下的升值未能缓解中国贸易压力

不能否认，"721汇改"充分考虑了中国金融市场的现实环境，采取了渐进式的升值方式，是中国现阶段的最优选择。从金融市场建设看，虽然目前情况已有所改善，但无论是金融市场制度、金融主体行为、金融市场的发育程度、金融组织机构的建立还是金融产品与金融工具的推出都远未达到发达的程度。在这种条件下，若人民币匆忙实行自由浮动的体制，金融系统承受能力的脆弱必将导致中国金融业的危机。

然而，人民币汇率这种缓慢的升值对中国低附加值的劳动密集型出口行业的竞争力具有一定负面影响。人民币汇率近年来的持续升值使大量劳动密集型企业已经难以为继。中国政府通过调整能源价格和成本未能改善中国出口结构，以低成本取胜的纺织业等遭遇了亚洲金融危机后最困难的境地。海关统计数据显示，2015年5月出口纺织品服装金额延续下滑态势，同比增长82%，而服装出口减少0.6%，出现近年来的首次负增长。在2015—2017年的3年中，中国商品和服务的净出口增长了1.9万亿元人民币，平均占每年GDP增长的2.4%。但在次贷危机影响下，全球经济增长放缓，中国商品的外部需求正在变得疲软。另外，中国过分依赖不断增长的外部顺差使其经济易受外部震荡的影响。

2. 现行汇率制度安排使我国承受货币错配的风险

货币错配是新兴市场国家的常态，而我国现行的汇率制度安排加剧了货币错配，并要承担错配风险。“721汇改”后我国实行钉住一篮子的有管理的汇率制度，这使我国更接近自有浮动汇率制度。但根据Calvo和Reinhait（2000）的研究，从新兴市场国家实际的汇率走势以及政策走向分析，无论它们声称实行自由浮动汇率制度还是管理浮动汇率制度，事实上都在实行盯住汇率制度。对于中国这样的新兴市场国家而言，未能改变盯住汇率制度的本质。目前，人民币未能在国际上甚至是区域内成为“关键货币”。在盯住汇率制度下，人民币更无法在国际经济交往中使用。就当前中国现实状况而言，资本市场的落后和长期固定的汇率制度，势必会形成多种货币并存的“货币错配”问题。中国外汇管理局发布的《2017年上半年中国国际收支报告》中指出，截至2016年年底，我国的外债规模远小于外币储备规模，二者分别达到3 736.18亿美元与15 282.49亿美元，外币资产相当于外债的4.5倍左右。另外，到2017年6月末，中长期外债(剩余期限)余额占外债余额的37.9%，为1 621亿美元；短期外债(剩余期限)余额占外债余额的62.1%，达到2 653亿美元，由此可见我国的债务结构发生了重大变化。因此，中国货币错配体现在过多的外币资产会因为本币的升值而缩水。这与其他因货币错配而产生金融危机的国家正好相反——它们的外币资产远小于外币负债，当本币贬值时很容易因资不抵债而陷入金融危机。从目前中国的发展情况来看，货币错配现象将长期持续下去。这种货币错配事实上也锁定了我国的汇率制度，若汇率制度大幅度地起落，将严重影响国家的金融稳定。并且，汇率的持续升值而引起的外汇储备缩水，会抵消国际贸易的收益。

3．较低的人民币汇率市场化形成机制，限制了汇率安排的市场化进程

“721汇改”的根本目的是在释放人民币升值压力的基础上，使人民币能够从政府定价逐渐转变为真正通过市场供求定价，变成真正的市场化汇率制度。但国内金融市场发育的滞后严重束缚了汇率的市场化进程。可以从两方面进行考虑：

一方面，由于现行人民币汇率形成机制的基础，即银行结售汇制和对参与银行间外汇市场交易的外汇银行实行的额度管理，使得中资企业和商业银行市场参与者等市场参与主体持有的外汇必须卖给外汇银行，不能根据自己对未来汇率走势的预期和未来的需求选择适当的出售外汇时机和数量。同时，就银行售汇而言，存在一定的条件约束和严格管制，导致我国形成了一个供求关系不对称的外汇市场。不对称表现在一定制度约束下的充分外汇供给和部分外汇需求。中央银行通过对外汇银行的额度控制和庞大的外汇储备与货币供给权等手段，对汇率的生成具有很大程度的控制权，但央行作为监管者还比较缺乏经验，因此在这种市场效率相对较低、认知不足的条件下形成的人民币汇率并不是真正意义上的市场价格。

另一方面，我国外汇市场的不完善导致人民币汇率与国际接轨时表现出不一致性。我国外汇市场存在交易主体过于集中、交易工具单一的问题。目前我国银行间外汇市场主体主要由国有商业银行、股份制商业银行、经批准的外资金融机构、少量资信较高的非银行金融机构和央行操作室构成。从交易额来看，中国银行是外汇的最大卖方，中国人民银行是外汇的最大买方，双方交易额占总交易量的60%以上；从交易品种上来看，只有美元、日元和港元，且主要以美元为主。主体构成较为单一，交易品种及交易量相对集中，使得汇率带有“官方与民间”交易的色彩。理论和实践均证明，完善的短期货币市场和灵活的利率尤其是短期利率是保证外汇交易活跃和汇率动态稳定的重要经济杠杆。而我国由于资本项目的严格管制及利率的非市场化导致外汇市场与短期货币市场、资本市场几乎处于隔离状态，人民币汇率与人民币利率、美元利率相关程度极低(江素芬，2006)。在这种市场建设和金融产品不完善，还有诸多难以在短期内克服的体制因素制约的条件下，外汇市场发展必然还需一段时期的磨合与成长才能满足现行汇率制度的基础条件。

二、金融创新视角下中国金融稳定发展的优化对策

(一)资本账户的开放战略

1. 稳步进行资本账户开放，合理安排开放进程

一国从封闭型经济转变为开放型经济的决定性步骤是开放资本账户。因为资本账户的完全开放，既标志着该国的经济金融已经完全与国际市场接轨，也意味着该国经济格局想要再退回到资本账户开放前的状态将极为困难。因此，是否开放资本账户，对任何国家来说都是一项具有深远影响的经济决策(在某些情况和场合，甚至可以说是一项重大的政治决策)。

对中国来说，开放资本账户更需要持认真而慎重的态度，这不仅因为中国有着充分的独立性和选择权，而且历史经验也表明，明智而理性的选择是等待基础条件完全成熟时再渐进开放资本账户。自20世纪80年代以来，一系列金融危机的产生虽然与发展中国家自身的经济状况、发展模式以及国际经济格局的导向有较大关系，但是，巨额国际投机资本也起到了不容低估的破坏作用。1997年发生在亚洲的金融危机就是一个例证。借鉴以往发展中国家资本项目开放的经验，笔者认为，中国的资本项目开放应该是一个渐进的过程。合理制定开放资本项目进程的本身就是对开放风险的一种规避。具体安排资本项目的开放进程时，必须将中国开放资本项目的目的和各类资本流动的风险性结合起来(诸葛栋，封思贤，2005)，对不同的资本子项实行不同的开放程度，并在此过程中要非常注意开放的模式和顺序的选择。概括来说，应坚持两个原则：第一，对资本账户开放管制的放松或解除，应当始于以实际经济活动背景的资本交易，逐渐过渡到价格易变的金融性资本交易(张礼卿，2000)；第二，对资本流的开放，应先逐步放松对流入资本的管制、后放松对流出资本的管制；先开放长期资本交易、后开放短期资本交易；先开放直接投资，后开放证券类投资。

总而言之，推进资本账户开放是一项复杂而系统的工程，政策的制定不仅要与当前中国的经济发展水平和金融市场的监管能力相适应，还要与中国的

其他经济战略制定统筹考虑。只有在宏观经济、金融领域具备基本的条件时，适度、有序地推进资本账户开放，才能使中国经济从这一金融开放过程中获得预想中的实质性收益。

2. 稳步进取，创建全面监管与危机预警体系

为了能够为资本账户开放提供制度保障，我国首先需要建立金融危机的预警与防范机制，但这需要足够的组织与智力支持。具体可以考虑建立专门的金融危机防范处理机构；组织监测与研究金融危机；管理有关金融危机的信息网络；协调防范与化解金融风险的政策措施；并在金融危机爆发时协调危机应对政策与措施。同时，需要建立一个危机管理机构，它将作为一个危机预测研究机构和智囊库，定期或不定期向危机防范处理机构或其他政府主管部门提交关于危机可能性与危机防范处理政策措施的报告。

首先，建立风险预警机制。建立风险预警机制的目的，是在风险积累到一定程度的时候发出预警信号，以便能够为管理当局采取有效的应对措施与手段争取时间，从而减轻危机危害的严重性，甚至也许可以预先采取防范措施阻止危机的爆发。

预警机制主要包括金融体系风险的预警和金融机构风险的预警。这里重点谈金融体系风险预警机制的构建。一般而言，一国可以选择建立两种不同的预警模式：

(1)进行多元回归分析，即考察影响危机的所有因素，并剔除所有不显著的因素，最后用单一的数字表示若干时间后危机爆发的可能性。

(2)运用信号法，即通过密切监控一些经济变量的发展变化，及时发现偏离正常水平(平均值)并超过一定的“阀值”的指标，并以此来预测将来一段时间内发生金融危机的可能性。但是，这种方法有一个难点，即关键指标及其“阀值”的确定。其中，关键指标要有较高的预警正确率，即需要有较强的预测能力，而阀值水平确定也要适中，过高会漏报一些危机，过低则会发出错误信号。

其次，建立危机管理机制。一个良好的危机管理机制需要关注以下四点：

(1) 金融危机管理机制的核心是要建立一个权威性的指挥机构。中国目前的金融监管体系是分业监管，银监会、证监会、保监会各自执行自身行业监管职能，中央银行负责货币政策的调控。明确这些监管机构之间的关系对于危机管理是相当重要的，权利不明晰或者分散都会使得危机发生时各机构行动互相掣肘，从而使整个危机管理系统效率低下。

(2) 需要建立一个金融机构之间的协调机制。该机制可以根据金融风险出现的规模、地域、金融事件的严重程度、涉及的金融机构的性质来明确由哪个管理机构来处理，同时收集信息，调度金融资源。

(3) 危机指挥机构以及其他监管机构需要专业性很强的工作人员。鉴于危机蔓延速度快且在爆发初期会存在信息短缺的问题，因此需要相关专业人员具有很强的专业判断能力，从而能够迅速果断地解决问题。

(4) 要通过立法对危机管理机制进行明确和管理。像美国的“紧急状态法”、俄罗斯的“紧急事态法”、日本的“紧急事态法”，实际上都是危机管理法。中国的《商业银行法》也应该增加对金融危机管理以及各种紧急状况处理的条款，这样一旦出现紧急状况，可以为金融危机管理提供立法保障，从而可以更有效率地去处理突发事件。

再次，要注意提高自身实力，加强配套体系改革。这主要从以下3个方面进行：

(1) 充足的外汇储备是开放资本账户前的必要基础。随着资本流动规模和数量的迅速增加，需要相对充足的外汇储备来应对外资流动可能带来的经济震荡。一般而言，资本账户开放对于一国经济增长有促进作用，能够提高该国在国际市场投融资的能力，使得该国原本的国际收支状况得到改善。但是，如果没有充足的外汇储备来有效应对大规模资本流入所造成的宏观经济压力的话，就很可能会出现通货膨胀和实际汇率升值。截至2018年3月末，中国的外汇储备已经位居世界第一，为31 428亿美元。如果不考虑外汇储备规模适度的问题，那么巨额外汇储备无疑为中国资本账户开放奠定了坚实的物质基础。

(2)提高人民币的国际地位，增强中国经济的自我平衡能力。由于美元位于国际货币金字塔的顶端，是国际贸易和国际金融交易的载体，因此美国能够利用“美元体制”来增强其经济的抗冲击能力，也使得美国的债务经济得以持续。也只是由于美元的国际地位，使得在美元处于弱势时，与美国贸易关系紧密的国家和美元的持有者采取支持美元的行动，而不是大量抛售美元。2007年美国发生次贷危机后，十国集团央行从切身利益出发集体采取了行动挽救美元的行动。这都表明美元对于保障美国经济稳定有重要作用。与美元相比，人民币尚属于一个国家货币，人民币国际化的道路还很漫长。目前，人民币已经实现了部分的周边国际化，与蒙古、朝鲜等国签订了双边人民币清算协议，同时也与韩国等签订了一些以人民币计价的双边货币互换协议，并通过在1997年亚洲金融危机中承诺“不贬值”而树立了一定的国际公信力。人民币已经具备了较高的区域影响力，并成为参与全球货币竞争的主要货币之一。在现有国际货币体系中，未来人民币的国际化必须走区域化的道路(李晓，李俊久，丁一兵，2004)。在人民币实现周边国际化之后，应该先通过增加东亚区域内以人民币计价的一般贸易和建设人民币离岸市场来推进人民币在东亚区域内(主要指除日本以外的国家和地区)被接受的程度，然后再通过制度化的合作机制来推进人民币的亚洲化和国际化。而人民币国际化地位的提高，将有助于部分缓解中国国际收支顺差的压力，增加中国在国际金融市场和国际商品市场的定价权力，因此应该将其作为中国和平发展战略的重要组成部分。

(3)在全面开放资本账户之前，要对国内金融体系进行改革，包括金融机构和金融政策体系改革，同时加强金融监管。国际历史经验表明，全面实现资本账户的自由化，通常要求辅之以利率市场化和发展间接货币调控工具为特征的金融改革。在开放资本账户的时候，绝大多数国家的国内利率已调整到市场利率水平。在经济转型国家，资本账户开放一般紧随在更为广泛的国内金融体系的自由化之后。此后，外资可能会大规模流入，银行体系的可贷资金将相应增加。对于中国这种银行主导型的国家而言，情况更会如此。在开放资本账户的过程中，几乎所有国家都对汇率政策和汇率制度进行了改革。鉴于许多国家在从外汇管制和独立货币政策条件下的盯住汇率制度转向更开放的外汇管制下的新汇率机制过程中犯过很多错误，我国应该引以为戒，谨慎对待。

最后，促进国际性与区域性金融合作，维持国际金融秩序的稳定。20世纪80年代以来，一系列金融危机的爆发已经充分说明，随着全球化浪潮下各国经济金融联系的日益紧密，一国金融的动荡可以通过多种传导渠道对区域内国家甚至是世界金融稳定造成冲击。这次由美国次贷危机引发的全球性金融风暴，就是一个典型的例证。因此，在世界经济共享繁荣、共担风险的环境下，中国很难独善其身。我国必须加强国际性和区域性的金融合作，维持国际金融秩序的稳定，这样才能够为国内资本账户开放创造良好的外部环境。

鉴于金融危机往往具有区域性特征，因此开展区域金融合作对于本地区金融稳定有重要意义。自1997年亚洲金融危机以来，东亚各国、各地区关于开展区域货币金融合作的“东亚共识”已初步形成，并开展了一系列的“集体行动”。“东盟10+3”在亚洲开发银行的资助下进行了关于资本流动的监管和早期预警系统等问题的研究，于2001年11月组建了地区合作研究会，主要是为各国政府部门有关人员针对地区监管体系的建立提供对话机制。2009年，泰国普吉岛的10+3财长会议审议并发布了《亚洲经济金融稳定行动计划》，该计划达成了10+3各方关于加强区域财金合作和共同应对危机的若干重要共识。中国作为地区性大国，一直致力推动东亚区域货币金融合作，这对于稳定国内金融市场和推动资本账户的渐进开放都将具有积极的作用。

(二)未来汇率制度发展方向

从国外的实践经验来看，任何国家一旦进入经济持续增长时期，不可避免地会遇到本币升值与内外部均衡之间的矛盾，只有选择合适的汇率制度，有效发挥汇率的调节作用，才能防止经济出现过大的震荡，有效地化解经济开放与经济增长之间的协同与危机的矛盾。“721汇改”之后，我国进入“以市场供求为基础、参考一篮子货币进行调节、有管理的浮动汇率制度”。在全球经济失衡的世界经济形势下，人民币进行汇率制度改革是非常必要和及时的。若人民币能够成功地进行汇率制度转换，可能会改变整个东亚地区汇率制度选择的状态，并最终改变东亚地区钉住美元的局面(杜晓蓉等，2010)。但从改革后的经济绩效分析，对于国内而言，尽管影响到部分产业的进出口，但总体而言，对国内经济的冲击很小。从国际方面看，这次改革未能缓解中国贸易失衡的局面。因此，我国的汇率制度目前仍是“参考美元为主的钉住的汇率制度”(王全新，任山庆，2006)，从长期来讲对我国经济发展是有利的。它是一个长期的、循序渐进的改革过程(江素芬，2006)。

因此，中国当前推进汇率制度改革需要遵循主动性、渐进性、可控性原则进行。根据中国实际经济状况，我国应当从短期和长期两个目标来推进人民币汇率制度改革。

(1)我国目前的汇率制度虽然名义上是以市场供求为基础、有管理的浮动汇率制度，但实际上汇率并没有真正根据市场供求定价(张天阵，王贵民，2008)。要减少现行汇率制度中的不确定性，降低其带来的风险，使其能够应对外界的较大冲击，我国当前的首要任务就是建立真正以市场供求为基础的管理浮动汇率制度。具体可采取以下措施：

第一，完善成熟的外汇市场是真正实现人民币汇率按市场供求浮动的必要条件。近年来，我国外汇市场的建设日趋完善，如引进了新的交易系统和扩大了外汇市场的交易主体等。但与国外发达的外汇市场相比，我国外汇市场在市场交易主体、银行间的询价交易方式、交易品种等方面存在明显的欠缺和不足。因此，往后我国外汇市场要加强相关方面建设，不断地推出外汇期货、外汇期权等适应市场投资需求的金融衍生产品，从而为微观市场主体提供更多的避险工具。这样才能为汇率的市场化浮动提供必备的物质基础和技术环境。

第二，根据其他新兴市场国家(如智利)的汇率制度转换经验，确定合理的汇率波动幅度，能有效减少汇改对本国经济的冲击。如果波幅过宽，则失去政府的调控功能；如果波幅过窄，则失去市场的调节功能。从我国目前的汇率波幅看，日波动幅度仍有很大的上升空间。根据McKinnon的研究，人民币汇率的波动幅度是5%。适当的浮动区间能够能让汇率逐渐适应市场供求调节，发挥市场决定价格并引导资源进行有效配置的作用。从我国目前的情况看，适当调整人民币汇率波幅可以减轻中央银行公开市场操作的责任，并可以促进外汇市场的发展，从而为其向长期目标过渡创造条件。因此，我国应该实行相机的汇率波幅调整策略。如经济平稳、国际收支稳定，则采用较小波幅；当汇率有贬值趋势时，可适当放松波幅；当汇率有升值趋势时，则适当较少波幅。通过波幅的控制可以对国际收支情况进行调控。可见，合理的汇率波动幅度能够让我国汇率接近市场化并扩大货币政策的操作空间。

第三，目前我国的汇率制度实行“钉住一篮子”方式。这在汇率制度转换过程中必不可少，因为它扩大了汇率钉住币种，在进一步稳定币值的同时向市场化迈出一大步。但一篮子货币构成不应该是一成不变的，而要根据国内外及国际形势的变化对其做出适时的调整，这样才能反映更真实的人民币货币价值并发挥市场真正的调节功能。从我国目前一篮子货币的构成看，按照周小川(2005)的解读，一篮子货币的选取以及权重的确定主要遵循的基本原则是考虑中国国际收支经常项目的主要交易国家、地区及其货币。其选取及权重确定的基础是着重考虑商品和服务贸易的权重。新加坡、英国、马来西亚、俄罗斯、澳大利亚、泰国、加拿大等国家与我国的贸易比重较大，这些国家的货币都是我国一篮子货币的组成部分。不能否认现有一篮子货币权重的确定的科学性和实用性，但在面临如美国次贷危机引发全球性经济衰退的形势下，由于世界各国经济稳定性不一致，可以考虑适时调整货币篮子里的货币相对比重。

第四，与其他新兴市场国家相比，我国拥有更多的外汇储备。因此，我国能更多地在外汇市场上进行汇率制度的调节。尽管从本质上，钉住一篮子的有管理的浮动不应该夹杂太多干预市场的行为，但从2015年以来我国汇率波动情况看，政府仍在其中发挥主导作用。对此，很多国外媒体也纷纷对中国央行进行指责，称其操纵人民币汇率。不能否认在现在乃至以后，政府对外汇市场干预的必要性，但若无限度地干预则不利于人民币的市场化，也容易被国外所诟病。因此在我国现行汇制条件下，央行须采用合理的干预方法(如混合式的干预方法)，提高驾驭外汇市场的能力，做到能够引导市场预期并根据市场变化情况进行干预；逐步改善央行对外汇的调控方式，降低央行干预外汇市场的频率和数量，尽量做到“干预少、效果好”，充分发挥外汇市场自身的调节功能，最终实现汇率市场化。

(2)从中国发展态势分析，从长期看，固定汇率制度或者事实上稳定的有管理的浮动汇率制度都不能适应未来经济发展的需要。我国目前实行的“以市场供求为基础、参考一篮子货币进行调节的、有管理的浮动汇率制度”并不是一种稳定的汇率制度，只是人民币汇率制度的一种过渡形式。在开放经济条件下，人民币汇率制度变革的目标应该是逐步实现完全独立的自由浮动汇率制度。但从中国现阶段的实际情况分析，作为一个转轨中的发展中国家，中国与发达国家相比还具有很多相对劣势，如人民币的国际清偿力不足，不是国际“关键货币”；本国经济的市场化程度低；金融市场不发达；金融监管能力弱等，导致中国的实体经济难以应对突如其来的外部冲击，现阶段尚缺乏实行独立的浮动汇率制度的基础条件。尽管我国现在各方面建设存在甚多不足，不过我国应主要从以下三个方面进行调整，来实现向浮动汇率制度的平稳过渡。

第一，基本所有国家都会在发展过程中遭遇“不可能三角”难题。在“三角”的选择中，我国放弃了国内资本的自由流动而选择了货币政策的独立性和汇率的稳定性。上文对资本账户开发已进行较详细分析，在此不再赘言。目前实行的资本管制成为我国向浮动利率制度过渡的最大羁绊。实际上，资本管制度是实现固定汇率制度的一个前提条件，对于资本账户仍然实行严格管制的发展中国家，任何实现浮动汇率制度的承诺最终都会收敛于固定的汇率制度。因此，只要我国坚持在对外开放过程中，稳步提高资本流动性，只要实现了完全的资本自由流动，那么汇率制度的必然选择就是完全独立的浮动汇率制度。但在实行资本账户开放时要注意资本的“两面性”：开放资本账户有助于外汇市场的培育和发展，能为市场调节汇率创造外部环境条件，但资本账户的开放也会导致跨境投机资本的大量流动，在我国汇率升值预期明显的情况下，势必增加人民币的升值压力，并加大我国的通胀和资产价格上升的压力。若国外形势不利，导致人民币发生贬值，则可能会出现大规模资本外逃的现象，并最终导致金融危机。因此，尽管资本账户开放是实现浮动汇率制度的必由之路，但在开放过程中要慎之又慎，从贸易、投资、外汇管理等各个方面逐步实行自由化改革，保证在稳定的状态中实现资本账户开放，最终实现浮动的汇率制度。

第二，无论金融市场发育程度还是经济市场化水平等方面存在何等问题，其根本都在于当前国内的制度建设不完善。而正是由于制度建设的不完善，使中国当前不适合实行浮动汇率制度。市场化的浮动汇率需要市场化的交易主体，而市场化的交易主体则需要明晰的交易产权和独立的经营策略。从中国当前制度改革状况看，中国虽然从20世纪90年代中后期开始加大国有企业改革力度，努力实现其产权明晰、自主经营。但从目前的改革现状看，不能否认我国国有企业转轨中取得的成绩，但与国外相比，仍然尚未建立现代企业制度，政府行为和政府职能也未能发生根本转变，对国有企业而言仍然存在预算软约束，制约了它们的市场化进程。国有企业仍然是我国GDP的最大提供者，若其不能独立进行市场化运作，也无法实现其在外汇市场自由买卖的目的，从而也无法实现汇率市场化。

第三，要实行浮动汇率制度人民币必须具有一定的国际清偿力，政府也需有应对并协调国际社会压力的能力，而这一切提升的关键在于能否建立良好的政府国际公信力。从以往金融危机分析，汇率制度的瓦解与经济的衰退最根本的原因是市场投资者对于本国政府信心的丧失。政府的国际公信力主要体现在面临外部压力时，能否稳健踏实地履行对国际社会的承诺。国际社会是政治、经济、文化多元博弈的产物，当一国或一类国家经济受到威胁时，会采取各种手段对所谓的问题国家施加政治和舆论压力。这种压力却未必是解决问题的最好途径，因此，若能及时缓解压力，做出正确选择，则能稳步提升国家的国际公信力。1997年东南亚金融危机时，尽管我国政府面临多方面的贬值压力，但我国坚持不贬值的原则，率领东南亚各国抗击投机行为，并最终取得胜利。若当时国家采取贬值行为，则会使市场丧失信心，并会引起整个世界的经济恐慌。另外，近年来，美国、日本等西方国家在“汇改”之后纷纷对中国加以指责，试图加快人民币升值速度。假如我国迫于这些外部压力盲目调整汇率水平，则会造成政府公信力的缺失，不仅会抹杀“汇改”的成绩，也会使今后的经济发展陷入困境。如日本在《广场协议》之后，摇摆不定的政府态度最终引发金融危机，并导致十多年的经济停滞。因此，在向浮动汇率制度过渡的过程中，中国政府必须提升国际公信力。只有这样，中国才能提升人民币的国际地位，提高其国际清偿力，才能提高抵抗外部压力的能力，为本国市场注满对政府的信心。因此，具有国际公信力的中国必然能促使金融市场逐步成熟，并顺利完成向实行浮动汇率制度的转变。

结语

当前，多层次的金融创新已经成为一种常态。本书运用系统论的观点，以金融创新和金融稳定复杂性特征为依托，深入探讨了金融创新视角下影响金融稳定的作用机理。结果发现，金融创新对金融稳定的影响是复杂而全面的。这种复杂关系不仅体现为两者之间有着多重互动关系，还体现为两者之间有着普遍的时滞和动态非线性关系。在金融创新视角下，金融产品虚拟化、复杂化，金融市场多元化、国际化，而金融制度的创新过程也进一步复杂化。这种改变不仅将直接影响现有金融系统的稳定运行，还会通过改变各个金融子系统的运行机制、稳定机制和国际金融环境，对金融稳定性产生间接影响。此外，随着全球金融经济的发展，宏观经济环境与金融发展的联系越来越紧密。金融创新推动全球经济一体化，促进了经济产业结构调整，改变了货币政策环境等宏观经济运行因素，改变了金融系统运行的外部环境，进而对金融系统的平稳运行产生了新的外部冲击。

但是本书在研究过程中并未考虑金融创新通过其他因素影响金融稳定时存在的滞后效应、投资者的非理性行为以及金融自身脆弱性引发的“蝴蝶效应”等问题。这虽然简化了我们所要研究的问题，降低了研究难度，但有可能在某种程度上也降低了研究的准确性。因此，如何根据中国金融经济发展趋势，构建更加准确、有效的金融稳定性评估指标体系，是本书后续研究的一个重点方向。

参考文献

- 安辉，2003. 当代金融危机的特征及其理论阐释 [J]. 财经问题研究 (2): 42-46.
- 蔡强，杨惠昶，2008. 马克思的信用扩张理论与当代金融自由化理论之比较 [J]. 当代经济研究 (2): 8-12.
- 蔡强，杨惠昶 . 马克思的信用扩张理论与当代金融自由化理论之比较 [J]. 当代经济研究，2008 (2): 8-12.
- 操君，2007. 汇率制度转换的国际经验及其启示 —— 基于波兰、泰国汇率制度改革的考察 [J]. 金融经济 (1X): 137-138.
- 陈军，陈金贤，1999. 金融创新对货币政策传导机制的影响分析 [J]. 西安交通大学学报 (8): 96-98.
- 陈柳钦，2001. 金融创新对货币供求、货币政策影响的理论分析 [J]. 华北金融，22 (6): 64-67.
- 陈强，乔郁，2011. 金融稳定性评估的宏观压力测试研究 [J]. 山东社会科学 (9): 162-164.
- 陈申，2009. 浅析金融创新对货币政策的影响 [J]. 经营管理者 (22): 3-3.
- 陈守东，赵大坤，迟宪良，2006. 运用二元选择模型建立我国的金融预警模型 [J]. 学习与探索 (1): 237-239.
- 崔晓蕾，2008. 金融创新对货币供求的影响分析 [J]. 上海金融 (9): 34-37.
- 戴国强，1993. 金融创新及其对货币需求函数的影响 [J]. 学术月刊 (4): 27-33.

- 丁一兵，2005.2004 年印度经济：崛起中的机遇与挑战 [J]. 世界经济，28（3）：29-33.
- 杜晓蓉，黄忠强，王燕娜 . 中国外汇储备积累与中央银行非对称外汇市场干预 [J]. 国际经济合作，2010（11）：90-94.
- 段忠东，曾令华，2007. 资产价格波动与金融稳定关系研究综述 [J]. 上海金融（4）：16-20.
- 范爱军，2001. 金融危机的国际传导机制探析 [J]. 世界经济（6）.
- 范爱军，韩爱华，2000. 试析亚洲金融危机的传导机制以及对我国外贸的影响 [J]. 世界经济文汇（4）：50-54.
- 范俏燕，2008. 当前国际性金融危机的生成和传导 [J]. 财经科学（7）：31-39.
- 方芳，2006. 从韩国实践看金融监管的局限性 [J]. 中国金融（22）：66-67.
- 高晓红，王静，2002. 金融创新与货币政策：冲击与变革 [J]. 南方金融（6）：4-6.
- 何德旭，2013. 中国金融稳定：内在逻辑与基本框架 [M]. 北京：社会科学文献出版社 .
- 何林峰，2007. 中央银行在金融稳定中的作用 [D]. 成都：四川大学 .
- 洪宁，2002. 发展中国家金融自由化评析 [J]. 经济科学，24（6）：123-128.
- 黄海洲，王水林，蒲宇飞，2003. 进一步加强中国金融系统的稳定性 [J]. 经济社会体制比较（5）：3-6.
- 黄宜辉，2005. 正确把握金融创新与金融稳定的关系 [J]. 企业家天地（1）：87-88.
- 计国忠，2004. 资本账户开放次序的比较研究及中国的选择 [J]. 世界经济研究（2）：28-31.
- 江素芬，2006. 试论人民币汇率制度存在的问题及改革思路 [J]. 金融与经济（2）：23-25.

- 姜波克，2001. 国际金融新编 [M]. 上海：复旦大学出版社 .
- 姜波克，朱云高，2004. 资本账户开放研究：一种基于内外均衡的分析框架 [J]. 国际金融研究（4）：12-19.
- 蒋放鸣，2002. 金融创新对货币政策的效应分析 [J]. 上海金融（3）：19-20.
- 李健，1996. 论金融创新对货币供求的一般影响 [J]. 当代经济科学（4）：26-31.
- 李健，2004. 中国金融发展中的结构问题 [M]. 北京：中国人民大学出版社 .
- 李金声，1997. 对人民币资本项目下自由兑换的思考 [J]. 南方金融（8）：13-15.
- 李婧，2002. 人民币汇率制度选择：文献综述 [J]. 世界经济（3）：64-67.
- 李婧，2006. 解析人民币参考货币篮汇率制 [J]. 首都经济贸易大学学报（3）：54-58.
- 李小牧，2000. 九十年代金融危机的国际传导研究 [D]. 沈阳：辽宁大学 .
- 李晓，李俊久，丁一兵，2004. 论人民币的亚洲化 [J]. 世界经济（2）：21-34.
- 李子江，1999. 金融创新与货币需求函数的稳定性 [J]. 南方金融（3）：20-22.
- 刘光灿，蔡学军，1997. 关于我国外汇管理新体制的制度基础 [J]. 中国外汇（6）：18-20.
- 刘贵生，高士成 . 我国财政支出调控效果的实证分析——基于财政政策与货币政策综合分析的视角 [J]. 金融研究，2013（3）：58-72.
- 刘金全，张小宇，刘慧悦，2013. 货币政策与股票收益率的非线性影响机制研究 [J]. 金融研究（1）：38-52.
- 刘莉亚，任若恩，2002. 货币危机“信号”预警系统的构建 [J]. 经济科学，24（5）：19-25.
- 刘明康，2006. 金融创新：中国银行业持续稳健发展的必由之路 [J]. 求是（11）：32-34.
- 刘锡良，2002. 莫忽视中国金融业的脆弱性 [J]. 现代商业银行（7）：22-24.
- 麻东昱，2009. 试论金融创新与金融监管 [J]. 山西财经大学学报（1）：232-291.

- 毛红燕，2000. 谈金融创新与金融监管 [J]. 经济论坛（12）：36-37.
- 孟辉，伍旭川，2007. 美国次贷危机与金融稳定 [J]. 中国金融（18）：37-39.
- 钱小安，2007. 流动性过剩与货币调控 [J]. 金融研究（8）：15-30.
- 羌建新，2005. 浅析发展中国家资本账户开放的前提条件 [J]. 国际安全研究（3）：40-45.
- 沈联涛，2010. 金融创新、金融监管与此次金融危机的联系及其改革方向 [J]. 国际金融研究（1）：27-28.
- 沈明高，沈艳，何茵，2008. 转型过程中金融发展和开放的作用：来自中国的经验 [J]. 金融研究（11）：21-35.
- 王健，2007. 与虚拟经济快速发展相伴的问题及对策 [J]. 福建论坛（人文社会科学版）(12)：4-9.
- 王兰芳，何国钦，2008. 农村小额信贷产品的发展机制与绩效评价 [J]. 上海金融（6）：90-93.
- 王明，2008. 中国财政支农资金运用存在的问题与对策 [D]. 重庆：重庆大学 .
- 王全新，任山庆，2006. 人民币汇率制度选择与改进 [J]. 当代经济科学，28（6）：54-57.
- 王仁祥，安子铮，2008. 金融创新和金融稳定的关联性分析 [J]. 金融发展研究（2）：19-22.
- 王文平，2005. 论我国资本账户的开放 [J]. 金融理论与实践（5）：8-10.
- 王心如，2010. 资产证券化与金融稳定的关联性研究 [D]. 长春：吉林大学 .
- 王玉，陈柳钦，2006. 金融脆弱性理论的现代发展及文献评述 [J]. 贵州社会科学（3）：14-18+45.
- 王自力，2005. 金融稳定与货币稳定关系论 [J]. 金融研究（5）：1-11.
- 魏遥，雷良海，2009. 美国次贷危机的传导机制 [J]. 阜阳师范学院学报（社会科学版）(1)：24-31.

- 温建东，2001. 资本项目可兑换的内涵与外延 [J]. 国际金融研究（7）：21-26.
- 向文华，2004. 资本账户自由化进程中的适应性资本管制 [J]. 湖南师范大学社会科学学报，33（5）：94-98.
- 徐明东，刘晓星，2008. 金融系统稳定性评估：基于宏观压力测试方法的国际比较 [J]. 国际金融研究（2）：40-47.
- 宣昌能，王信，2009. 金融创新与金融稳定：欧美资产证券化模式的比较分析 [J]. 金融研究（5）：35-46.
- 杨德权，刘旸，2006. 新兴市场金融危机传染诱因的实证研究 [J]. 价值工程，25（11）：141-145.
- 杨星，彭先展，2000. 金融创新的货币政策效应分析 [J]. 财贸经济（4）：29-31.
- 尹继志，2007. 金融创新对货币供求和货币政策的影响 [J]. 财会月刊（29）：21-23.
- 尹龙，2005. 金融创新理论的发展与金融监管体制演进 [J]. 金融研究（3）：7-15.
- 虞伟荣，胡海鸥，2004. 论金融风险监控指标体系的最新发展——IMF 金融稳健性指标评价体系评介 [J]. 外国经济与管理，26（5）：32-37.
- 张健华，王鹏，2011. 银行效率及其影响因素研究——基于中、外银行业的跨国比较 [J]. 金融研究（5）：13-28.
- 张金清，赵伟，刘庆富，2008."资本账户开放"与"金融开放"内在关系的剖析 [J]. 复旦学报（社会科学版）(5)：10-17.
- 张礼卿，2000. 加入 WTO 与我国外汇管理体制的进一步改革 [J]. 国际金融研究（5）：57-60.
- 张礼卿，2003. 对我国资本账户开放近期政策的建议 [J]. 中国外汇（2）：19.
- 张礼卿，2004. 资本账户开放与金融不稳定 [M]. 北京：北京大学出版社.
- 张明，2008. 次贷危机的传导机制 [J]. 国际经济评论（4）：32-37.
- 张天阵，王贵民，2008. 论人民币汇率形成机制的缺陷与风险 [J]. 金融理论与实践（10）：55-58.

- 张炜，2004. 商业银行合规风险控制 [J]. 中国城市金融（8）：51-52.
- 中国人民银行，2005. 中国金融稳定报告 [M]. 北京：中国金融出版社 .
- 仲彬，陈浩，2004. 金融稳定监测的理论、指标和方法 [J]. 上海金融（9）：35-37.
- 周好文，倪志凌，2008. 金融创新影响金融稳定的微观机理分析——对美国次级债危机的深层思考 [J]. 学术交流（10）：48-52.
- 周松柏，吴祖鸿，2000. 金融创新与金融监管 [J]. 上海金融（10）：27-28.
- 周小川，2005. 中国宏观调控形势的变化和货币政策操作 [J]. 中国金融（10）：6-7.
- 诸葛栋，封思贤，2005. An analysis on the risk management of capital account opening of China[J]. Journal of central university of finance & economics.
- 邹平座，2005. 资金流动的资源配置机制分析 [J]. 金融研究（4）：31-43.
- ALLEN F, GALE D, 2004. Competition and financial stability[J]. Journal of money, credit and banking, 36(3b): 453-480.
- ALLEN W A, WOOD G, 2006. Defining and achieving financial stability[J]. Journal of financial stability, 2(2): 152-172.
- ANINAT E, HARDY D, JOHNSTON R B, 2002. Combating money laundering and the financing of terrorism[J]. World bank publications(3).
- ARESTIS P, 1986. Wages and prices in the UK: the post Keynesian view[J]. Journal of post Keynesian economics, 8(3): 339-358.
- ARESTIS P, SAWYER M, 2011. Economic theory and policies: new directions after neoliberalism[M]//New economics as mainstream economics. Palgrave Macmillan UK.
- ARESTIS P, SAWYER M, 2012. Introduction to the special issue: economic policies of the new thinking in economics[J]. International review of applied

economics, 26(2): 145-146.

- ARIAS G, ERLANDSSON U G, 2004. Regime switching as an alternative early warning system of currency crises: an application to South-East Asia[M]. Lund university.
- BARBERIS N, SHLEIFER A, VISHNY R, 1998. A model of investor sentiment[J]. Journal of financial economics, 49(3): 307-343.
- BARRO R J, GORDON D B, 1983.Rules, discretion and reputation in a model of monetary policy[J]. Journal of monetary economics, 12(1): 101-121.
- BARTH J R, CAPRIO G, LEVINE R, 2001. The regulation and supervision of banks around the world:a new database[J]. Brookings-Wharton papers on financial services(1): 183-240.
- BORIO C E V, ENGLISH W B, FILARDO A J, 2002. A tale of two perspectives: old or new challenges for monetary policy?[J]. SARN electronic journal, 68(3): 1-59.
- BRAY M, KREPS D M, 1987.Rational learning and rational expectations[M]// Arrow and the ascent of modern economic theory. Palgrave Macmillan UK.
- BROUSSEAU V, DETKEN C, 2001. Monetary policy and fears of financial instability[R]. Working paper.
- BUBULA A, OTKERROBE I, 2002. The evolution of exchange rate regimes since 1990 evidence from De Facto policies[J]. SSRN electronic journal, 2(155).
- CALVO G A, REINHART C M, 2000. Fixing for your life[J]. NBER working papers, 31(8006): 1-30.
- CALVO G A, VEGH C A, 1999. Inflation stabilization and BOP crises in developing countries[J]. Handbook of macroeconomics, 1(99): 1531-1614.
- CHANG R, VELASCO A, 1998. Financial fragility and the exchange rate regime

[R]. Frb Atlanta working paper.

- CHANT J, 2003. Financial stability as a policy goal[J]. Essays on financial stability (1): 57-58.
- CHARI V V, JAGNANATHAN R, 1988. Banking panics, information, and rational expectations equilibrium[J]. Journal of finance, 43(3): 761-763.
- CHARI V V, KEHOE P J, MCGRATTAN, et al., 1996. Sticky price models of the business cycle[J]. Econometrica, 68(5): 1151-1179.
- CORSETTI G, PESENTI P A, ROUBINI N, 1999. Paper tigers?[J]. A model of the Asian crisis European economic review(43).
- CROCKETT A, 1997. The theory and practice of financial stability[J]. Princeton essays in international economics, 144(4): 531-568.
- DEMIRGUC-KENT A, DETRAGIACHE E, 1998. Financial liberalization and financial fragility[J]. Policy research working paper series, 98(1917): 4259-4299.
- DEMIRGUC-KUNT A, DETRAGIACHE E, 1998. The determinants of banking crises in developing and developed countries[J]. Staff papers, 45(1): 81-109.
- DENIZER C, 2000. Foreign entry in Turkey's banking sector, 1980—1997[J]. The internationalization of financial services: issues and lessons for developing countries: 389-406.
- DIAMOND D W, DYBVIG P H, 1983. Bank runs, deposit insurance, and liquidity [J]. Journal of political economy, 91(3): 401-419.
- DIAMOND P A, MCFADDEN D L, 2002. Some uses of the expenditure function in public finance[J]. Journal of public economics, 3(1): 3-21.
- DORNBUSCH R, 1976. Expectations and exchange rate dynamics[J]. Journal of political economy, 84(6): 1161-1176.
- DORNBUSCH R, 1999. After Asia:new directions for the international financial

system[J]. Journal of policy modeling, 21(99): 289-299.

- DORNBUSCH R, KRUGMAN P, COOPER R N, 1976. Flexible exchange rates in the short run[J]. Brookings papers on economic activity, 7(3): 537-584.
- DOWD K, 1992. Optimal financial contracts[J]. Oxford economic papers, 44(4): 672-693.
- DUISENBERG W F, 2001. EMU: experiences to date and challenges for the future [J]. Intereconomics, 36(2): 59-61.
- EICHENGREEN B, 2001. Policy making in an integrated world:from surveillance to?[M]//Challenges for economic policy coordination within European Monetary Union. Springer US.
- EICHERGREEN, BARRY, ANDREW K, 1998. Staying afloat when the wind shifts: external factors and emerging-market banking crises[J]. CEPR discussion papers(6370).
- FELDSTEIN M, HORIOKA C, 1980. Domestic saving and international capital flows[J]. Economic journal, 90(358): 314-329.
- FERGUSON A, CROCKETT A, 2003. Information transfer and press coverage: the case of the Gawler Craton gold boom[J]. Pacific-basin finance journal, 11(1): 101-120.
- FERGUSON R, 2002. Understanding financial consolidation[J]. Social science electronic publishing, 5(8): 209-213.
- FIORAMANTI M, 2008. Predicting sovereign debt crises using artificial neural networks:a comparative approach[J]. Journal of financial stability, 4(2): 1-164.
- FISCHER B,REISEN H, 1993. Financial opening in developing countries[J]. Intereconomics, 28(1): 44-48.
- FISCHER S, 2001. Exchange rate regimes: is the bipolar view correct?[J]. Journal

of economic perspectives, 15(2):3-24.

- FISHER J D, 2002. Real time valuation[J]. Journal of property investment & finance, 20(3): 213-221.
- FLOOD R P, GARBER P M, 1984. Collapsing exchange-rate regimes: some linear examples[J]. Journal of international economics, 17(1): 1-13.
- FLOOD R P, KRAMER C, 1996. Economic models of speculative attacks and the drachma crisis of May 1994[J]. Open economies review, 7(1): 591-600.
- FOOT M, 2003. What is financial stability and how do we get it?[J]. The Roy Bridge memorial lecture(3).
- FOOT R, MACFARLANE S N, MASTANDUNO M, 2003. US hegemony and international organizations: the United States and multilateral institutions[M]. Oxford University Press.
- FRAKEL J A, 2003. Experience of and lessons from exchange rate regime in emerging economies[J]. SSRN electronic journal.
- FRANKE, GUNTER, 1999. Exchange rate volatility and international trading strategy[J]. Journal of international money & finance, 10(2): 292-307.
- FRANKEL J A, 1999. No single currency regime is right for all countries or at all times[R]. National Bureau of Economic Research.
- FRANKEL J A, ROSE A K, 1996. Currency crashes in emerging markets: empirical indicators[J]. Social Science Electronic Publishing, 41(3-4): 351-366.
- FRIEDMAN C, 2002. Confronting model misspecification in finance: tractable collections of scenario probability measures for robust financial optimization problems[J]. International journal of theoretical & applied finance, 5(1): 33-54.
- FRIEDMAN M, 1960. A monetary and fiscal framework for economic stability [J].American economic review, 38(3): 245-264.

- FRYDL M E J, QUINTYN M M, 2000. The benefits and costs of intervening in banking crises[M]. International monetary fund.
- GAI P, KAPADIA S, MILLARD S, et al., 2010. Financial innovation, macro-economic stability and systemic crises[J]. Economic journal, 118(527): 401-426.
- GARY G, 1985. Bank suspension of convertibility[J]. Journal of monetary economics, 15(2): 177-193.
- GARY G, 1988. Bank panics and business cycles[J]. Oxford economic papers, 40(4): 751-781.
- GAVIN M, HAUSMAN R, 1996. The roots banking crises: the macroeconomic contextv, inter & American development bank working paper 318[R]. Mimeo.
- GERLACH S, SMETS F, 1994. The monetary transmission:evidence from G-7 countries[J]. Banco de Pagos internacionales.
- GOLDMAN E, 2004. The impact of stock market information production on internal resource allocation[J]. Journal of financial economics, 71(1): 143-167.
- GOLDSTEIN I, PAUZNER A, 2005.Demand-deposit contracts and the probability of bank runs[J]. The journal of finance, 60(3): 1293-1327.
- GOLDSTEIN M, CALVO G A, 1996. Crisis prevention and crisis management after Mexico: what role for the official sector?[M]. Center for international economics, department of economics, university of maryland at college park.
- GOLDSTEIN M, TURNER P, 1996. Banking crises in emerging economies: origins and policy options[M]//Trade currencies and finance: 301-363.
- GOODHART C A E, 2005. Multiple regulators and resolutions[J]. 253-373.
- GOODHART C A E, O'HARA M, 2004. High frequency data in financial markets: issues and applications[J]. Journal of empirical finance, 4(2-3): 73-114.
- GOODHART C A E, SUNIRAND P, TSOMOCOS D P, 2006. A model to analyse

financial fragility[J]. Economic theory, 27(1): 107-142.

- GORTON G, WINTON A, 1998. Banking in transition economies: does efficiency require instability?[J]. Journal of money credit & banking, 30(3): 621-650.
- GRILLI V, MILESI-FERRETTI G M, 1995. Economic effects and structural determinants of capital controls[J]. IMF economic review, 42(3): 517-551.
- HALDANE A G, IRWIN G, SAPORTA V, 2004. Bail out or work out?Theoretical considerations[J]. Economic journal, 114(494): C130-C148.
- HAUSMANN R, 2000. Seminar paper: is FDI a safer form of financing?[J]. SSRN electronic journal.
- HENRY P B, 2000. Stock market liberalization, economic reform, and emerging market equity prices[J]. Journal of finance, 55(2): 529-564.
- HERRING R J, WACHTER S M, 1999. Real estate booms and banking busts: an international perspective[J]. The wharton school research paper(99-27).
- HOUBEN A C F J, KAKES J, SCHINASI G J, 2004. Toward a framework for safeguarding financial stability[M]. International Monetary Fund.
- IRELAND P N, 1995. Endogenous financial innovation and the demand for money [J]. Journal of money, credit and banking, 27(1): 107-123.
- ISSING O, 2003. Monetary and financial stability: is there a trade-off?[J]. BIS papers(18): 16-23.
- JACKLIN C J, BHATTACHARYA S, 1988.Distinguishing panics and information-based bank runs:welfare and policy implications[J]. Journal of political economy, 96(3): 568-592.
- KAMINSKY G L, REINHART C M, 2000. On crises, contagion, and confusion [J].Journal of international economics, 51(1): 145-168.
- KAMINSKY, GRACIELA L, REINHART C M, 1998. Financial crises in Asia

and Latin America:then and now[J]. American economic review(88).

- KAMINSKY, GRACIELA L, REINHART C M, 1999. The twin crises:the causes of banking and balance-of-payments problems[J]. International finance discussion papers, 89(3): 473-500.
- KANE E J, 1978. Getting along without regulation q: testing the standard view of deposit-rate competition during the "wild-card experience."[J]. Journal of finance, 33(3): 921-932.
- KANE E J, 1981. Accelerating inflation, technological innovation, and the decreasing effectiveness of banking regulation[J]. Journal of finance, 36(2): 355-367.
- KATO T, HONMA S, MATSUYAMA Y, et al., 2008. Sensibility-aware image retrieval using computationally learned bases: RIM, JPG, J2K, and their mixtures [M]//Advances in neuro-information processing.
- KAUFMAN S A, 1991. Proceedings of the second international colloquium. bible and computer:methods, tools, results. jerusalem, 9-13 June 1988. Travaux de linguistique quantitative 43 = debora 5[J]. Hebrew studies(32): 168-169.
- KENT C, LOWE P, 1997. Asset-price bubbles and monetary policy[M]. Reserve bank of Australia.
- KINDLEBERGER C P, 1974. Origins of United States direct investment in France [J]. Business history review, 48(3): 382-413.
- KINDLEBERGER C P, 1987. Foreign trade and the national economy[M]//Foreign trade and the national economy.
- KLEIN E, 2001. How can you help the country?Buy stocks.(Brief Article)[J]. Westchester county business journal(9).
- KRUGMAN P R, 1997. Why should trade negotiators negotiate about?[J]. Journal

of economic literature, 35(1): 113-120.

- KRUGMAN P, 1999. Balance sheets, the transfer problem, and financial crises[J]. International tax & public finance, 6(4): 459-472.
- LARGE D C, 2003. Jeder für sich und Amerika gegen alle?Die Lastenteilung der NATO am bespiel des temporary council committee 1949 bis 1954 (review)[J]. Journal of cold war studies(9).
- MADISON A, 2007. Contours of the world economy 1-2030 ad: essays in macro-economic history[M]//Contours of the world economy, 1-2030 AD: 2007.
- MARSHALL J, HEFFES E M, 2005. Single ERP usage trims finance costs[J]. Financial executive.
- MARX E, 1914. Studie zur entwicklung des Berliner etats[J].Finanzarchiv, 31(2): 169-171.
- MASSON P R, 1998. Contagion:monsoonal effects, spillovers, and jumps between multiple equilibria[M]. International Monetary Fund.
- MASSON P R, BAYOUMI T, 1995. Fiscal flows in the United States and Canada: lessons for monetary union in Europe[J]. European economic review, 39(2): 253-274.
- MCKINNON R I, 1973. Money and capital in economic development[M]. Washington: The Brookings Institution.
- MCKINNON R I, 1995. Intergovernmental competition in Europe with and without a common currency[J]. Journal of policy modeling, 17(5): 463-478.
- MCKINNON R I, PILLl H, 1998. International overborrowing: a decomposition of credit and currency risks[J]. Working papers, 26(7): 1267-1282.
- MCKINNON R I, SHAW E, 1973. The mechanics of international money: a study of the bretton woods system: S.V. Bokil (Madras:The Macmillan Company of

India Limited, 1971, pp.vii,184)[J]. Journal of international economics, 3(1): 99-100.

- MCKINNON R, 2005. Exchange rate or wage changes in international adjustment?[J]. International economics and economic policy, 2(2-3): 261-274.
- MERTON R C, BODIE Z, 2006. The design of financial systems: towards a synthesis of function and structure[J]. NBER working papers, 3(10620): 1388-1389.
- MINSKY H P, 1992. The capital development of the economy and the structure of financial institutions[J]. Economics working paper archive, 11(72): 68-69.
- MINSKY H P, 1975. Capitalist finance and the pricing of capital assets[M]//John Maynard Keynes. Palgrave Macmillan UK.
- MINSKY H P, 1982. The financial-instability hypothesis: capitalist processes and the behavior of the economy[J]. H. P. Minsky Archive(282).
- MINSKY H P, 1986. Stabilizing an unstable economy[J]. H. P. Minsky Archive (144).
- MINSKY H P, GURLEY J G, SHAW E S, 1961. Money in a theory of finance[J]. Journal of finance, 16(1): 138.
- MISHKIN F S, 1996. Channels of monetary transmission[J]. NBER working paper series: 1-29.
- MISHKIN F S, 1999. Global financial instability: framework, events, issues[J]. Journal of economic perspectives, 13(4): 3-20.
- MISHKIN F S, SAVASTANO M A, 2001. Monetary policy strategies for Latin America[J]. Journal of development economics(66).
- MORRIS M D, 1990. A historical and contemporary analysis of the Miki/Kōmoto faction of the Liberal Democratic Party of Japan[D]. University of Oxford.

- OBSTFELD M, 1994. Evaluating risky consumption paths:the role of intertemporal substitutability[J]. European economic review, 38(7): 1471-1486.
- OBSTFELD M, ROGOFF K, 1995. The mirage of fixed exchange rates[J]. Social science electronic publishing, 9(4): 73-96.
- OOSTERLOO S, DE HAAN J, 2003. A survey of institutional frameworks for financial stability[R]. Netherlands central bank, research department.
- PADOA-SCHIOPPA T, 2003a. The Euro goes east[J]. Comparative economic studies, 45(3): 215-231.
- PADOA-SCHIOPPA T, 2003b. Trajectories towards the euro and the role of ERM II[J].International finance, 6(1): 129-144.
- PIGOU A C, 1938. Money wages in relation to unemployment[J]. Economic journal, 48(189): 134-138.
- QUINN D P, INCLAN C, 1997. The origins of financial openness: a study of current and capital account liberalization[J]. American journal of political science, 41(3): 771-813.
- QUIRK P J, EVANS O, 1999. Staff, Capital account convertibility, review of experience and implications for IMF policies[J]. Occasional paper(131).
- RADELET S, SACHS J D, COOPER R N, et al., 1998. The east asian financial crisis: diagnosis, remedies, prospects[J]. Brookings papers on economic activity (1): 1-90.
- REINHART C M, 2000. Mirage of floating exchange rates[J]. American economic review, 90(2): 65-70.
- REINHART C M, ROGOFF K S, 2004. The modern history of exchange rate arrangements: a reinterpretation[J]. Quarterly journal of economics, 119(1): 1-48.
- ROCHET J C, TIROLE J, 1996. Interbank lending and systemic risk[J]. Journal

of money credit & banking, 28(4): 733-762.

- SACHS J, TORNELLl A, VELASCO A, 1996. The Mexican peso crisis: sudden death or death foretold?[J]. Social science electronic publishing, 41(3): 265-283.
- SALANT S W, HENDERSON D W, 1978. Market anticipations of government policies and the price of gold[J]. Journal of political economy, 86(4): 627-648.
- SAVONA P, MACCARIO A, OLDANI C, 2000. On monetary analysis of derivatives[J]. Open economies review, 11(1): 149-175.
- SCHADLER S, CARKOVIC M, BENNETT A, et al., 1993. Recent experiences with surges in capital inflows[M]. Washington, DC: International Monetary Fund.
- SCHINASI G J, 2003. Responsibility of central banks for stability in financial markets[J]. IMF working papers, 3(121).
- SCHWARTZ I D, SCAGLIOTTI D, 1995. Verapamil-induced "primary" polydipsia [J]. Pediatric cardiology, 16(5): 228.
- SCHWARTZ M, FRIEDMAN R J, LINDSAY P, 1982. The relationship between conceptual tempo and depression in children[J]. Journal of consulting & clinical psychology, 50(4): 488-490.
- SCHWARTZ M, MOSKWITZ J, 1988. Fiscal equity in the United States, 1984-85[J]. Sexually transmitted diseases, 9(2): 100-103.
- SHIN H H, STULZ R M, 1998. Are internal capital markets efficient?[J]. The quarterly journal of economics, 113(2): 531-552.
- STIGLITZ J E, WEISS A, 1981. Credit rationing in markets with imperfect information[J]. The American economic review, 71(3): 393-410.
- STURZENEGGER F, LEVYYETATI E, 2003. To float or to fix: evidence on the impact of exchange rate regimes on growth[J]. The American economic review, 93(4): 1173-1193.

- SUMMERS L H, 2000. International financial crises:causes, prevention, and cures [J]. American economic review, 90(2): 1-16.
- SUNDARAVEJ T, TRAIRATVORAKUL P, 1989. Experiences of financial distress in Thailand[M]. Development economics, World Bank.
- TSOMOCOS D P, 2003. Equilibrium analysis,banking and financial instability[J]. Journal of mathematical economics, 39(5): 619-655.
- VELASCO A, 1991. Debts and deficits with fragmented fiscal policy making[J]. Journal of public economics, 76(1): 105-125.
- WALLACE, Séquin C H, 1988. ATV: an abstract timing verifier[C]//Design automation conference, 1988, proceedings. 25th ACM/IEEE. ACM, 1988.
- WELLINK A, 2002. Current issues in central banking[J]. Oranjestad: Central Bank of Aruba, 11(14).
- WICKSELL K, 1997. Knut Wicksell: selected essays in economics[M]. Psychology Press.
- WILLIAMSON J, 2000. Exchange rate regimes for emerging markets: reviving the intermediate option[J]. Peterson institute press all books, 24(4): 594-595.
- WILLIAMSON O E, 1965. Innovation and market structure[J]. Journal of political economy, 73(1): 67-73.
- World Bank, 2007. World development indicators database[J]. Washington(DC): World Bank.
- World Bank, 2007. An assessment of the investment climate in Botswana, volume 2. Detailed results and econometric analysis[J]. 29(3): 215-220.
- WYMEERSCH E, 2005. The future of financial regulation and supervision in Europe[J]. Common market law review, 42(4): 987-1010.